IWEP国际经贸前沿研究系列

丛书主编／张宇燕

中国—东盟自由贸易区框架下贸易增长的二元边际分析

Analysis of Trade Growth Dual Margin under China—ASEAN Free Trade Area

张琳　著

中国社会科学出版社

图书在版编目(CIP)数据

中国—东盟自由贸易区框架下贸易增长的二元边际分析/张琳著.
—北京:中国社会科学出版社,2016.4

(IWEP 国际经贸前沿研究系列)

ISBN 978 - 7 - 5161 - 7859 - 1

Ⅰ.①中… Ⅱ.①张… Ⅲ.①自由贸易区—贸易增长—研究—
中国、东南亚国家联盟 Ⅳ.①F752.733

中国版本图书馆 CIP 数据核字(2016)第 063191 号

出 版 人	赵剑英	
责任编辑	王 茵	马 明
责任校对	董晓月	
责任印制	王 超	

出　　版	中国社会科学出版社
社　　址	北京鼓楼西大街甲 158 号
邮　　编	100720
网　　址	http://www.csspw.cn
发 行 部	010 - 84083685
门 市 部	010 - 84029450
经　　销	新华书店及其他书店

印刷装订	三河市君旺印务有限公司
版　　次	2016 年 4 月第 1 版
印　　次	2016 年 4 月第 1 次印刷

开　　本	710×1000　1/16
印　　张	15.5
字　　数	208 千字
定　　价	59.00 元

总　序

　　从没有一个时代的国际经济贸易，像现在这样联系紧密；也从没有一个时代的国际经贸治理，像现在这样复杂多样。传统的国际分工模式主要是产业间分工、产业内分工，在这两种分工模式下，生产都在一个经济体内完成。但是，自20世纪90年代以来，得益于科技进步以及贸易成本的大幅下降，产品内分工开始盛行。这种分工模式的特点是生产的链条分布在不同的经济体，因此也被称为"全球价值链"。很显然，由于产品生产多次跨越国境，全球价值链分工不仅加倍扩大了国际贸易总量，还导致跨国公司加强全球范围内的生产布局，从而造就跨国投资的增加。在这种背景下，全球经贸治理也变得更为复杂，不仅要协调边境规则，还要协调涉及生产的边境后规则。此时，拥有广泛代表性的世界贸易组织在协调规则谈判时越发力不从心，导致多哈发展回合停滞达十余年之久。近几年，区域经济一体化进程明显加快，全球经贸治理体系变得越发复杂。

　　中国社会科学院世界经济与政治研究所（IWEP）国际贸易研究室的研究团队一直致力于国际经贸和政策研究，并试图将二者结合起来。近几年，国际贸易室研究成果丰硕，在英文SSCI期刊上发表十余篇论文，在国内顶级经济学期刊如《经济研究》《世界经济》等发表几十篇论文。除此之外，该室还承担多项国家级课题以及国家部委、地方政府委托的项目。在这一过程中，国际贸易室将理论和政策结合起来，写了不少内参供中央参考。其实，总结起来，国际贸易室的主要研究领域是贸易结构转型、全球贸易治理、全球价值链、对外贸易形势分析等。这几个领域要么是国际贸易学术研究的前沿主题，要么是影响国家经济发展的重大问题。该室在这些问题上具有扎实的研究基础，使其有能力编著一系列国际经贸领域的学术著作。

出版"IWEP国际经贸前沿研究系列丛书"的目的是展示世界经济与政治研究所国际贸易研究室研究团队的成果。基础理论研究和政策研究并重是该团队长期以来形成的研究风格。比如，在最近的TPP研究中，该室不仅在SSCI国际期刊发表了学术论文，还及时且大量地在媒体发出自己的声音，在国内外形成较强的影响力。目前，该室已经拥有工作论文和评论系列、微信平台、媒体专栏等品牌。在此基础上，该室拟推出一系列国际经贸前沿研究系列著作，更好地展示自身的研究积累。

理论和政策犹如一枚硬币的两面，有人认为它们背对着彼此、无法相视，但事实上它们紧密相连的。它们结合在一起才具有价值，才能完美地阐释"$1+1>2$"的效果。希望这套丛书尽量做到理论和政策相互结合，为我国国际经贸研究贡献自身的力量。

张宇燕

中国社会科学院世界经济与政治研究所

所长、研究员

摘　　要

　　区域经济一体化推动区域内各经济体不断相互渗透、相互延伸和相互接轨，实现区内资源的最佳配置，2010年1月1日，中国—东盟自由贸易区全面建成和正式启动。这是世界上人口最多的自由贸易区，是全球第三大自由贸易区，也是由发展中国家组成的最大自由贸易区，由中国和东盟10国共同组成，拥有19亿消费者、近6万亿美元国内生产总值和4.5万亿美元贸易总额。中国和东盟十国成立自由贸易区，有利于促进区域经贸一体化的发展；这是中国与其他国家建立的第一个自由贸易区，体现了中国在积极参与多边贸易体系的同时，努力加强与周边邻国开展区域经济合作的原则；它的实行可为中国开展的其他区域自由贸易协定谈判积累经验，为中国同其他国家和地区的区域经济合作提供有益的经验借鉴。

　　2009年全球经济金融危机，引发的中国出口衰退，凸显了中国出口市场结构和商品结构的弊端。中国出口市场单一，主要集中在传统发达国家——美国和欧洲；并且商品结构简单，易于受到外界环境影响而波动，单纯依靠集约性贸易边际拉动出口增长，使得贸易条件恶化。中国是出口大国，想在出口竞争中处于优势，获得出口收入的稳定增长和贸易条件的持续改善，减少外部冲击，利用双边协定下的贸易条款和区域经济一体化措施是十分必要的。东盟是中国十分重要的出口目的国，中国—东盟自由贸易区的构建，对于中国出口市场的多元化、贸易商品种类的扩展和贸易增长方式的改善，起到了不可忽视的重要作用；并且预期随着自贸区经济合作和一体化的不断深入，对出口增长的拉动作用将日益显著。如何利用中国—东盟自由贸易区的有利优势，加快中国出口结构的转变；中国—东盟自由贸易区对中国其他自贸区的构建和双边协定的签署起到了怎样的借鉴意义；如何利用中国自贸区战略的部署和实施对中国出口贸易的良性、稳定、持续增长产生效应；中国—东盟自由贸易区背后隐藏着怎样的政策含义，这些都是本书的研究重点。

本书的研究主要分为六章。第一章导论，简要介绍了主要问题、研究背景及本书的整体研究思路和脉络框架；第二章对相关理论和结论进行综述，对传统贸易创造和贸易转移效应以及自由贸易区条件下的福利分析进行梳理，对企业异质性的贸易模型与相关企业异质性的微观出口和投资等理论实证的研究分析进行了总结归纳；第三章详细地分析阐述了中国—东盟自由贸易区构建后，双边贸易的增长和贸易结构、贸易方向的变化，特别是从时间跨度和国别分布两个角度，通过统计分析对区内中国出口二元边际现实进行了刻画；第四章提供了支撑全书的理论模型框架，在贸易模型中，嵌套了企业异质性因素，将企业异质性同贸易的扩展性边际相联系，将贸易的不变成本和可变成本变动与企业异质性参数相联系，为后文的计量实证提供了充足的理论依据；第五章推导出计量方程，将企业异质性参数代表的扩展性贸易边际与自由贸易区内不变贸易成本、可变贸易成本相联系，运用面板计量实证方法，验证了现实数据的基本判断，根据二元边际的不同作用机制，对其影响因素作出实证检验；第六章评述了中国—东盟自由贸易区建成后取得的成效，阐述了自贸区内部的问题，并提出持续发展和壮大的政策建议，特别指出了区域经济一体化进程中贸易和投资便利化问题为未来政策研究的主要发展方向。

关键词：中国—东盟自由贸易区　贸易增长　集约性贸易边际　扩展性贸易边际

Abstract

The process of Economic Integration accelerates the merge of different countries in order to maximize the benefits and to realize best allocation of resources. January 1st, 2010, China-ASEAN Free Trade Area officially starts and initiates. China-ASEAN Free Trade Area is the third largest economic integration organization around the world and it contains largest number of population. It is constructed by mainly developing countries, including almost 1. 9 billion customers, and its aggregate GDP reaches 6 trillion dollars and total trade volume is 4. 5 trillion dollars. The construction of China-ASEAN Free Trade Area will foster the regional economic integration development. This is the first FTA for China which plays an important part in the strategy of China's participation in regional economic cooperation. The establishment of China-ASEAN Free Trade Area could accumulate the experience for other FTA negotiations.

2009 global financial crisis leads to the dump of China's export, which shows the weakness of single and concentrated export destination distribution. Moreover, the over reliance on intensive margin of trade growth and unreasonable trade construction make the trade income is vulnerable to fluctuation and business cycle. In addition, solely increasing the trade income by intensive margin—the increase of trading volume and quantity could deteriorate the trade condition. China is a big exporter of commodities, in order to take great advantage in global competition, gain steady increase in trade income and improve trade condition, the measures taken by the regional economic integration are necessary and will be helpful. Since ASEAN is an important trade partner to China, the construction of Free Trade Area could be helpful to realize the diversification of export destination, improving the model of trade growth. How to utilize the opportunity of China-ASEAN Free Trade Area in order to accelerate the change of China's export construction; how to utilize the measures of trade liberalization by the sign of bilateral agreements in order to guarantee the steady increase of China's export income are what we focus in this book.

The book mainly contains six chapters. Chapter 1 is the introduction, which mainly introduces the background of the thesis, the core problems need to be solved and the analysis framework. The innovations and methods are also included in this part. Chapter 2 reviews the literatures and summarizes the relative theory, including the traditional trade creation and trade diversification effects. The review especially focuses on the firm heterogeneity trade model which lays a ground for the later discussion and analysis. Chapter 3 conducts the fact of China-ASEAN Free Trade Area bilateral trade. Change of trade growth, trade construction and trade direction after China-ASEAN Free Trade Area could be detailed described by statistical data. Especially this chapter focuses the discussion of the fact that China's export to ASEAN countries showing the characteristic of two margin—intensive margin and extensive margin. The pattern of trade growth reveals different features among trade partners and throughout the discussion time span. Chapter 4 offers theoretical model supporting the whole study. The heterogeneity firm trade model combines the micro-level differences between exporting firms with macro-level national characteristic. The variable trade cost, fixed trade cost and the index of firm heterogeneity are all taken into consideration for explanation of extensive margin of trade growth. Chapter 5 utilizes the STATA、EVIEWS and ACCESS and panel econometric method to do the empirical test. The empirical study shows the test results are highly unanimous with the judgment and conclusion summarized by the statistics analysis. The study estimates the effect of two margins by different influencing factors individually. Chapter 6 basically makes a comment and evaluates the achievement after the establishment of China-ASEAN Free Trade Area. The author makes a clear judgment of developing pattern of China-ASEAN Free Trade Area and points out the promotion for trade facilitation negotiation could be a key issue for its long-term steady development and im- -provement. Relating measures should be taken into force in order to foster the bi-lateral cooperation further.

Key Words: China-ASEAN Free Trade Area; Trade Growth; Intensive Margin; Extensive Margin

目　　录

图目录

表目录

第 一 章

导　　论

本章介绍论著的研究背景，研究的问题、方法，概念的界定，以及相关研究的现状，并对研究思路和整体结构框架进行了概述，对文章的创新性、不足和未来的研究方向进行了阐述总结。

◇◇ 第一节　研究背景

区域经济一体化使各区域、各经济体不断相互渗透、相互延伸和相互接轨，进而实现资源最佳配置。它是指多个区域之间在经济方面合作与竞争的战略决策，实现区域经济一体化可以最大限度地降低成本，达到多赢目的。20 世纪 90 年代以来，区域经济合作已经成为世界经济发展的主题之一。据 WTO 统计，截至 2016 年 1 月，向 WTO 通报并已实施的区域贸易协定达 635 个，其中，有 423 个已经生效。在这些区域贸易协定内，自由贸易区和优惠贸易安排占到 90%，关税同盟占不到 10%①；其中大约一半是在近十年内新增的。自由贸易区的产生既符合世界多边贸易组织的基本原

---

① 笔者根据 WTO 统计整理而得，http：www. wto. org/english/tratop_ e/region_ e/ region_ e. htm。

则和发展方向，也顺应了经济全球化日益加强的大趋势。在经济全球化和区域经济集团化步伐加快的形势下，中国的自由贸易区战略也取得了积极进展，成为中国对外开放的重要组成部分，拓展了对外开放的广度和深度，提高了开放型经济水平，是中国深层次参与经济全球化进程的重要举措。

2001 年中国—东盟双方宣布在 10 年内建成中国—东盟自由贸易区；2002 年双方签订《全面经济合作框架协议》，这一框架协议确定了中国—东盟自由贸易区的目标、范围、措施、时间表，限期实现自由贸易的早期收获方案，经济技术合作领域的具体安排，以及给予越南、老挝、柬埔寨、缅甸以多边最惠国待遇的承诺。至此中国—东盟自由贸易区正式启动。2004 年 1 月，双方实施了"早期收获计划"，对东盟的 600 多种产品进入中国市场率先实行零关税。2005 年 7 月，中国和东盟双方根据《货物贸易协议》的规定，全面启动降税进程。2007 年 1 月 14 日中国和东盟10 个成员国签署了《服务贸易协议》，这标志着中国—东盟自由贸易区建设向前迈出关键的一步，该协议是中国在自由贸易区框架下与其他国家签署的第一个关于服务贸易的协议。中国和东盟的双边关系正在日益紧密，中国—东盟自由贸易区的构建实施也正在稳健地开展中。2009 年签署了中国—东盟自由贸易区《投资协议》，这标志着成功地完成了中国—东盟自由贸易区协议的主要谈判。2010 年 1 月 1 日，中国—东盟自由贸易区全面建成和正式启动。这是世界上人口最多的自由贸易区，是全球第三大自由贸易区，也是由发展中国家组成的最大自由贸易区，由中国和东盟10 国共同组成，拥有 19 亿消费者、近 6 万亿美元国内生产总值和 4.5 万亿美元贸易总额。自贸区启动后，中国和东盟 6 个老成员国——文莱、菲律宾、印度尼西亚、马来西亚、泰国、新加坡之间，超过 90% 的产品将实行零关税。中国对东盟平均关税从 9.8% 降到 0.1%，东盟 6 个老成员国对中国的平均关税从 12.8% 降至 0.6%。东盟 4 个新成员国——越南、老挝、柬埔寨、缅甸，也在 2015 年实现 90% 的产品零关税。关税壁垒的逐渐消除，为中国与东盟企业创建了更加便利的发展平台。中国和东盟10 国成立自由贸易区，有利于促进区域经贸一体化的发展。

中国—东盟自由贸易区是中国与其他国家建立的第一个自由贸易区，也是世界上第一个发展中国家之间建立的自由贸易区，这也体现了中国在积极参与多边贸易体系的同时，努力加强与周边邻国开展区域经济合作的原则。中国也在积极推动区域经济合作，目前已签署 14 个自贸协定，涉及 22 个国家或地区，其中中韩 FTA 在 2015 年 12 月正式生效，与 6 个国家或者地区的双边自贸区协议正在谈判中，以中日韩、RCEP 为代表的区域自贸协定也在推进过程中，同印度、哥伦比亚等双边自贸区构建仍在科研阶段。作为中国签署的第一个自由贸易区协定，中国—东盟自由贸易区的实行可望为中国开展的其他区域自由贸易协定谈判积累经验，也有助于中国、东盟双方在世贸组织框架下争取更合理的服务贸易规则。推进中国—东盟自贸区的建设进程，进一步加深同东盟的全面经济合作，还将为中国同其他国家和地区的区域经济合作提供有益的经验借鉴。

2009 年全球经济金融危机引发的中国出口衰退，凸显了中国出口市场结构和商品结构的弊端。中国出口市场单一，主要集中在传统发达国家和地区，如美国和欧洲；并且商品结构简单，易于受到外界环境影响而波动，单纯依靠集约性贸易边际拉动出口增长，会造成贸易条件恶化。中国—东盟自由贸易区的构建，对于中国出口市场的多元化、贸易商品种类的扩展和贸易增长方式的改善，起到了不可忽视的重要作用；并且预期随着自贸区经济合作和一体化的不断深入，中国东盟自贸区对中国出口增长的拉动作用将日益显著。

◇◇ 第二节　贸易增长的相关文献综述

国际贸易文献中运用了不同的理论框架，对二元边际的分解和估算都做出了贡献。通常，集约性贸易边际的确定更多地运用到企业层面贸易数据；扩展性贸易边际分析的更多是出口企业和当地销售企业（非出口商）之间的差异。一些早期研究二元边际的文献，通常运用企业层面数据，揭示出口商、商品和部门随着时间变化而变化的规律，研究结论发现扩展性贸易边际的增加代表了可贸易商品种类的增多。

R. Hillberry 和 C. McDaniel（2002）剖析研究了美国对外贸易的增长，他们将贸易增长细化为三个部分：某种产品更多数量的交易，交易产品每单位价格的提升，产品交易种类的增多。其中扩展性贸易边际（extensive margin）表明了贸易增长源于可交易商品种类的增多。集约性贸易边际（intensive margin）是由两部分构成的：与 1993 年相比进口商品的数量变化；美国对外贸易的平均单位商品价格的变化。Anderson 和 Wincoop（2003）中总出口量 E_{od}，即从出口国 o 到进口国 d 出口量被定义为 $E_{od} = e_{od} \times N_{od}$。G. J. Felbermayr 和 W. Kohler（2006）所定义的二元边际主要指双边贸易关系，即集约性贸易边际增长是指双边贸易关系之前已经存在，一段时期后双边贸易额的增长；扩张性贸易边际增长则是指之前并没有双边贸易关系，新产生的商品贸易带来的贸易额增长。

本书中集约性贸易边际代表着已有出口商品类别在量上的增长和已有出口企业对现有的出口市场出口商品的增多。由上述相关研究可以看出，扩展性贸易边际的含义在不同的文献中会根据研究目的的不同而有所差异，体现了在贸易伙伴国、产品类别和企业层面三个层次：已有出口企业对现有出口市场出口商品种类的扩展，如期初中国对菲律宾的出口没有玩具类，而期末时期，出口种类增加，玩具类商品成为出口贸易品；从事出口企业的（数量上的）扩展，新加入出口的企业为扩展性贸易边际在企业层面的体现；与其他国家建立新的贸易伙伴关系（country-pair），在多边分析框架下这点尤为重要，如考察期期初中国与文莱在某一贸易商品上并无出口，而期末此种贸易商品的出口实现了零的突破，出口量由零

（zero trade）变为正。如 Helpman 等（2006）、Felbermayr 和 Kohler（2006）将扩展性贸易边际的研究侧重于对出口国建立新的贸易伙伴关系的研究。由于本书研究范围限定为中国—东盟自由贸易区框架下的贸易增长，因此扩展性贸易边际在国家层面上的体现被弱化了，新贸易伙伴关系（country-pair）对贸易增长的贡献甚微；又因为中国出口的企业层面数据限制，针对企业个体的出口规模和出口（数量）变化、出口企业（商品种类）以及单个企业的劳动生产率变化等数据的不可获得性，本书对扩展性贸易边际定义和研究采用 D. Hummels 和 P. Klenow（2005）的定义，在对贸易总量进行分解后，强调扩展性贸易边际是出口产品种类的增加。从研究对象的角度划分，本书的研究又可以划分为中国出口至主要东盟 5 国（菲律宾、马来西亚、泰国、新加坡、印度尼西亚）的贸易增长和中国出口至全部东盟成员国的贸易增长两个层次与范围，这主要是考虑了东盟国家与中国贸易比重的国别分布情况，当然也受到研究过程中具体数据和技术手段的限制。

自由贸易区框架下贸易增长的二元边际研究，现有的文献主要集中于北美自由贸易区，主要是由于美国企业层面丰富的数据支持，并且美国对北美自贸区成员国的出口时间跨度大，可观察的贸易流量数据充足。R. Hillberry 和 C. McDaniel（2002）对 NAFTA 实施以来北美的贸易增长进行了剖析，估算出扩展性贸易边际贡献率不可忽略。其中，墨西哥出口至美国贸易额增长约 12.5% 来源于扩展性贸易边际的增长；墨西哥从美国进口贸易额增长约 9.7% 来源于扩展性贸易边际的增长。前文就美国对加拿大和墨西哥的贸易增长与其他非 NAFTA 成员国进行对比，实证结果表明 1993 年 NAFTA 实行之后，美国同 NAFTA 成员国发生了更多的某一种/同种产品的贸易，同时贸易产生了更多的新产品，即两种效应同时存在。经实证检验得出，如果保持美国出口至加拿大的商品真实价格不变，并且划分标准的可贸易商品种类不变，只受到美国至加拿大出口数量增长的影响，双边贸易额将上升47%；而扩展性贸易边际，即产品种类的增加对贸易增长的贡献更大，美国进口的扩展性贸易边际效应显著。美国从墨西哥进口更多的新产品（HTS 新的贸易种类）对美国从墨西哥的进口额增长贡献率为23.8%，比同期从其他地区的进口贡献率高16.9%（同期从世界其他地区的进口贡献率为6.9%），扩展性贸易边际对贸易增长的影响最为显著。因此 NAFTA 对美国贸易的广度（extensive margin）和深度（intensive margin）都产生了深刻的影响，对美国贸易的数量和种类都产生了升级的效果。①

◇◇ 第三节　研究的问题和方法创新

本节对全书的研究基本问题和主要研究方法进行了归纳综述，对本书的核心概念"二元边际"进行了严格界定，以便于后文的开展和研究；并且对相关的研究文献进行了简要梳理和汇总。

一　研究的问题和研究方法

目前，全球贸易的1/3 以上都是在各个区域经济一体化组织内部进行的，区域经济一体化对成员国双方经济发展和贸易增长的拉动作用越来越明显。与北美自由贸易区（NAFTA）、欧盟（EU）等发达国家建立的制度成熟、完善的区域一体化组织相比，中国的自由贸易区战略仍属于初步发展构建状态，具有自由贸易区的实行时间短、签署协定涉及范围和内容

———————————

① Hillberry, Russell H. and McDaniel, Christine A., A Decomposition of North American Trade Growth since NAFTA, Working Papers 15866, United States International Trade Commission, Office of Economics, 2002.

较为初级等特点，因此中国签署的自贸区效应和福利研究着重集中于前期预测和可行性研究阶段，事前分析（ex-ante analysis）居多，基于 CGE 模型对自由贸易区构建后的经济增长、贸易增长、行业分析为主流研究范式。可喜的是，中国—东盟自由贸易区的全面启动和建设，成为中国第一个成功从单纯货物贸易双边协定，发展至服务贸易协定、投资协定全面双边合作的深度一体化组织；并且中国—东盟自由贸易区的运行时间为自 2002 年起至今，具备跨时期的研究基础。因此，本书的研究更加侧重于对现实的分析，属于事后分析（ex-post analysis）的范畴，对于前期预测是否准确的检验，政策导向有效性的判断具有现实意义，同时，对于中国正在建设的其他自由贸易区存在显著的示范效应，对其今后的发展道路和政策导向具有启示性。

传统贸易理论认为贸易动力来源于贸易国双方的比较优势，新贸易理论解释了规模经济和不完全市场条件下，产业内贸易的发生。本书应用异质企业贸易模型，尝试通过将生产企业微观层面上存在的生产率、劳动技术以及企业出口行为等个体差异，与成员国宏观双边贸易流量相联系，在比较优势理论的基础上，将贸易模型的影响因素扩展至企业生产技术层面，试图在理论上对出口企业的出口决策以及出口企业与目的国企业之间的差异性比较，引入双边宏观解释变量，对贸易发生的动力和贸易增长的模式做出新的分析和理论预测。特别是针对中国—东盟自由贸易区，由于中国出口比重最多的是电子、机械等制造类产品，企业的生产率水平差异对中国出口的影响预期会更为显著。因此，引入异质企业参数的分解和设定，用以解释中国—东盟自由贸易区框架下中国出口增长是合理的，也是对此研究领域的一项突破。

中国是出口大国，想在出口竞争中处于优势，获得出口收入的稳定增长和贸易条件的持续改善，减少外部冲击，利用双边协定下的贸易条款和区域经济一体化措施是十分必要的。东盟是中国十分重要的出口目的国，如何利用中国—东盟自由贸易区的有利优势，加快中国出口结构的转变，具有极其现实的意义；对中国其他自贸区的构建和双边协定的签署起到了怎样的借鉴意义，如何利用中国自贸区战略的部署和实施对我国出口贸易的良性、稳定、持续增长产生效应，其背后隐藏着怎样的政策含义，这些都是本书的研究重点。

从研究方法上看，本书采用了理论与实证相结合的方法，在区域经济一体化的背景下，运用异质性贸易理论模型分析框架，通过对大量 HS 细分的贸易数据和双边国别数据的整理分析，运用面板方法的计量实证和统计分析的方法，研究得出本书符合实际的结论。

二 核心概念的界定

本书研究的主要问题为中国—东盟双边贸易框架下，中国出口增长的二元边际分析，即在自贸区框架下，中国出口至东盟各国的贸易流量现实分析。本书在第三章的研究中分别从多边和双边两个角度分析了区域内成员国之间的贸易发展情况；而在论文核心篇章的论证中，主要对中国出口至东盟各国的双边贸易流量进行了二元边际分解，并对其不同的影响因素和作用机制做出了分析。

本书的核心概念是贸易的二元边际，对贸易增长的二元边际分解，为贸易的福利提供了新的视角。传统的贸易理论认为，贸易福利来源于根据自身的比较优势进行的专业化分工；进行二元边际分解后，发现贸易福利的影响机制变化，通过规模经济和消费者可获得的额外产品种类的增加共同发生作用，提高了区域一体化内消费者的福利水平。对于厂商而言，出口目的国与本国的相对劳动生产率和生产效率，会直接影响厂商的出口行为；而出口行为又会反作用于厂商的生产率水平，因此在出口与提高生产率之间存在相互作用和互为因果的关系。

扩展性贸易边际会增加贸易品的范围，有利于出口国提升多元化的生产结构，也使逆向贸易条件效应不太可能发生。① Bernard 等人（2007）指出新贸易理论中，贸易收益除了传统的利得和福利，还包括由于规模经济和市场内可供消费的产品种类的增加而产生的贸易收益增长的联合效应。

三 研究思路和结构安排

本书以中国—东盟自由贸易区内的双边贸易发展为现实依据，以中国出口至区内东盟国家的贸易增长为主要研究对象，应用了面板模型的计量研究和统计分析方法，以期对中国第一个对外自由贸易区内的贸易增长现状做出更加深刻和贴近现实的判断，通过对二元边际的剖析以及其不同的影响因素的论证，试图对如何利用区域协定和相关贸易政策更好地促进中国出口增长结构的合理化提出相应的政策建议，并希望通过"庖丁解牛"似的分析，对中国其他自贸区的建设起到示范效应，对有关政策导向具有启示性。

全书的第一章导论，简要地对本书研究的主要问题和研究背景、论文研究的意义及前人相关的研究作出了阐述，对文章核心概念作出了界定，并且交代了全书整体研究思路和脉络框架，以期对全书可以起到提纲挈领的作用。

第二章重点对全书研究的相关理论和分析结论进行了梳理和评述，在区域经济一体化的整体框架下，对传统贸易创造和贸易转移效应进行了回顾，并对自由贸易区条件下的福利分析进行了阐述；本书主要立足于企业异质性的贸易模型，对继克鲁格曼的新贸易理论之后的新新贸易理论经典模型进行了梳理，以便于后文的研究和深化。从实证分析的相关文献分析

---

① 钱学锋、熊平：《中国出口增长的二元边际及其因素决定：经验研究》，《经济研究》2010 年第 1 期。

上看，前人的研究分别从两个角度对一国贸易增长的二元边际问题进行了研究：第一，进口/出口对世界其他国家（ROW），主要研究全球范围内的贸易自由化，包括关税和非关税措施（如贸易便利化），对一国扩展性贸易边际的影响；第二，在一定的区域合作框架下，研究了一国对某些特定贸易伙伴国的贸易增长。显然，后者的研究对于本书更有借鉴意义。此外，本章中对企业异质性的微观出口和投资等分析模型也有所涉及。

第三章详细地分析阐述了中国—东盟自由贸易区建立后，双边贸易的增长和贸易结构、贸易方向的变化，研究表明自2002年自贸区启动开始，双边的进出口贸易额大幅度上涨，中国、东盟双方成为相互重要的贸易伙伴国，特别是2005年自贸区进行实质性的执行阶段之后，这与前期的可行性预测分析具有一致性。面临2009年的全球性金融危机，中国、东盟双边贸易更加能够抵御外部风险的冲击，产生了良好的区内效应。从贸易商品结构上看，双方既存在竞争性又有合作性，自贸区的建设为贸易结构和产业结构的转变提供新的机遇和条件。更重要的是，从时间跨度和国别分布两个角度，通过图表和统计数据的分析，对区内中国出口二元边际现实进行了刻画，表明中国出口增长主要依靠集约性的贸易边际拉动，而扩展性边际所占份额很低。

第四章提供了支撑全书的理论模型框架，在贸易模型中，嵌套了企业异质性因素，将企业异质性同贸易的扩展性边际相联系，将贸易的不变成本和可变成本的变动与企业异质性参数相关联，考察了生产率水平差异对贸易流量的影响，为后文的计量实证提供了充足的理论依据。

第五章在理论模型的基础上，推导出计量方程，将企业异质性参数代表的扩展性贸易边际与自由贸易区内不变贸易成本、可变贸易成本相联系，运用面板计量实证方法，验证了第三章中关于出口增长主要依靠集约性贸易边际拉动的基本判断。中国出口企业异质性较大，出口行为主要集中在规模大、生产率较高的少部分企业。根据二元边际不同的影响因素和作用机制，分别将其影响因素——GDP 水平、可变贸易成本（距离）、相对固定成本（经济开放指数）、多边阻力（相对贸易偏远度）和相对劳动生产率作为基本解释变量，并且设定了 FTA 虚拟变量，考察区域经济一体化的效应。根据实证检验的结果，提出相应的自贸区政策建议。

第六章总结了中国—东盟自由贸易区建成后取得的进展和成果。结合以上现实和计量实证分析，阐述了自贸区存在的问题，并结合世界其他 FTA 组织进行比较，提出倡导自贸区深度一体化的政策建议，利用自贸区协定的政策因素推动中国出口贸易增长结构的合理转变。

四 研究的创新与不足

本书的创新之处首先在于将中国至东盟各国的出口宏观贸易流量数据，按照其增长模式、影响因素以及发挥效应机制，分解为集约性贸易边际和扩展性贸易边际，这是前人研究所未涉及的领域，以往的文献多简单地将贸易增长认定为贸易量的增长，将自贸区内的贸易增长笼统地认定为贸易创造效应，忽略了扩展性边际在贸易增长中的作用和重要性，忽视了快速、显著的双边贸易增长现实背后隐藏的增长机制和增长结构的不合理性。本书通过对中国出口的集约性和扩展性贸易边际的现实剖析，清晰地揭示了中国—东盟自由贸易区框架下贸易二元边际的结构不均衡和贡献率差异，得出中国出口至东盟国家贸易增长重集约性边际、轻扩展性边际的结论。透过贸易二元边际结构不合理的现实判断，扩展性贸易边际的产品（行业）和国别差异性，也反映出中国产业结构和贸易结构存在的问题。

其次，从研究方法上看，本书从大量的 HS 细分数据中，借助 STATA 和 ACCESS 先进的数据处理软件，创新性地将中国出口至东盟国家的集约性贸易边际和扩展性贸易边际相区分，并用贸易额（value）、贸易量（quantity）和贸易种类（varieties）三个指标全面刻画了中国出口的二元边际现状；并且双边贸易的"零点贸易"作出了现实性分析，填补前人研究从贸易增长和贸易结构传统角度分析的空白，对中国出口作出了更加贴近现实的描述，重新审视了快速增长的双边贸易背后的结构不合理的问题；并且通过计量实证，验证了对现实的判断。研究分析了二元边际不同的影响因素，实证测算其效力的大小及影响力。

最后，由于失去对出口增长二元边际的判断，以往的文献主要集中于利用贸易政策模型研究区域经济一体化协定对双边贸易增长的影响。本书通过研究揭示了贸易政策同产品多样性之间的关系，突出了扩展性贸易边际在一体化协定之后对贸易增长的影响。自由贸易区协定体现在贸易成本的下降、关税下降和非关税障碍的减少，以及市场规模的扩大，通过可变贸易成本和不变贸易成本双重影响，拉动贸易增长，作者在二元边际不同影响机制和影响因素共同的作用下，挖掘出更为丰富的政策含义和积极的政策导向。

本书研究过程中的主要难点在于大量贸易数据的处理十分复杂，并且由于国别限制，如文莱的数据就无从获得，使得本书的研究缺失了一部分样本。此外，由于中国企业层面数据的不具备，使得原本丰富的双边贸易细分数据，在计量回归检验中再次被合并（merge），丧失了一些产品和行业层面上的解释力和说明性，这也是未来研究需要继续的地方。另外，由于中国—东盟服务贸易协定和投资协定实行时间较短，而贸易数据的统计又具有滞后性，因此无法从实证角度分析验证此贸易政策变化对二元边际的影响力，研究只限于理论预测阶段，这也是今后研究的发展方向。投资协定是否签署，贸易固定成本的削减，包括贸易便利化在内的非关税壁垒的削减等，都会对个体企业选择出口还是对外投资并进行当地销售（local sale）的决策产生影响，也会对贸易的二元边际结构产生影响。

第 二 章

区域经济一体化与贸易增长的文献综述

本章对传统区域经济一体化贸易效应和福利分析进行了回顾梳理，着重对异质性贸易企业模型进行阐述。通过引进企业异质性的概念，将个体企业作为研究单位，研究视角深入微观个体。企业规模、企业生产率和企业是否出口的决策，都是存在异质性的（heterogeneous），研究更加关注了贸易政策同产品多样性之间的关系，自由贸易区协定体现在贸易成本的下降、关税下降和非关税障碍的减少，以及市场规模的扩大，模型侧重于对扩展性贸易边际在一体化协定之后对贸易增长影响的研究，理论上预测了贸易措施可以提高行业生产率水平的变化，如减少出口企业的出口成本。其他相关领域的研究分析，如出口和 FDI 的微观选择，商业周期理论与企业异质性的关联在本章中也有所涉及。

◇◇ 第一节 区域经济一体化贸易效应和福利分析

一 关税同盟的贸易创造和贸易转移效应

关税同盟是国际经济一体化组织的一种基本形式，它是两个或两个以上的国家或经济体通过达成某种协议相互取消关税和与关税具有同等效力的其他限制措施的经济一体化组织。关税同盟有两个显著特征：成员国之间相互取消关税，并建立共同对外关税。这两点既是关税同盟区别于其他国际经济一体化组织的标志，也是判断一个经济组织是否为关税同盟的依据。

关税同盟的静态效应是指一体化过程本身通过对成员国贸易影响而形成的福利效应增减变化。1950年，美国经济学家瓦伊纳（Jacob Viner）出版了《关税同盟问题》一书，标志着关税同盟理论的形成。瓦伊纳提出了贸易创造（trade creation）和贸易转移（trade diversion）两个重要概念，说明关税同盟所产生的两种效应。

所谓"贸易创造"，是指在关税同盟内部实行自由贸易后，由于成员国之间取消了关税，关税同盟内原来国内成本较高的产品，会被成本较低的其他成员国的产品所取代，也就是关税同盟内某一成员国的需求从本国转移到生产成本较低的其他成员国，此时，成员国之间的相互贸易便能增加，某些商品的供给来源从国内向同盟成员国转移，新的贸易因而被"创造"出来。由于从成员国进口的成本低的产品取代了原来本国成本高的产品，该国就可以把原来的生产成本较高产品的资源转向生产其他成本较低的产品，因而就获得了利益的增进，改善了资源配置，增加了世界净福利。

所谓"贸易转移"，是指由于关税同盟成员国的商品受到了同盟统一对外关税的保护，而关税同盟以外的国家生产的同一种商品，则受到了同盟统一对外关税的歧视。于是，同盟成员国之间的关税优先权使其对某些商品的需求从非同盟国转向生产成本较高的同盟成员国，某些商品的供给来源从非成员国向同盟成员国转移，结果此时便产生了"贸易转移"。由于从原来的第三国进口成本较低的产品改为从成员国进口成本较高的产品，因而就造成了利益的损失，降低了资源配置，减少了世界福利。

瓦伊纳得出结论，贸易创造会给成员国带来福利水平的绝对提高，贸易转移将给成员国带来福利水平的绝对降低。因而各国要考察关税同盟给它带来的福利影响便是综合考虑贸易创造与贸易转移，贸易创造大于贸易转移则福利水平净增，反之则净减，关税同盟效应就是贸易创造收益减去贸易转移损失所取得的实际利益。若本国有关商品的需求或供给弹性越大，或者本国与成员国的有关商品的成本差别越大，或者成员国与非成员国的有关商品的成本差别越小，则关税同盟的贸易创造效应越大；反之，若本国有关商品的需求或供给弹性越小，或者本国与成员国的有关商品的成本差别越小，或者成员国与非成员国的有关商品的成本差别越大，则关税同盟的贸易转移效应越大。如果贸易创造效应与贸易转移效应相比，贸易创造的收益大于贸易转移的损失，那就意味着用一定量的资源生产出了更多的产品，从而提高了世界净福利；反之，则减少了世界净福利。

二 自由贸易区福利分析：一国模型和两国模型

在一定程度上，自由贸易区是比关税同盟更为现实的一体化形式。自由贸易区与关税同盟主要有两点差异：一是自由贸易区内各成员国之间免除关税及其他贸易障碍，实行内部自由贸易的同时，成员国对外不实行统一的关税和贸易政策，各成员国保持对来自其他国家的进口品拥有不同关税的权力，内部的财政、金融和经济政策的协调程度也很低；二是实行严格的"原产地规则"，以将内部自由贸易限定于原产于该区的产品，或主要产于该区的产品，这一原则实施的目的在于限制由于关税的差异而从最低关税国进口后再在区域内转向的贸易偏移（Trade deflection）。为明确区分原产自区内区外的商品，防止区外的商品冒充区内的商品避税，自由贸易区需要指定统一的原产地规则。自由贸易区的原产地规则是非常严格的，一般规定只有商品在自由贸易区内增值50%以上才能享受免税待遇，有的商品甚至规定只有在自由贸易区内增值60%以上时才能享受免税待遇。而另外的一些商品则是在加工工序上有非常苛刻的规定。自由贸易区的经济福利效应与关税同盟不尽相同，英国学者 Robson（1984）将关税同盟理论运用于自由贸易区，得出了专门的自由贸易区福利理论。与关税同盟类似，自由贸易区的形成会伴随贸易创造或贸易转向，但这种效应与关税同盟的效应却有许多不同，下面我们进行具体的分析和辨别。

（一）从单一国家的角度看自由贸易区的影响

假设两个国家，本国 A 和伙伴国 B（A 为本国，B 为伙伴国），两国生产同样的产品 X 但关税水平不同，两国都是完全在国内进行生产，B 国实施较低关税为 PWP1，A 国则实施较高关税为 PWP3。再假设两国组成自由贸易区，启用原产地原则以避免世界其余地区的商品通过 B 国流向 A 国。在 A 国和 B 国市场之间，只有原产于区内的产品才能享受免税流动的待遇。这种差别待遇可能会引起原产于区内产品和区外的产品之间的价格差异。对此自由贸易区的效应分析如图 2—1 所示。

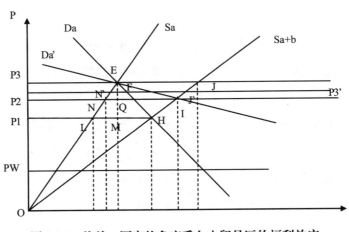

图 2—1 从单一国家的角度看自由贸易区的福利效应

为了使问题简单化，假设一体化前 A 国的关税是排他性的（如图2—1），也就是说它排除任何进口。A 国供给曲线是 Sa，关税为 PWP3，其国内生产在价格为 OP3 时产量为 Oq3。B 国关税为 PWP1,其供给曲线水平相加于 A 国供给曲线之上,得到曲线 Sa + b,PW 代表世界供给价格。

如果建立自由贸易区,只要整个自由贸易区仍为净进口方,则贸易区内原产品在 A 国中的价格就永远不会下降到 OP1 以下,同时价格也绝不会超过 OP3,结果从 A 国来看,该产品的有效供给曲线(包括区内及区外非贸易产品)是 P1 HIJK,此处 OP3 为 A 国保护性关税。在自由贸易区内,B 国愿意供给的产品数量将取决于价格水平,而价格水平又由 A 国需求曲线决定。

图 2—1 需求曲线 Da 和 Da' 不同,考虑了以下两种可能的情况。

一是 A 国产品需求以 Da 来表示(相比更缺乏弹性),A 国价格将是 OP1,在这一水平上,B 国供给 q1q4 数量的产品。在这种情况下,三角形 ELH 表示贸易创造,其中三角形 ELM 为生产效应,三角形 EMH 为自由贸易区的形成,产生 B 国 X 产品价格下降所产生的消费效应。

二是 A 国的需求曲线为 Da',A 国价格接近上限 OP3,超过上限后进口就将由世界其他国家提供,区外产品就会进入 A 国。此时,A 国对本国市场提供 oq2 的该产品,而且 B 国将以 q2q5 的数量限度供给 A 国。这样,贸易创造就为三角形 ENI。如果 A 国的关税不是禁止性的,即其关税不是 PWP3,而是 PWPS',自由贸易区形成后,A 国的有效供给曲线就是 P1 HIJ'K'。需求曲线为 Da 时贸易创造就为四边形 N'LHF。总体来看,在自由贸易区中,B 国可以以高于 OP1 的任何价格供给 A 国市场,直到达到其全部供给能力为止,而国内市场随之发生的供求缺口,则以从世界其余地区的进口弥补。这样 B 国市场价格将下降到 OP1,不考虑 A 国中产品最终价格是多少。贸易流动的这种变化,称为间接贸易偏转(Indirect Trade Deflection),即 A 国的非区域产品对区域产品的替代。它是不可能通过自由贸易区的原产地原则加以限制或消除的。如果自由贸易区各成员国对生产该商品投入品的关税也不同,其差异会引起区域内的生产扭曲。如加工成本相同，根据资本投资的利润最大化，区内的生产就会集中在中间产品或原材料进口关税最低的国家。事实上，即使区内各国之间相互免除关税及其他贸易障碍，如果生产某一产品的中间投入品或原料需要从区外国家进口，而各成员国的进口关税不同，则会客观上造成区内各国对本国产业的相对保护程度的差异。假定在上述分析中，A 国对从区外进口的中间品免税，而 B 国则对从区外进口的中间品征收 10% 的关税。自由贸易区形成后，区内产业一般都是先满足区市场然后再向外扩张。这样 A 国的有效保护为零，而 B 国的有效保护则为负值，即为负保护。如果加工成本相同，区内生产会自然地流向 A 国以寻求保护，而 A 国是否是一个效率更高的国家则是无法判明的。这种情况只能在关税同盟及更高级的一体化形式中才能予以排除。[①]

（二）从两个国家的角度看自由贸易区的影响

图 2—2（a）和（b）描绘了给定产品 X 在 A 国与 B 国的供求曲线，供需如图所示，假定两国需求条件相当，但 A 国是一个效率较差的生产者，因此 B 国的供给曲线相对更具有弹性，其生产更具有竞争力。P_W 表示世界市场价格，$P_W P_2$ 为 A 国的关税水平，$P_W P_1$ 为 B 国的关税水平。在一体化之前，B 国在价格 OP_1 的消费和生产均为 Oq_6，其关税限制了所有的进口。A 国生产 Oq_2，消费 Oq_3，其差额以 P_W 的价格从最低成本的国家进口，A 国的关税收入为 $q_2q_3 \times P_W P_2$，这主要是针对关税同盟而言。如果两个形成一个自由贸易区，会出现以下两种情况。

第一种情况：自由贸易区内在价格 OP_1 时的供给（$Oq_1 + Oq_6$）小于在此价格的需求（$Oq_4 + Oq_6$），但其差额小于 b 国在该价格水平的供给能力。自贸区内选择成本最低的国家满足供给，B 国将向 A 国市场以价格 OP_1 提供 q_1q_4（= q_5q_6）的产品，为本国市场提供 Oq_5 产品，B 国其余需

---

① 罗丙志：《自由贸易理论分析初探》，《国际经贸探索》1993 年第 2 期。

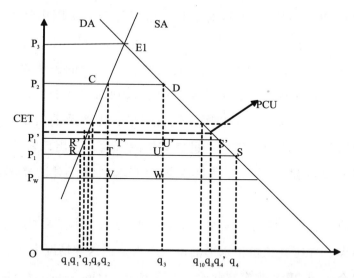

图2—2（a） 从两个国家的角度看自由贸易区的福利效应：A 国

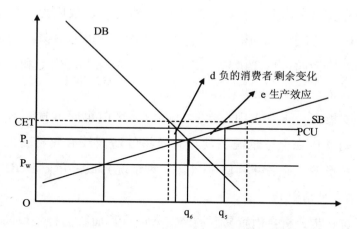

图2—2（b） 从两个国家的角度看自由贸易区的福利效应：B 国

求（$q_5 q_6$）将以 OP_W 的价格从世界其他国家进口来满足，在这种情况下，自由贸易区形成以后，区内会有一个单一的均衡价格，此价格等于自由贸易区建立前两个成员国的价格较低的一个。图中三角形 CRT 和三角形 DUS 表示贸易创造（其中三角形 CRT 为生产效应，三角形 DUS 为消费效应）。矩形 TUWV 表示对最初的进口而言，A 国由从其他国家进口转为 B 国进口而使进口成本上升所引起的贸易转向。由上述分析可见，在 A 国贸易创造效应大于贸易转向效应。最初的关税收入与贸易转向效应的差额为 A 国从最初的国家财政收入到消费者的内部转移，而不是该国的实际收入损失。在 B 国，价格水平、生产及消费量均未发生变化，但政府收入将有所增加。就世界其他国家而言，出口将比从前增加，这是由于 B 国的供给转而去满足 A 国的需求而致，对世界其他国家均有益。

第二种情况：自由贸易区在价格 OP_1 时的供给小于在此价格的需求，但其差额大于 B 国在该价格水平的供给能力。在这种情况下，A 国国内的均衡价格会达到 OP_1'（假定在此价格水平 $q_3'q_4' = Oq_6$）。同时，B 国国内价格不可能超过 OP_1，一旦超过，则可以从世界其他国家进口。所以该自由贸易区内存在两个均衡价格。此时 A 国的贸易创造效应为三角形 CR'T' + 三角形 DU'S'，其中三角形 CR'T' 为生产效应，三角形 DU'S' 为消费效应。贸易转向效应为四边形 T'U'WV。B 国在这一情况下，生产和消费都不会产生额外成本，但政府财政收入却会增加。

有必要指出，如果 A 国在建立自由贸易区前也同 B 国一样实行禁止性关税，则 A 国在上述情况下就只有贸易创造而没有贸易转向。其贸易创造为三角形 ERI + 三角形 E_1RS（第一种情况）或三角形 E1RJ' + 三角形 E1J'S'（第二种情况）。

为了进一步分析自由贸易区的经济效应，下面我们将关税同盟的经济效应从两国角度进行一下分析并将之与自由贸易区效应对比。仍然用图 2—2（a）和（b）来进行分析，如果两国不是形成自由贸易区而是形成一个关税同盟，共同对外关税是按 A、B 两国的原有关税的算术平均而确定，会出现以下两种情况。

1. 在价格 OCET（PWCET 为同盟共同对外关税）的供给大于需求，此时共同对外关税只能决定价格的最高限，同盟内的均衡价格为 OPCU 价格，同盟内供需平衡（$q_7q_8 = q_9q_{10}$）。这样，由于 PCU1 之上，所以 A 国贸易创造效应会有所减少，而贸易转向效应却有所增加。就 B 国情况来看，在关税同盟情况下，该国的消费者会遭受到损失，即反向的消费者剩余 d。尽管 B 国的生产者有一个净收益，但却有一个反向的生产效应 e。由于共同对外关税的实施，从理论上讲，除不可替代的产品外，同盟与世界其他国家的贸易会被排除。

2. 在价格 OCET 的供给小于或等于需求。此时，同盟内的价格为 OCET，即共同对外关税产生效果。此时 A 国贸易创造效应进一步减少，而贸易转向效应则进一步增加。B 国则因为能以较高的价格向 A 国出口而获益，但却是以逆向的生产和消费效应为代价的。

由上述分析可见，静态分析中，在只涉及最终产品的贸易及与这种贸易有关的关税情况下，只考虑关税这种贸易壁垒的存在，自由贸易区是优于关税同盟这种一体化形式的。正如国际货币基金组织专家指出的："自由贸易区可以使进口国避免因单边降低壁垒而蒙受不必要的贸易转移的损失。这样就可以获得区域外低成本供应来源。同时，已经实行比较自由的贸易体制或愿意放开贸易政策的成员国将不再受自由贸易区的制约。在关税同盟的体制下，保护主义压力会迫使比较开放的成员国增加对非成员国的壁垒。而自由贸易协定可使比较开放的成员国进一步单边地、不加歧视地降低贸易壁垒；这又可以反过来给其他成员国造成一种积极地而不是强迫的压力。"[①]

但如果在中间产品或原材料的贸易中也存在关税不一致的现象，自由贸易区形成之后，成员国对其他非成员国的这种关税差异会引致在该自由

---

① 刘晨阳：《中国参与双边 FTA 问题研究》，博士学位论文，南开大学，2005 年。

贸易区内生产模式的扭曲，这会影响自由贸易区内各成员国的有关利益。而这种情况在关税同盟的情况下则是可以避免的。

◇◇ 第二节　二元贸易边际的分解与估计

之前的贸易研究关注贸易总量和贸易增长。最近越来越多的文献开始关注总贸易流量的两个组成因素（集约性和扩展性贸易边际）。跨国贸易或一国一段时期内的贸易流量和贸易的商品种类（其中也包括进行国际商品交易的企业数量）都是不断变化的。理论和实证的研究都表明，扩展性贸易边际（extensive margin of trade）是重要的、不能忽视的因素。扩展性贸易边际会增加贸易品的范围，有利于出口国提升多元化的生产结构，也使逆向贸易条件效应不太可能发生。[①] Bernard 等人（2007）指出新贸易理论中，除了传统的利得和福利，贸易收益被拓展为由于规模经济和市场内可供消费的产品种类的增加而产生的贸易收益增长的联合效应。企业异质性被纳入了新新贸易理论分析框架，贸易的福利和收益增加了新的途径：低生产率企业的利润不断下降迫使他们最终退出市场，以及高生产率企业的进一步扩大出口，推动了社会生产率水平的提高。生产率的提高使得资源在不同企业之间优化配置，提高国家整个产业的平均生产率水平。扩展性贸易边际解释了出口国生产率水平提高的重要机制。[②]

国际贸易文献中运用了不同的理论框架，对二元的边际的分解和估算

---

① 钱学锋、熊平：《中国出口增长的二元边际及其因素决定：经验研究》，《经济研究》2010 年第 1 期。

② Andrew B. Bernard, J. Bradford Jensen, Stephen J. Redding, Peter K. Schott, Firms in International Trade, NBER Working Paper 13054, April 2007.

都做出了贡献。通常，集约性贸易边际的确定更多地运用到企业层面贸易数据；扩展性贸易边际分析更多的是出口企业和当地销售企业（非出口商）之间的差异。一些早期二元边际的研究文献，通常运用企业层面数据揭示出口商、商品和部门随着时间变化而变化的规律，研究结论发现扩展性贸易边际的增加代表了可贸易商品种类的增多。

Roberts 和 Tybout（1997）运用 1981—1989 年哥伦比亚制造业数据，发现平均劳动生产率水平下的代表性厂商开始出口和停止出口的概率分别为 3.3% 和 11.5%，而平均劳动生产率水平下的厂商数量占总厂商的比重为 11.8%。Bernard 和 Wagner（1998）选择德国萨克森尼地区 1978—1992 年的企业层面数据，发现企业进入出口和退出出口的概率为 4.14% 和 5.51%，而平均出口商占总厂商的比重为 41.2%。[1]

Bernard 和 Jensen（1999）发现出口商出口的商品种类有所差异，并且出口的国家范围也不尽相同。Bernard 和 Jensen 的分析中运用美国具体企业层面的数据，研究表明，20 世纪 80 年代至 90 年代早期，美国出口繁荣的部门出口增长优势主要来源于加大了已经出口企业的出口密集，但其中仅供国内销售的厂商转而为外国和本国市场同时提供商品也占了不可忽视的份额。这一发现也表明贸易增长中，贸易商品种类的增加占了很大的比例。Bernard 等人（2003）运用美国制造商年度调查统计数据（ASM）1986—1992 年数据，分析得出开始出口比例（starter ratio）（即非出口商转变为出口商的数量除以上一期非出口商的数量）约为每年 14.4%；停止出口比例（stopper ratio）（即为出口商转为非出口商的数量除以上一期出口商的数量）平均为每年 12.2%。动态变化的出口状态导致出口商比重在整个研究时期内的不断变化。开始出口比例比停止出口比例略高，平均出口商比例约为 51.8%。这些结果也表明了拓展性贸易边

---

① Roberts, M. J., Tybout, J. R., An Empirical Model of Sunk Costs and the Decision to Export, Policy Research Working Paper Series 1436, The World Bank, 1997.

际的存在。①

Timothy J. Kehoe 和 Kim J. Ruhl（2003）表明，贸易流量变化对小幅度但是长时间的贸易成本递减（由于贸易自由化所引起的）所产生的反馈主要是由于对大量的、存在不可忽视的扩展性贸易边际（新产品的出口）的反映。Ruhl（2003）从理论上探讨了在商业周期和长期持续的贸易自由化冲击下，扩展性贸易边际的反馈是如何变化的。他发现关税递减促使更多新企业进入了出口市场，提高了扩展性贸易边际。这在很大程度上解释了贸易对关税的弹性。在 Ruhl（2003）的模型中，解释了一旦考虑了新产品——扩展性贸易边际的影响因素在内，将导致出口对关税变化的弹性偏大，会产生偏差。② Christian Broda 和 David E. Weinstein（2006a），以及 Broda、Joshua Greenfield 和 Weinstein（2006）着重研究了进口的扩展性边际。他们以进口的扩展性边际（即美国消费者额外的产品多样性）衡量了美国百年的贸易增长，研究详细地揭示了美国消费者所获得的巨大社会福利，这是以前的研究所不曾涉及的；但遗憾的是，研究的扩展边际并没有考虑美国的价格指数。Broda、Greenfield 和 Weinstein（2006）考察了更广泛的国家样本，进口的扩展边际增长会成为拉动一国生产率增长的重要因素，此种效应同样适用于发展中国家。③ Andrew G. Atkeson 和 Ariel T. Burstein（2007）在异质企业和垄断定价模型下，研究揭示了扩张的贸易边际对美国的市场定价具

---

① Andrew B. Bernard, J. Bradford Jensen, Exporting and Productivity, Working Paper Series, http: //ssrn. com/abstract = 167569 or doi: 10. 2139/ssrn. 167569.

② Timothy J. Kehoe, Kim J. Ruhl, "Recent Great Depressions: Aggregate Growth in New Zealand and Switzerland 1993 – 2000", New Zealand Economic Papers, Taylon & Franas Jonrnals, Vol. 37（1）, 2003, pp. 5 – 10.

③ Christian Broda, Joshua Greenfield, David Weinstein, From Groundnuts to Globalization: A Structural Estimate of Trade and Growth, NBER Working Papers 12512, National Bureau of Economic Research, Inc. , 2006.

有最强解释力。[1]

Anderson 和 Wincoop（2003）的总出口量 E_{od}，即从出口国 o 到进口国 d 出口量被定义为 $Eod = e_{od} \times N_{od}$，挖掘出传统的引力模型不足之处，通过美国与加拿大之间的双边贸易二元边际的划分，对其"边界效应"做出了理论分析并在实证方法上做出了改进。文章指出传统的引力模型方程在实践应用上对现实数据拟合性较强，但估计方程在理论推导上有所欠缺。1979 年 Anderson 提出理论认为，两国之间的贸易壁垒相对于两个地区对其他地区的贸易壁垒越高，双边之间的贸易流量越少；本书中定义与世界其他国家的平均贸易障碍为多边阻力（multilateral resistance），引入了回归模型的理论分析，解决了"边界之谜"（Border Puzzle）。边界效应减少了双边贸易流量，模型中用国内贸易与国际贸易的比例衡量边界效应，边界效应对小国的贸易阻力效应更加明显。

G. J. Felbermayr 和 W. Kohler（2006）对第二次世界大战后制造业全球贸易的二元边际进行了剖析。本书中研究的二元边际主要针对双边贸易关系，其中集约性贸易边际增长指双边贸易关系之前已经存在，一段时期后双边贸易额增长；扩张性贸易边际增长则指之前并没有双边贸易关系，新产生的商品贸易带来的贸易额增长。文章运用引用模型的"边角解"来解释两种边际的增长变动，模型的 Tobit 估计结果解决了所谓"距离谜题"（distance puzzle）的问题。引入了 vintage-notion 指标，即设定某年双边关系达到最高峰，利用此指标分解了 1950—1997 年的世界贸易增长，每个研究对象即为对应的一对国家。利用拓展的引力模型，设定"零点贸易流量"为贸易生成和贸易抑制的内生结果。"边角解"的引力模型指出了传统"仅考虑集约性贸易边际"存在偏差。Tobit 方法的模型估计，也使得"距离谜题"得出了更加令人信服的 WTO 成员国能够提高双边贸易

---

[1] Andrew Atkeson, Ariel Burstein, Innovation, Firm Dynamics, and International Trade, NBER Working Papers 13326, National Bureau of Economic Research, Inc., 2007.

额的验证结论。研究也可以得出以下的推论：首先，与距离有关的贸易成本同距离本身存在着非线性关系，因为诸如交通和通信技术的改进等因素对长距离和短距离都发生了影响；其次，距离相关的贸易成本对不同商品和不同产业的影响程度也是不同的，这一点 Deardorff（2004）的文章中阐述得更为详尽。研究也证实了第二次世界大战之后，由于地理距离决定的贸易抑制性因素的逐步减弱，但是也不支持距离产生的贸易成本已经小到可以忽略不计。扩张性贸易边际增长今后将成为新的贸易发展的途径，由此扩大了贸易的影响范围。[①]

Eaton 等（2005）运用 Meltz（2003）模型选取企业层面数据研究法国出口。研究把法国出口的总量流量按照企业个体的出货情况进行分解。Eaton 等假设进口商规模不变，分析贸易总量如何随着贸易成本变动。发现异质企业模型包括的扩展性和集约性贸易边际变量准确地描述了实际的法国贸易伙伴国情况。作者认为法国总出口量的变动，绝大部分是因为出口企业的变动。当目的地的市场规模不变，总贸易量随贸易成本变动而发生变化时，扩展性贸易边际的变化是可观察的。作者还分解剖析了产业层面的贸易增长，发现了同一产业内和产业间的扩展性贸易边际并没有太显著的差异。[②]

Broda 和 Weinstein（2006）估计出从 1972 年起，美国的实际收入水平由于进口品种类的增加而增长了 3%。这一结果比 USITC（2003）估计的在同一时期内美国参与的所有自由贸易协定的收获大了 6 倍。此结果，对贸易政策是否对扩展性贸易边际和贸易商品种类的增加有影响以及其影响

---

① Felbermayr, Gabriel J., Wilhelm Kohler, "Exploring the Intensive and Extensive Margins of World Trade", *Review of World Economics*, 142 (4), 2006, pp. 642 – 674.

② Francis Kramarz, Jonathan Eaton, Samuel Kortum, An Anatomy of International Trade: Evidence from French Firms, Society for Economic Dynamics Meeting Papers with 197, 2005.

力大小做出了进一步定量分析和讨论。①

　　Hummels 和 Klenow（2005）分解贸易增长为两部分，构建了一个分解式的模型，对于定量分析贸易增长和扩张的贸易边际十分有益，运用国家层面的贸易数据研究了集约和扩展性贸易边际对出口国家规模的反应。文章试图从全球多边角度分析为什么大国通常比小国的进出口贸易额高这一问题：是由于大国每种进出口商品的贸易量更大，还是由于更多的商品种类加入进出口贸易（或称更多的商品集，wider set of goods），抑或是源于更高质量的产品贸易。作者选取了 1995 年 110 国家、59 个进口国为样本，把其中大国（larger countries）的大贸易量（greater trade）分解为集约性和扩展性的二元边际。另外，按照不同国家比较了某一个出口目的地市场出口的价格和数量，估计出出口商之间的质量差异。Hummels 和 Klenow（2005）研究得出的主要结论为扩展性贸易边际占出口至大国（larger countries）大贸易额（greater trade）的 2/3；占从小国（smaller economies）的大进口额（greater imports）的 1/3。结论表明产品质量上的差异大约占国家间人均真实收入差距的 9% 左右。不论是进口还是出口，大国贸易通常涉及更多的商品种类，与更多的贸易伙伴发生贸易关系。更富有的国家每单位出口商品价格更高、质量更高，出口主要依靠"质量边际"（扩展边际）。作者还对比了不同贸易模型下的结论差异，含有阿明顿产品差异类型（Armington product differentiation）的贸易模型不存在扩展性贸易边际，因此不能够解释大国与小国主要出口差异。而克鲁格曼企业层面的差异产品理论（Krugman firm-level product differentiation）能够刻画出扩展性贸易边际，但产品种类对出口国规模大小的反应系数估计偏大；而质量差异的贸易模型可以很好地与价格差异现实相符。模型中包含对某一个

特定出口目的国的固定成本，很好地解释了大国将某一类商品出口至更多的国外市场的这一现实趋势。这些贸易模型不同反应系数的比较对一国贸易产生的福利抉择至关重要。①

Thomas Chaney（2008）② 构建了企业异质性简单贸易模型。当企业生产率为帕累托分布，这一假设与美国企业规模分布十分接近。颠覆了以代表性企业为基本假设的 Krugman 模型：由于替代弹性的存在贸易障碍的影响被缩小了，模型中引入了固定出口成本和调整的扩展性贸易边际，解决了进入不同出口市场的企业选择问题，对双边贸易总的流量作出了预测。一企业选择一部分国家子集作为商品销售市场；一组价格集合作为每种商品在特定市场的销售价格。面对给定的价格，消费者购买本国市场上可以提供的商品。假设所有代理的行为同时确定，稳定的均衡点即为他们的策略选择集合。企业决定是否进入某一特定市场取决于他们预期的市场激烈程度。由于存在生产率门限（门槛），低生产率的企业并不能够在海外市场赚得足够的利润用以弥补进入国外市场的固定成本。所以，只有一部分本国企业会进行海外销售。模型给出了均衡的出口、生产率门限和利润。模型提出了命题：出口规模满足国家规模（包括出口国和进口国）、劳动力生产率、包括可变成本和固定成本在内的双边贸易成本、和进口国 j 国距离世界其他国家的偏远度（remoteness）几个因素共同决定的函数关系。原先引力模型的贸易结构由于企业异质性的存在被破坏了。出口的交通成本弹性依赖于企业异质性程度。企业异质性越低（同质程度越高），高生产率的企业具有的代表性越低，进入某一地区市场的生产率门限（productivity threshold）越向大众的企业（生产率相对较低）方向移动，低生

---

① David Hummels and Peter J. Klenow，"The Variety and Quality of a Nation's Exports"，*American Economic Review*，American Economic Association，Vol. 95（3），Jun. 2005，pp. 704 – 723.

② Thomas Chaney，"Distorted Gravity：The Intensive and Extensive Margins of International Trade"，*The American Economic Review*，Vol. 98，No. 4，2008.

产率的企业或部门的出口总量对交通成本较为敏感，其出口的可变成本弹性丝毫不受商品之间替代性影响。

　　较高的替代弹性把生产率之间的差异转换为企业规模差异。随着企业规模越来越分散，固定成本对贸易的影响越来越小，大的企业更容易克服固定成本的负面影响。当产品越容易替代时，合计的贸易流量对贸易障碍越不敏感。Chaney（2008）第二个主要结论为，替代弹性对集约和扩展性二元贸易边际存在反向的影响：它扩大了贸易障碍对集约性贸易边际敏感性；削弱了贸易障碍对扩展性贸易边际的敏感性，其中削弱作用大于扩大作用。模型中引入了企业异质性，进入出口市场企业的选择成为关键的因素。如果替代弹性高，则贸易障碍对集约性贸易边际影响强烈，对扩展性边际影响相对温和；反之亦然，当商品差异性大（替代弹性小）时，新进入厂商增多，扩展性贸易边际对贸易障碍的消除反映更为敏感。两反向作用共同发生时，按照模型假设符合帕累托分布的生产率水平前提下，扩展性贸易边际效应占主导。

◇◇ 第三节　异质企业的贸易模型

　　Melitz（2003）在 Krugman（1980）贸易模型中开创性地加入了企业层面生产率水平的差异（异质性，heterogeneity）。产业内的各个企业都具有异质性，每个企业也都要面临着内生的生产率水平，每个企业都要面临出口的固定成本，每一个企业是否做出不可逆转的投资决定而进入某一产业都具有不确定性，选择某一个代表性企业（representative）不足以说明企业在出口贸易活动中发挥的作用，因为进入出口市场也是有成本的，企业只有了解生产率状况之后才会做出出口的决定。Melitz（2003）构建了一个异质企业的动态产业模型用以分析产业内效应对国际贸易的影响，模型预测只有生产率水平高的企业才会进入出口市场，随着更多的企业进入出口市场，重新配置效应会提高整个产业的平均生产率水平。模型中引入了不变替代弹性（CES）偏好的垄断竞争，一个产业部门的贸易开放将会提高工资和其他要素价格，模型内生决定了生产率门槛（productitivity threshold），生产率低于此门槛的企业只能服务于本国市场，甚至退出市场，生产率最高的企业能够承担海外营销的固定成本并开始出口。低生产率企业的退出和高生产率企业的额外出口销售所得，重新进行了市场份额和利润的分配，促进了总体生产率水平和福利水平的提高。模型对贸易引发的产业内资源重新分配的长期效应也给予肯定——尽管短期内这种调整会存在一定的成本。Melitz（2003）的研究引用资源得出了丰富的政策含义：自由的贸易政策促使了交易成本的下降；并且保证资源重新分配的过程顺利；相反，一些阻碍要素市场灵活性的贸易政策会延迟或削弱一国从贸易中获利的过程或程度。削减关税、降低运输成本或出口市场的规模增大时，这些贸易措施和政策将提高本国和出口目的国市场销售的企业平均生产率。Melitz 模型尽管建立在微观基础上，却有助于从宏观层面上理解出口与经济增长的相关性，此模型将贸易理论与传统方法和新方法相结合，将企业的生产率和出口的固定成本有机地结合起来，同时解释了出口企业和跨国公司生产率差异的原因，丰富了贸易和 FDI 的研究类型。①

Melitz 和 Ottaviano（2005）建立了一个异质企业的垄断竞争贸易模型研究市场规模、生产率和贸易的关系。异质企业主要是由生产率差异引起的，模型中考虑了不同市场的竞争"激烈程度"（toughness of competition），它是由该市场中竞争企业的数量和平均水产率水平决定的。模型预测市场规模和贸易自由化政策会影响竞争的激烈程度，进而会对异质企业

---

① 樊瑛：《国际贸易中的异质企业：一个文献综述》，《财贸经济》2008 年第 2 期。

（生产者和出口者）的选择决策产生影响。总的生产率水平取决于市场规模和贸易开放带来的市场一体化程度的双重影响。模型具有良好的延展性，可以拓展为多国非对称的一般框架，用于讨论非对称贸易成本的效应，模型对贸易和区域一体化政策对异质企业和内生利润的研究具有重要的意义。与 Melitz（2003）不同，本模型对由政府主导的贸易自由化政策所致贸易成本的降低是通过产品市场日益激烈的竞争性发挥作用的，而Melitz（2003）则强调的是贸易引发的对稀缺劳动力资源的竞争，真实工资的上涨，迫使生产率低的企业退出出口活动。本模型由于假设劳动力对差异产品部门的供给是完全弹性的，所以要素市场的因素对此模型的作用被忽略。进口的增多导致了本国产品市场的竞争加剧，意味着在任意一个消费水平上对所有企业，本国的需求价格弹性上升，因此导致了生产率最低的企业退出。两模型考察了两方面的不同因素，却得出了相似的结论。对于贸易自由化政策（包括区域经济一体化、双边以及单边贸易自由化），扩大的市场规模有利于平均企业规模的扩大和产品种类的增多。①

　　与其说出口活动提高了企业的生产率，更确切地说，高的生产率导致了出口的行为。提高生产率的出口和投资是互补性行为。对于生产率低的企业，只有大量地出口才能弥补投资的固定成本投入。外国较低的关税，会吸引更高生产率企业只出口而不投资（Melitz，2003）。Alla Lileeva 和 Daniel Trefler（2007）建立异质性反馈模型（heterogenous response model）验证此观点，他运用了企业层面的关税数据（plant-specific tariff）作为工具变量，检验1988—1996年加拿大厂商是否出口美国的决策以及开始出口后企业生产率的增长。样本容量为521个，利用企业/工厂创新和技术引进反馈（innovation and techonology-adoption response）作为生产率反馈（productivity response）的指标，将生产率增长分解为可观

　　①　Marc J. Melitz and Gianmarco I. P. Ottaviano , Market Size, Trade and Productivity, NBER Working Paper 11393, June 2005.

察的和不可观察的两个部分。研究发现源于关税削减而决定出口的低生产率企业，随出口进行企业的劳动生产率也有所提高。关税递减和改善的美国市场进入为加拿大制造企业从出口和投资活动中提供了劳动生产率的收益，企业出口后对生产率的影响效应称为 margin treatment effect。但是这种收益也是异质的，只有那些一体化协定前低生产率的企业才能享有。利用 probit 概率模型，实证检验出 1996 年，当一企业/工厂原生产率（initial productivity）为 0.35 时，低生产率的企业由于出口获得了的劳动生产率（labour productivity）收益增长 40%，远远高于非出口厂商；而当原生产率大于 0.6 时，此种劳动率收益增长几乎为 0。实证检验还得出结论：原生产率高的企业在自由贸易区协定实施前拥有较高的先进制造技术和产品创新能力，源于关税削减而决定出口原生产率低的企业，成为新出口者后通过出口活动在协定实施之后也可以获得以上能力的提高，进行了更多的产品创新，对于制造技术有更高的吸收率。生产率提高和本地（加拿大）销售具有同步性，新出口厂商与非出口厂商相比提高了本地（加拿大）销售，新的出口商提高了他们在原市场（加拿大）的市场份额，非出口者的市场份额下降，这体现了劳动力生产率——进而为全要素生产率的收益。研究表明对高生产率企业的关税递减并没有此种效果。模型的政策含义为：如果剔除了企业反映的异质性，企业/厂商层面的关税递减（plant-specific tariff cuts）对所有厂商和出口市场的出口拉动作用都是有效的。[①]

Helpman、Melitz 和 Rubinstein（2007）认为嵌套了扩展性贸易边际的改进模型可以大大地增强标准双边贸易引力方程的准确性和预测性。通过异质企业模型预测两国之间的正贸易流量和零贸易流量，由于每个国家的出口企业数目不同，贸易摩擦对贸易流量的影响可以分解为集约性贸易边际

---

① Alla Lileeva, Daniel Trefler, Improved Access to Foreign Markets Raises Plant-Level Productivity … for Some Plants, NBER Working Paper 13297, August 2007.

（intensive margin）和扩展性贸易边际（extensive margin）。前者指的是每个出口厂商的贸易额，后者是指所有出口商的数量。异质企业模型的进一步拓展很好地估计了贸易的深度边际和广度边际，而传统贸易模型忽视了广度边际。因此，一个国家出口企业数目的多少，成为决定这个国家与其贸易伙伴国贸易流量非常重要的因素。这一研究结论对研究双边贸易具有十分重要的意义。① 模型有三个创新点：第一，模型可以较好地模拟不同国家间非对称的贸易流量；第二，一些国家之间的贸易流量允许有零流量，如从 j 国到 i 国的出口量为 0，但从 i 国至 j 国的出口为正；第三，实证构建了拓展性的引力模型公式。该模型衍生出了一般化的引力方程，运用选择方程、贸易流量方程进行二阶段估计：第一阶段采用了概率单位回归的方法；第二阶段采用了引力模型的对数形式。通过采用参数估计、半参数估计和非参数估计的方法得到对贸易摩擦的分析结果都是一样的。两阶段的方法避免了实证中的两个偏差：一是由于存在零贸易流量所导致的标准的选择性偏差；二是由于潜在不可观察的企业层面的异质性，漏掉了对衡量出口企业数量（即扩展性贸易边际，extensive margin）效应的解释变量所造成的偏差。J. M. C. Santos Silva 和 Silvana Tenreyro（2008）进一步对 Helpman-Melitz-Rubinstein 模型（简称 HMR 模型）计量实证方法针对样本选择修正（sample-selection correction）和分布假设（distribution assumption）进行了拓展。第一阶段用 Mills ratio 修正了选择性误差、强调了异方差（heteroskedasticity）对检验结果的影响。运用了不同的估计量，比较异方差假设可能带来的异常结果，放松了原 HMR 模型中的假定。第二阶段为 probit 估计，用于区分两种边际；OLS 估计了 HMR 模型中的基准结果（benchmark）；NLS 估计了第二阶段非线性最小方差估计量；A-bins 是半参数估计；GPML 和 M-Bins 均以倍增形式用极大似然法估计。研究结论表明 HMR 的假设过于

---

① 樊瑛：《异质企业贸易模型的理论进展》，《国际贸易问题》2008 年第 3 期。

严格而不符合实际；特别是对贸易数据异方差的考虑，对探讨集约性贸易边际和扩展性贸易边际两者之间的协整关系（covariate）具有开创性。①

◇◇ 第四节　区域经济一体化和细化的贸易增长实证研究

Kehoe 和 Ruhl（2009）特别研究了在双边贸易一体化框架下扩展性贸易边际的作用，提供了研究问题的新视角，扩展性贸易边际在墨西哥—加拿大的双边贸易中占有十分重要的地位。文章提供了在双边贸易一体化进程中，不断变化的扩展性贸易边际最为详尽的研究。从更广泛的意义来看，纵观几个贸易自由化时期，之前贸易额最少的商品通常在贸易政策变化后发生更为明显的贸易增长。他们选择了 18 个国家的贸易一体化进程，揭示了在贸易一体化进程中扩展性贸易边际如何呈现出显著的增长。重点研究了集约性贸易边际和扩展性贸易边际在三个主要的贸易一体化组织中的重要性。三个一体化组织——希腊、西班牙和葡萄牙加入欧盟；成立美国—加拿大自由贸易区（CUFTA）；实施统一市场计划和北美自由贸易区（NAFTA）。运用了一体化贸易流量按商品分类的具体数据，发现了通过扩展性贸易边际对贸易调整的明显特征。研究还发现，在贸易一体化进程中最初"贸易最少"的产品（least traded）出口份额呈现大的增长幅度，体现了扩展性贸易边际的作用。②

R. Hillberry 和 C. McDaniel（2002）对 NAFTA 实施以来北美的贸易增

---

① Elhanan Helpman, Marc Melitz, Yona Rubinstein, Estimating Trade Flows: Trading Partners and Trading Volumes, NBER Working Paper No. 12927, February 2007.

② Timothy J. Kehoe, Kim J. Ruhl, How Important is the New Goods Margin in International Trade? Federal Reserve Bank of Minneapolis in its series Staff Report No. 324, 2009.

长进行了剖析，估算出扩展性贸易边际贡献率与 Kehoe 和 Ruhl（2002）相比较小，但也十分显著不可忽略。1993—2001 年，美国对 NAFTA 伙伴国的贸易增长达 78%，特别是美国—墨西哥的双边贸易更是达到了 141%，与同期美国与其他地区（Rest of World）贸易的增长率仅为 43% 形成鲜明对比。其中，墨西哥出口至美国的贸易额增长了 860 亿美元，12.5% 的贡献率来源于扩展性贸易边际的增长；墨西哥从美国的进口额增长了 440 亿美元，约 9.7% 的贡献率来源于扩展性贸易边际增长。从文中对美国对加拿大和墨西哥的贸易增长与其他非 NAFTA 成员国进行对比，运用 Hummels 和 Klenow（2002）的方法对美国对外贸易增长剖析研究，将贸易增长细化为三个部分：源于更多数量某种产品的交易；交易产品每单位价格的提升；产品交易种类的增多。其中扩展性贸易边际（extensive margin）表明了贸易增长源于可交易商品种类的增多。集约性贸易边际（intensive margin）是由两部分构成的：与 1993 年相比进口商品的数量变化；美国对外贸易的平均单位商品价格。实证结果表明 1993 年 NAFTA 实行之后，美国同 NAFTA 成员国发生了更多的某一种/同种产品的贸易，同时贸易产生了更多的新产品，两种效应同时存在。上升的美国出口产生了 HTS 产品种类的净增加，同样，从墨西哥的进口增长也源自于大规模 HTS 产品种类的净增加。经实证检验得出，如果保持美国出口至加拿大的真实价格不变，并且 HTS 的可贸易商品种类不变，只研究美国至加拿大出口数量增长的影响，双边贸易额将上升 47%。同理，对墨西哥的出口额将增长 147.6%，可见扩展性贸易边际，即产品种类的增加对贸易增长的贡献更大。美国进口的扩展性贸易边际效应也十分显著。美国从墨西哥进口更多的新产品（HTS 新的贸易种类）对美国从墨西哥的进口额增长贡献率为 23.8%，比同期从其他地区的进口贡献率高 16.9%（同期 Rest of World 贡献率为 6.9%），扩展性贸易边际对贸易增长的影响最为显著。因此 NAFTA 对美国贸易的广度（extensive margin）和深度（intensive margin）

都产生了深刻的影响，对美国贸易的数量和种类都产生了升级的效果。文章将研究限定于 NAFTA 实行后的效应，而并不包括墨西哥早期的贸易一体化行为。墨西哥同 NAFTA 贸易伙伴国产生的贸易增长更多地存在于（过去）已经贸易的商品种类，但是美国从墨西哥进口额的增长其中包含了扩展性贸易边际的因素（进口品种类增加，导致了进口额的增多）。①

以上文章的研究扩展性贸易边际同贸易政策的变化都并非直接相关。Debaere 和 Mostashari（2006）直接将关税递减同扩展性贸易边际相联系，研究了前者对后者的贡献度。研究运用了 1989—2001 年进口数据，发现当自由贸易区关税递减时，由于扩展性贸易边际的存在对贸易增长产生了正向作用（此种效应有些类似于贸易转移）。但全面（across-the-board）关税递减时，扩展性贸易边际的增长效应又是混合的、不明确的。Debaere 和 Mostashari（2006）认为，在数量意义上关税递减对新贸易的发生促进作用不明显，可能是由于自由贸易协定中通常都包含其他的政策，如投资保护；这些政策都可能对扩展性边际产生影响，但在模型估计中尚没有包含以上政策因素。②

◇◇ 第五节　其他相关的经验研究

一　出口和 FDI 选择的微观模型

Helpman、Melitz 和 Yeaple（2004）建立了多国、多部门的一般均衡

---

① Hillberry, Russell H. and McDaniel, Christine A., A Decomposition of North American Trade Growth since NAFTA, Working Papers 15866, United States International Trade Commission, Office of Economics, 2002.

② Debaere, Peter, Mostashari, Shalah, Do Tariffs Matter for the Extensive Margin of International Trade? An Empirical Analysis, CEPR Discussion Papers 5260, Sep. 2005.

模型用以说明异质企业通过出口或附属子公司销售（FDI 投资）的方式提供外国市场的消费。模型中的市场准入包括不同的相对成本，其中包括沉淀成本，如市场调研、建立分销网络、做广告等，也包括随着销售量变化而变化的可变成本，如运输成本和关税。与投资成立附属子公司相比，出口具有沉淀成本低，但单位可变成本高的特性；FDI 的固定成本要大于出口成本，尽管没有运输成本。模型假设有 N 个国家，只有一种生产要素——劳动力，有 H + 1 个部门，其中 H 部门生产差异性产品。"集中度的此消彼长"（proximity concentration trade-off）是指 FDI 节省了运输成本（可变成本），但建生产设备和工厂存在较高的固定成本，采用离差方法提高了模型的预测能力。在均衡点处只有较高生产率的企业才会为外国市场提供商品，也只有最高生产率的企业才会向海外市场进行 FDI 投资。模型预测出口销售与海外子公司销售之比受以下因素的影响：生产率的差异分布（productivity dispersion）、贸易成本、企业的规模经济、母国同东道国的工资水平差异程度以及出口至目标市场的固定成本。考虑了相对贸易成本和企业层面的异质性，实证考察 1994 年 52 个部门的美国海外子公司销售额和美国对外出口至 38 个国家数据，并在 Brainard（1997）研究的基础上，进一步将出口/投资目标地样本，加入 11 个小国，扩展成为"广义样本"（wide sample），检验得出：部门/国家层面的贸易成本（交通成本和关税）与相对出口/FDI 具有强烈的负相关作用，贸易成本越低，出口与 FDI 之比越高；更重要的是，实证分析验证了模型的预测，更多企业层面的异质性导致了出口活动的增多，其中出口企业的生产率相对于非出口企业高出 39%。部门按照 BEA 制造业部门的 3 位码划分，检验了贸易摩擦效应、规模经济和产业内企业规模差异性分布（dispersion in firm size）的因素，结果表明贸易摩擦越小，规模经济效应越大，企业越倾向于出口而非 FDI 投资。研究发现和证实了影响出口和投资结构的新因素——"部门内差异性"（within-sectoral heterogeneity）。①

对企业规模、企业营业额和增长之间的关系，Eaton、Kortum 和 Kramarz（2008）与 Eaton、Eslava、Kugler 和 Tybout（2008）都作出了模型预测，并对出口企业销售至外国市场的数据进行了跨部门的实证研究。研究表明，企业规模同出口销售增长率呈现反向相关的关系，即在同一市场中，小规模出口生产者的出口销售增长率远远高于大的出口商；并且结合最初的销售规模，最小分位点（quantiles）的总销售增长速度最快。Costas Arkolakis（2009）在均衡增长的框架下讨论关于企业选择和增长，构建了一个融合企业销售额（企业规模的影响）和增长以及企业销售分布的混合多国一般均衡模型。在企业生产率异质性的分析基础上，研究了企业的进入/退出选择，以及企业规模分布对企业出口销售及其增长率的影响。企业的全要素生产率（Total Factor Productivity，TFP）在微观企业理论和增长模型中都是核心因素。文章中考虑了企业的生存年限（age of the firm）、企业规模（size）、营业额（turnover）和增长（growth）对企业销售分布的影响（sales of firm）。笔者认为企业层面的增长是生产率水平的异质性改进，以及存在新的潜在生产者不断进入的结果。企业由于不断上升的市场进入成本（market penetration cost）而对某特定的市场出口更多。模型细化出了集约性边际增长（intensive margin growth）和选择效应（selection effect），如集约性边际增长为负，可能导致小企业存在负的增长率。作者通过企业退出率（exit rate）和贸易弹性校正了企业动态选择的模型系数。校正后模型成功解释了过去 20 年的美国企业营业额增长率，并且对哥伦比亚出口商的营业额和贸易增长至每个独立目的地的活动也作出了

---

① Elhanan Helpman, Marc J. Melitz, Stephen R. Yeaple, "Export Versus FDI with Heterogeneous Firms", *American Economic Review*, American Economic Association, Vol. 94 (1), March 2004, pp. 300 – 316.

较大程度的解释。[①]

Pol Antràs 和 C. Fritz Foley（2009）研究了区域贸易协定构成后对跨国公司活动和 FDI 模式的影响，通过数据检验了美国跨国公司对东盟区域一体化 ASEAN 启动后的反应；通过企业层面的异质特性，考察当区域贸易成本下降时如何影响 FDI 活动的集约性边际和扩展性边际。文章构建了三国模型，在 Helpman、Melitz 和 Yeaple（2004）的模型基础上加入了第三国销售（third-country sales），分别为西方—东方—南方三国，以西方国家（实证中即美国）的视角，分析了 FDI 来源（西方，source-country）的企业异质性如何影响其跨国投资并为其他两个国家提供商品的行为。模型预测面临东方—南方两国之间关税递减，构成区域经济一体化组织，FDI来源国（西方）的企业在此地区（South-East Area）进行跨国投资的企业数量将增加；关税实施后，在改革国家（东方和南方，reforming-country）所设子公司的规模都将有所扩大，即 FDI 的集约性边际增长；在改革国家（东方）设立子公司的销售分布会向其他改革国家（南方）偏移，出口服务于其他市场，FDI 设立子公司的资金总流入大于总流出，FDI 的扩展性边际也上升了。文章考察了 1989 年和 1994 年美国跨国企业在亚洲活动，数据显示美国公司在 ASEAN 国家的投资明显高于其他亚洲地区；ASEAN的建立吸引美国 FDI 进入，存在子公司的净进入。美国跨国公司增长的1/3 源自子公司设立数目的增加，其他 2/3 源自子公司销售的增长。美国子公司销售的方向也在 AFTA 实施时出现了偏转，将子公司的销售区分为销向东道国、销回美国、销往第三国。在 ASEAN 国家，销往第三国的份额在 1989—1994 年显著增长，同期亚洲其他地区的第三国销售基本不变。第三国销售的增加也源于两个不同的动因：第一，原在 ASEAN 国家设立的美国子公司销售数量的增加；第二，在 AFTA 实施之后，吸引了更多

[①]　Costas Arkolakis, A Unified Theory of Firm Selection and Growth, CESifo Working Paper No. 2679, June 2009.

FDI 流入，设立了新的美国子公司所发生的销售。计量模型中以人均 GDP、税率、是否为 ASEAN 成员和是否新子公司设立，以及两者相乘 3 个哑变量为解释变量，分别对东道国市场销售份额、销回美国份额和销往第三国的份额进行了回归分析。①

二　商业周期理论与异质性企业

Fabio Ghironi 和 Marc J. Melitz（2005，2007）将企业异质的特性植入商业周期理论，使用了两国、随机、一般均衡模型，研究了垄断竞争市场条件下，宏观经济动态特征和国际贸易之间的关系，研究了贸易流量的动态性，异质性企业是否出口/进入外国市场，考察了美国贸易流量在商业周期下的动态扩展性贸易边际。研究表明，新产品的贸易与经济活动波动密切相关，并且贸易流量同可贸易商品的种类也存在很强的相关性。模型中，决定了贸易扩展性边际的内生反映因素包括：一是沉淀成本，商业周期中新产品的开发和引进被内生化了；二是固定出口成本，并非所有的新产品都会进入国际贸易的交易，发现了美国 GDP 和贸易余额（trade balance）之间 S 形的相关关系，贸易余额呈现出反向周期性，当期 GDP 与未来的贸易余额存在正相关性。作者又强调新产品（或产品生产线，new production lines）的创造意味着新的贸易品种，通过资本积累的途径，经济的周期性影响着贸易特征。当经济运行良好、处于扩张期时，企业或代理人通过外国或本国储蓄等途径融资，加快了新产品（或产品生产线）的进入，导致了贸易余额的反周期性。随着本国需求的扩张，进口上升迅速，出口扩张减缓，逐渐增多的国内生产者数量也导致了逐渐增多的出口生产者数量，因此扩展性贸易边际也随之上升。新产品的引进和产品创造

---

① Pol Antràs, C. Fritz Foley, Regional Trade Integration and Multinational Firm Strategies, NBER Working Paper 14891, Septmeber 2009.

与扩展性贸易边际在整个商业周期内显著相关，也检验了美国制造业的新成立数量（new establishment）与经济周期波动的高度吻合。贸易扩展性边际不仅取决于所有产品的种类集合，还取决于用于出口的产品种类的子集，并通过美国和其他国家（cross country）的贸易数据验证了以上的预测。①

---

① Fabio Ghironi , Marc J. Melitz, "Trade Flow Dynamics with Heterogeneous Firms", *American Economic Review*, May 2007.

第 三 章

中国—东盟自由贸易区框架下的
贸易增长现实分析

自由贸易区是指两个或多个经济体成员国，通过谈判签署协议，在 WTO 承诺的基础上，相互逐步取消绝大多数产品的关税和非关税措施，扩大货物、服务和资本的市场准入，促进贸易投资便利化，以减少贸易成本，实现贸易、投资的全面自由化，增强区域内产品在国际市场的竞争力，降低进口原材料和设备的成本，并且也有利于消费者获得价廉物美的商品和优质高效的服务。从最初的构建启动、逐步实施直至如今的全面开展和如期建成，中国—东盟自由贸易区是中国正式加入的第一个区域性经济一体化组织，也是一个以发展中国家（新加坡除外）为主的区域组织，对中国与东盟国家经贸合作的发展产生了极大的推动作用，对东亚经济一体化具有重要的促进意义。2010 年 1 月 1 日，中国—东盟自由贸易区如期建成。中国—东盟自由贸易区成为 19 亿人口、接近 6 亿美元国内生产总值、4.5 亿美元贸易总额，由发展中国家组成的世界最大的自由贸易区。对自贸区预期效果的评估和取得成果的检验，具有重要的现实意义；作为中国签署的第一个自贸区协定，中国—东盟自由贸易区已经良好运行了 8 年时间，其示范效应不可小视，对中国整体自由贸易区战略的实施具有重要启示性。中国—东盟自由贸易区是中国对外商谈的第一个自贸区，也是东盟作为整体对外商谈的第一个自贸区。2002 年中国与东盟启动了自贸区的谈判，2003 年"早期收获计划"正式实施，2004 年签署了《货物贸易协议》，2007 年签署了《服务贸易协议》。《投资协议》的签署标志着双方成功地完成了中国—东盟自由贸易区协议的主要谈判，2010 年全面建成中国—东盟自由贸易区。

◇◇ 第一节 中国—东盟自由贸易区一体化进程

一 中国—东盟自由贸易区的启动与构建

东盟是东南亚国家联盟（Association of Southeast Asian Nations，简称 ASEAN）的简称，有 10 个成员国：文莱、印度尼西亚、马来西亚、菲律宾、新加坡、泰国、柬埔寨、老挝、缅甸和越南，其中，前 6 个国家加入东盟的时间比较早，是东盟的老成员，经济相对发达；后 4 个国家是东盟新成员。20 世纪 90 年代以来，中国与东盟的经济联系日益紧密，双边贸易持续攀升。[①]

1991 年 7 月，时任外交部部长钱其琛应邀出席了第二十四届东盟外长会议开幕式，这是中国首次同东盟正式接触；1994 年 7 月，中国作为东盟磋商伙伴参加了在泰国首都曼谷举行的首届东盟地区论坛会议；1996 年 7 月，第 29 届东盟常设委员会第六次会议将中国由过去的东盟磋商伙伴国升格为东盟全面对话伙伴国；1997 年 12 月，中国参加首次东盟—中、日、韩（10 + 3）领导人非正式会议。

2000 年 11 月，在新加坡举行的第四次中国—东盟（10 + 1）领导人会议上，朱镕基总理首次提出中国计划与东盟签署自由贸易协议，建立中

---

① 商务部国际司：《中国—东盟自由贸易区知识手册》，2007 年 9 月。

国—东盟自由贸易区（CAFTA）的宏伟构想。2001 年 11 月，在文莱举行的第五次中国—东盟领导人会议上，中国和东盟双方共同决定在 10 年内建成中国—东盟自由贸易区。

2002 年 11 月 4 日，在柬埔寨举行的第六次中国—东盟领导人会议上，中国与东盟正式签署了《中华人民共和国与东盟全面经济合作框架协议》，这一框架协议确定了中国—东盟自由贸易区的目标、范围、措施、时间表，限期实现自由贸易的早期收获方案，经济技术合作领域的具体安排，以及给予越南、老挝、柬埔寨、缅甸以多边最惠国待遇的承诺。至此中国—东盟自由贸易区正式启动。

2003 年 10 月，在印度尼西亚巴厘岛举行的第七次中国—东盟（10＋1）领导人会议上，双方签署了《中华人民共和国与东盟全面经济合作框架协议》修改书，中国政府宣布加入《东南亚友好合作条约》，并与东盟签署了宣布建立"面向和平与繁荣的战略伙伴关系"的联合宣言。

2004 年 1 月 1 日，中国—东盟自由贸易区早期收获计划实施，下调农产品的关税，到 2006 年约 600 项农产品的关税降为零。2004 年 11 月，第八次东盟与中国领导人会议在老挝首都万象举行，在这次会议上，双方签署了《中国—东盟全面经济合作框架协议货物贸易协议》，协议中规定，7000 多种商品的关税将得到削减；双方还签署了《中国—东盟争端解决机制协议》。在经济合作方面，双方商定将以农业、信息通信技术、人力资源开发、投资促进和湄公河流域开发为重点，并逐步向其他领域拓展。2004 年 11 月 27 日，中国与东盟签署了《中华人民共和国政府与东南亚国家联盟成员国政府交通合作谅解备忘录》，2004 年 11 月 28 日中国与大湄公河次区域五国签署了《柬埔寨王国邮电部、中华人民共和国信息产业部、老挝人民民主共和国交通运输邮电建设部、缅甸联邦通信邮政与电报部、泰王国信息通信技术部、越南社会主义共和国邮电部关于共同推进建设大湄公河次区域信息高速公路的谅解备忘录》，中国—东盟自由贸易区得到进一步发展。

2005 年 7 月 1 日《中国—东盟全面经济合作框架协议货物贸易协议》正式实施，3000 多种商品的关税不同程度的下降，免配额以及其他市场准入条件进一步改善，中国—东盟自由贸易区进入了实质性的执行阶段。

2007 年 1 月，双方又签署了自贸区《服务贸易协议》，并于当年 7 月顺利实施；2009 年 8 月，双方签署了《投资协议》，计划中国—东盟自由贸易区在 2010 年全面建成。中国与东盟 10 国共同签署中国—东盟自由贸易投资协定，标志着中国与东盟自贸区协定谈判的全部完结，至 2010 年，中国与东盟老成员建成自贸区，届时 90% 的贸易产品将实现零关税并实质性开放服务贸易市场；东盟新成员则可享受最多 5 年的过渡期，到 2015 年全面建成自贸区。[①] 这标志着双方经贸合作站在了一个新的起点上。

二 双边货物贸易协定签署与关税递减

中国—东盟自由贸易区从启动到正式建立大概经历了以下几个阶段。第一个阶段：2002 年 11 月，双方签署了《全面经济合作框架协议》，规定了中国—东盟自由贸易区的内容、目标和时间框架，标志着中国—东盟自由贸易区谈判的启动。第二个阶段：2004 年 1 月，双方实施了"早期收获计划"，对进入中国市场的东盟 600 多种产品，主要包括肉、蛋、水产品、奶制品、蔬菜、水果等，率先实行零关税，到 2006 年 1 月 1 日完成。第三个阶段：2005 年 7 月，中国和东盟双方根据《货物贸易协议》的规定，全面启动降税进程。

消除区内关税壁垒，是东盟建设自由贸易区和实现经济一体化的主要

①《东盟经济：内外兼顾合作发展》，《经济日报》2009 年 12 月 10 日，http://fta. mofcom. gov. cn/article/shidianyj/200912/1831_ 1. html。

目标之一。目的是使双方尽早享受到自贸区降税带来的利益，东盟国家提出双方实施"早期收获计划"，决定选择一些共同感兴趣、互补性强的产品，用较快的速度和较大的幅度提前进行降税，先行开放市场。计划涵盖的产品范围主要是《商品名称及编码协调制度》（简称 HS）第一章到第八章的产品，主要类别如下：（1）第一章，活动物；（2）第二章，肉及可食用杂碎；（3）第三章，鱼；（4）第四章，乳品、蛋、蜜等；（5）第五章，其他动物产品；（6）第六章，活树及其他活植物；（7）第七章，蔬菜；（8）第八章，水果。双方商定，将早期收获产品按其在 2003 年 7 月 1 日的实施税率分成三类，按照不同的时间表进行削减和取消关税。同时，为体现对柬埔寨、老挝、缅甸和越南 4 个东盟新成员的照顾，各方允许它们以较慢的速度降税，享受更长的过渡期。"早期收获计划"实施后，获益较大、进出口增长较快的主要产品有蔬菜、水果、水产品等。[1]（见附录一："早期收获计划"）

表3—1　　　　有关各国参与"早期收获计划"的减税项目数量[2]　　　　单位：个

国家	减税项目数量
中国	593
文莱	597
柬埔寨	539
印度尼西亚	595
老挝	406
马来西亚	599
缅甸	579
菲律宾	214

---

　　① 《中国—东盟自由贸易区〈货物贸易协议〉解读》，转引自《国际商报—中国·东盟商务周刊》，http：//www.caexpo.org/gb/news/special/tariff/research/t20050719_44383.html。

　　② 陆建人：《中国—东盟自由贸易区：进展与问题》，http：//www.caexpo.org。

国家	减税项目数量
新加坡	602
泰国	581
越南	547

资料来源：China-ASEAN Business Week，*International Business Daily*，2005 年 7 月 19 日。

根据《货物贸易协议》规定的时间表，中国与东盟的货物贸易降税计划正式启动。中国同文莱、印度尼西亚、马来西亚、缅甸、新加坡和泰国东盟 6 国相互实施自贸区协定税率，以自由贸易区优惠税率实行货物通关（《货物贸易协议》全面降税时间表，详见附录二）。2005 年，中国共对东盟国家的 3408 种商品实施降税，平均税率从 9.9% 降到 8.1%，包括 2004 年 1 月 1 日已开始实施优惠税率的 "早期收获" 产品。其中，对东盟 6 国统一适用协定税率的产品共 2810 种，对六国分别适用协定税率的产品共 561 种，此外还包括 37 种实行从量税和复合税的产品。其他商品仍暂按最惠国税率执行。东盟国家也有不同程度的关税削减。在正常产品中，产品又分为一轨产品和二轨产品两类。两者的共同点是最终税率均要降为零，区别是二轨产品在取消关税的时间上可享有一定的灵活性。在敏感产品中，按敏感程度不同，产品又细分为一般敏感产品和高度敏感产品两类。两者的共同点是最终税率可不为零，区别是一般敏感产品要在一段时间后把关税降到相对较低的水平，而高度敏感产品最终可保留相对较高的关税。对中国和东盟 6 国（东盟老成员，即文莱、印度尼西亚、马来西亚、菲律宾、新加坡和泰国），正常产品自 2005 年 7 月起开始降税，2007 年 1 月 1 日和 2009 年 1 月 1 日各进行一次关税削减，2010 年 1 月 1 日将关税最终削减为零；对东盟新成员（柬埔寨、老挝、缅甸和越南），则从 2005 年 7 月起开始降税，2006—2009 年每年 1 月 1 日均要进行一次关税削减，2010 年不削减关税，2011 年起每两年削减一次关税，至 2015 年关税降为零。

2010 年，中国有 93% 的产品对东盟实现零关税，东盟也有 90% 以上的产品对中国实现零关税。中国—东盟自由贸易区的降税特点是逐渐加速，2005 年 7 月，中国对东盟国家的平均税率从 9.9% 降到 8.1%。[①] 根据最初的目标，东盟成员国到 2008 年将纳入共同有效优惠关税计划的产品区内关税税率降至 0—5%。根据东盟 2006 年 8 月底公布的数字，除柬埔寨和缅甸外，东盟其他成员国纳入该计划的绝大部分产品区内关税税率都已达到这个目标。2007 年之后，双方降税速度进一步加快，关税递减促进了双边贸易的快速增长，区内关税不断下降显示东盟正在向建设自由贸易区和实现经济一体化目标稳步推进，极大地推动了双边贸易发展。

三 深度一体化协定与进展

（一）《服务贸易协议》的签署和成效

2007 年 1 月 14 日中国和东盟 10 成员国签署了中国—东盟自由贸易区《服务贸易协议》，这标志着中国—东盟自由贸易区建设向前迈出关键的一步，该协议是中国在自由贸易区框架下与其他国家签署的第一个关于服务贸易的协议。

《服务贸易协议》是规范中国与东盟服务贸易市场开放和处理与服务贸易相关问题的法律文件，规定双方在中国—东盟自由贸易区框架内开展服务贸易的权利和义务，最重要的内容包括了中国与东盟 10 国开放服务贸易的第一批具体承诺减让表。根据协议规定，一方面，中国将在 WTO 承诺的基础上，在建筑、环保、运输、体育和商务 5 个服务部门的 26 个分部门向东盟国家做出新的市场开放承诺。另一方面，东盟也将分别在金

---

① 张少刚：《中国—东盟自由贸易区降税进程和贸易便利化》，http://www.caexpo.com。

融、电信、教育、旅游、建筑、医疗等行业向中国做出市场开放承诺，包括进一步开放上述服务领域，并允许对方设立独资或合资企业，放宽设立公司的股比限制等。① 在各国完成各自法律审批程序后，中国—东盟自由贸易区《服务贸易协议》于 2007 年 7 月 1 日起正式生效。

这是中国—东盟自由贸易区建设的又一重大进展。目前在服务贸易产业的基础方面，东盟成员普遍好于中国；在服务贸易的规模上，中国远远大于东盟成员；发展速度上，中国的发展更为迅速；而在服务贸易出口的产业结构和格局上，中国和东盟成员有各自擅长的领域。双方以上方面存在差异性，恰恰使双方的服务贸易形成了较强的互补性，并且同为发展中国家实力相当，为双方的服务贸易扩大发展奠定了基础。而中国和东盟现在都面临产业结构调整的艰巨任务，发展服务业、扩大服务业的对外开放，成为必然选择。

《服务贸易协议》的签署为双方搭建一个新的合作平台，营造更加稳定和开放的贸易环境，并创造更多的贸易机会，双方在互利互惠的基础上，在东盟国家建立一批基础设施完善、产业链完整、关联程度高、带动和辐射能力强的经济贸易合作区，在更高层次上实现与东盟国家的互利共赢和共同发展。为配合自由贸易区建设，中国还建议加强双方海关和检验检疫部门的合作，并建议举办中国—东盟部长级质检磋商，与东盟尽快商讨设立中国—东盟贸易、投资和旅游促进中心，签署有关谅解备忘录。

中国和东盟的服务贸易开放是渐进式的，根据《服务贸易协议》规定，在协议生效一年内，双方就第二批服务部门的市场开放问题进行谈判。此外，未来双方还会就服务贸易的进一步开放问题继续进行磋商，以逐步实现本地区的服务贸易自由化。

---

① 中宏数据库：《中国—东盟自由贸易区建设进入实质阶段》，《中华工商时报》2006 年 9 月 8 日。

（二）《投资协定》的签署和意义

2009年8月15日，第八次中国—东盟经贸部长会议在泰国曼谷举行，商务部陈德铭部长与东盟10国的经贸部部长共同签署了中国—东盟自由贸易区《投资协议》。该协议的签署向外界发出了一个明确的信号，即中国和东盟各国愿同舟共济，携手抗击金融危机，继续推进贸易和投资自由化，反对贸易和投资保护主义，为东亚地区和全球经济的复苏与发展做出重大贡献。《投资协议》通过双方相互给予投资者国民待遇、最惠国待遇和投资公平公正待遇，提高投资相关法律法规的透明度，为双方投资者创造一个自由、便利、透明及公平的投资环境，并为双方的投资者提供充分的法律保护，从而进一步促进双方投资便利化和逐步自由化，致力于建立一个自由、便利、透明的投资体制。其中，国民待遇条款规定各方在其境内，在投资管理、经营、运营、维护、使用、销售和清算等方面，应当给予另一方投资者及其投资，不低于其在同等条件下给予其本国投资者及其投资的待遇；最惠国待遇条款规定各方在投资方面应当给予其他方投资者不低于其在同等条件下给予任何其他缔约方或第三国投资者的待遇。这两个核心条款在确保给予双方投资者公平公正的非歧视待遇方面起到关键作用。此外，投资待遇、透明度、投资促进与便利和争端解决等条款为改善双方投资环境、提高外资政策透明度、促进投资便利化、提高投资争端解决公平与效率以及加强投资保护等方面提供了有效的法律保障。近年来，随着中国—东盟自由贸易区建设步伐的加快，中国与东盟相互投资不断扩大。截至2008年年底，东盟国家来华实际投资520亿美元，占中国吸引外资的6.08%。同时，中国积极实施"走出去"战略，对东盟的投资也出现了快速增长态势。2008年中国对东盟直接投资达21.8亿美元，同比增长125%，已有越来越多的中国企业把东盟国家作为主要投资目的地。随着《投资协议》的签署和实施，中国与东盟之间的相互投资和经贸关系必将进入新的发展阶段。①

《投资协议》包含了 27 个条款。分别为定义、目标、适用范围、国民待遇、最惠国待遇、不符措施、投资待遇、征收、损失补偿、转移和利润汇回、国际收支平衡保障措施、代位、缔约方争端解决、缔约方和投资者之间争端解决、利益拒绝、一般例外、安全例外、其他义务、透明度、投资促进、投资便利、机构安排、与其他协议关系、审议、修改、保存、生效等。

《投资协议》的第二条目标明确规定"促进东盟与中国之间投资流动，建立自由、便利、透明和竞争的投资体制"。在推进中国—东盟自由贸易区的进程中，"逐步实现东盟与中国的投资体制自由化；为一缔约方的投资者在另一缔约方境内投资创造有利条件；促进缔约方和在其境内投资的投资者之间的互利合作；鼓励和促进缔约方之间的投资流动和缔约方之间投资相关事务的合作；提高投资规则的透明度以促进缔约方之间投资流动；以及为中国和东盟之间的投资提供保护"。

《投资协议》的签订有利于在中国—东盟自由贸易区内建立一个自由、便利、透明的投资体制，提高投资相关法律法规的透明度，并为双方的投资者提供充分的法律保护，从而进一步促进双方投资便利化和逐步自由化。《投资协议》的第二十二条规定，"鉴于常设机构尚未建立，由中国—东盟经济高官会支持与协助的中国—东盟经济部长会应监督、指导、协调并审议本协议的实施；东盟秘书处应监控并向中国—东盟经济高官会报告协议的实施情况。所有缔约方应在履行东盟秘书处职责方面与秘书处进行合作；各方应指定一个联系点，促进缔约方间就本协议涵盖的任何事务开展交流；应一方要求，被要求方的联系点应指明某事务的办事机构或负责人员，便利与要求方的交流"。相关条款保证了协议在没有建立常设机构的情况下顺利执行，并在中国—东盟经济部长监督、指导下逐渐建立

---

① 《中国—东盟自由贸易区〈投资协议〉签署》，商务部新闻办公室，http：// fta. mofcom. gov. cn/article/zhengwugk/200908/940_ 1. html。

起高效、便利的执行机制。

《投资协定》致力于建立一个互利共赢的投资平台。《投资协议》所包括的内容共同为中国—东盟自由贸易区的双方投资搭建一个新的合作平台，这个平台是开放的、互利的平台。如第二十条投资促进规定"增加中国—东盟地区投资；组织投资促进活动；促进商贸配对活动；组织并支持机构举行形式多样的关于投资机遇和投资法律、法规和政策的发布会和研讨会；对投资促进和便利化等问题进行信息交流"。第二十一条投资便利化规定：为各类投资创造必要环境；简化投资适用和批准的手续；促进包括投资规则、法规、政策和程序的投资信息的发布；并在各个东道方建立一站式投资中心，为商界提供包括便利营业执照和许可发放的支持与咨询服务；等等。

《投资协定》的签署为中国—东盟自由贸易区营造了更加稳定、开放的投资环境，减少相互投资中的不合理限制和管制，并为双方企业创造更多的投资和贸易机会，实现互利共赢。同时也为中国与东盟各国的相互投资提供制度性保障，有利于深化和加强双方的投资合作，实现优势互补，增强竞争力，推动双方相关产业的发展。《投资协定》的签署标志着中国—东盟自由贸易区的全面实现，完成从初步经济一体化进程向深度一体化进程的演进，具有十分重要的意义。

1. 标志着中国—东盟自由贸易区的主要法律框架构建已经完成

从 2001 年中国与东盟领导人达成在 2010 年建成中国—东盟自由贸易区的共识以来，2002 年签订了《中国—东盟全面经济合作框架协议》，确定了中国—东盟自由贸易区的法律基础和基本框架，全面启动了自由贸易区的谈判，2003 年创造性地实施了"早期收获计划"，2004 年签署了《货物贸易协议》和《争端解决机制协议》，2007 年签署了《服务贸易协议》，2009 年 8 月 15 日，在曼谷举行的第八次中国—东盟经贸部长会议上，中国与东盟 10 国的经贸部长共同签署了中国—东盟自由贸易区《投

资协议》。这标志着，备受关注的中国—东盟自由贸易区建设的主要法律
程序已经基本完成，这不仅为双方投资建立了法律保护，也将极大地促进
双方的投资进程。

2. 保证 2010 年中国—东盟自由贸易区如期建成

《投资协议》的签署不仅标志着双方成功地完成了中国—东盟自由贸
易区的主要谈判任务，也必将极大地促进中国与东盟之间的相互投资。随
着自贸区货物、服务和投资协议的签署和实施，一个符合世界贸易组织规
定，集货物贸易、服务贸易以及投资自由化和便利化于一体的拥有 19 亿
人口的新型自由贸易区在 2010 年建成。

3. 表明双方坚决应对金融危机创造空前商机

在当前全球金融危机的背景下，中国与东盟签订了《投资协议》，这
充分显示了中国同东盟各国携手抗击金融危机、推进贸易投资自由化、反
对贸易和投资保护主义、共克时艰和互利共赢的坚强决心和坚定立场，将
把中国—东盟战略伙伴关系提升到一个更高的水平，也将为东亚地区和全
球经济的复苏与发展做出积极贡献。

《投资协议》的签署是中国—东盟自由贸易区建设进程中最后一块里
程碑。在这个进程中，中国和东盟相互开放市场，贸易和投资自由化、便
利化，为 11 个成员创造了空前的商机。[①]

◇◇ 第二节　中国—东盟自由贸易区框架下
贸易增长的现实分析

中国—东盟自贸区的成立对双边经贸关系都意义重大，大大促进了双

---

① 李光辉：《中国—东盟自由贸易区〈投资协议〉》，商务部国际贸易经济合作
研究院，http：//www. caitec. org. cn/c/cn/news/2009 – 09/17/news_ 1593. html。

方经贸和货物往来。在中国和东盟国家的贸易中，90%的货物免税，简化了企业进出口货物时的很多繁复程序，大大促进中国和东盟各国间货物的自由流通，从而使双方贸易额大幅度提升。本节从中国和东盟两个贸易成员国/地区各自的贸易数据着手，分别说明中国—东盟自由贸易区建成之后对各自贸易方向和贸易规模变化的影响。贸易方向是指贸易的伙伴国地区分布，贸易规模衡量则包括了进口总额、出口总额和进出口总额三个指标。通过绝对数值（贸易额）的纵向比较和相对数值（增长率、所占比重）的横向分析，揭示出自由贸易区建成后对中国和东盟双方的经济效应变化影响。

一 区域内贸易的总额增长

从贸易规模上看，中国与东盟国家之间的贸易额呈现出逐渐上升的趋势。20世纪90年代初期，中国与东盟贸易额仅为71亿美元；1991年，双边贸易额也仅为80亿美元左右；1994年，双边贸易额达到132.8亿美元，1995年增长至184.03亿美元，呈现出逐年良好的发展势头；1996年中国成为东盟全面对话伙伴国，这一年双方贸易额达到了200亿美元；2000年，在克服金融危机影响的基础上，中国与东盟贸易额创纪录地增至367.14亿美元；2001年，接近400亿美元。2002年11月，中国—东盟第六次领导人会议上，双方签署了《中国与东盟全面合作框架协议》，标志着中国—东盟自由贸易区（CAFTA）正式启动，其宗旨是：促进地区内的经济、贸易与投资合作，逐步对商品与服务实施自由化，建立自由、透明的投资制度，以及加强彼此间的经济一体化。根据此协议，中国与原东盟6国（新加坡、马来西亚、泰国、菲律宾、印度尼西亚、文莱）在2010年之前，并与新成员国（越南、老挝、缅甸、柬埔寨）在2015年之前建立自由贸易区。2004年11月，中国与东盟又签署了自由贸易区

《货物贸易协议》和《争端解决机制协议》，为中国与东盟之间的贸易提供了更加公平、透明、便利的法律保障。同年，东盟继续保持中国的第五大贸易伙伴地位，而中国也继续为东盟第六大贸易伙伴，中国与东盟的贸易额首次突破千亿美元达到1058.8亿美元。2005年7月，中国—东盟自贸区全面降税进程正式启动，双方贸易合作进入了全面深入发展的新阶段，这一年双边贸易额达1303.7亿美元，是1991年双边贸易额的16倍多。2006年，中国与东盟双边贸易额达到了1608.4亿美元，同比增长23.3%，2007年统计数据中，中国对东盟国家的进出口总额为2025.48亿美元，其中出口总额为941.79亿美元，进口总额为1083.69亿美元，自贸区建成的5年内，对区内贸易起到的积极促进作用已日益凸显，双方贸易总额的不断增长已是不争的事实，自由贸易区贸易创造效应扩大。不断扩大的贸易规模和快速的贸易增长也为双方的经济发展奠定了基础，即使面临国际金融危机，2009年1—10月的数据依然显示了中国对东盟国家稳定的进出口贸易行为，对东盟市场出口仅下降7.0%，2009年中国对东盟市场出口首次超过日本，成为东盟第三大出口市场。2014年，中国与东盟贸易额超过4800亿美元，比1994年增长了35倍多。中国对东盟国家的详细进出口贸易额如表3—2所示。

表3—2　　　中国对东盟进出口贸易额和年增长率：1994—2015年

单位：亿美元、%

年份	进出口总额	进出口年增长率	出口额	出口额年增长率	进口额	进口额年增长率
1994	132.80	—	63.78	—	68.30	—
1995	184.03	38.58	90.01	41.13	94.02	37.66
1996	192.06	4.36	88.18	-2.03	103.88	10.49
1997	228.95	19.21	109.19	23.83	119.70	15.23
1998	216.21	-5.56	93.47	-14.40	122.74	2.54
1999	256.83	18.79	111.76	19.57	145.07	18.19

续表

年份	进出口总额	进出口年增长率	出口额	出口额年增长率	进口额	进口额年增长率
2000	367.14	42.95	155.89	39.49	211.25	45.62
2001	384.88	4.83	163.21	4.70	221.67	4.93
2002	547.70	42.30	235.68	44.40	312.00	40.75
2003	782.50	42.87	309.30	31.24	473.30	51.70
2004	1058.80	35.31	429.00	38.70	629.80	33.07
2005	1303.70	23.13	553.70	29.07	750.00	19.09
2006	1608.40	23.37	713.10	28.79	895.30	19.37
2007	2025.48	25.93	941.79	32.07	1083.69	21.04
2008	2311.86	13.9	1141.42	20.7	1169.74	7.9
2009	2130.11	-7.9	1062.97	-7.0	1067.13	-8.8
2010	2927.78	37.5	1382.07	30.1	1545.70	44.8
2011	3628.53	23.9	1700.83	23.1	1927.70	24.6
2012	4000.93	10.2	2041.72	20.1	1958.21	1.5
2013	4436.10	10.9	2440.70	19.5	1995.40	1.9
2014	4803.94	8.3	2720.72	11.5	2083.21	4.4
2015	4721.60	-1.7	2776.96	2.1	1944.64	-6.6

注：1994—2001年数据为东盟6国（文莱、印度尼西亚、马来西亚、新加坡、泰国、菲律宾）；2002—2015年为东盟10国。

数据来源：中华人民共和国海关总署统计快讯，http：//www. customs. gov. cn/publish/portal0/tab49666/module175903/page4. htm。

表3—3　　　　2008年东盟国家对外贸易伙伴国前十名的进出口情况

单位：百万美元、%

贸易伙伴国	贸易额			占总贸易额的比重		
	出口额	进口额	进出口总额	出口	进口	进出口总额
东盟国家内部	303979.0	247330.0	551309.0	27.26	22.82	25.07
ASEAN对地区外贸易总额	811307.7	836471.3	1647779.0	72.74	77.18	74.93

续表

贸易伙伴国	贸易额			占总贸易额的比重		
	出口额	进口额	进出口总额	出口	进口	进出口总额
澳大利亚	41377.6	20851.8	62229.4	3.71	1.92	2.83
加拿大	5220.7	5800.1	11020.8	0.47	0.54	0.50
中国	135648.9	153932.5	289581.4	12.16	14.20	13.17
欧盟	97287.3	111837.6	209124.9	8.72	10.32	9.51
香港	76026.8	11403.9	87430.7	6.82	1.05	3.98
印度	38760.9	22565.1	61326.0	3.48	2.08	2.79
日本	108073.2	104433.0	212506.2	9.69	9.64	9.66
新西兰	5404.9	3643.9	9048.8	0.48	0.34	0.41
巴基斯坦	5067.9	668.7	5736.6	0.45	0.06	0.26
韩国	45756.0	59568.4	105324.4	4.10	5.50	4.79
俄罗斯	3275.3	13779.4	17054.7	0.29	1.27	0.78
美国	8853.8	8596.5	17450.3	0.79	0.79	0.79

资料来源：ASEAN Statis TICAL Yearbook 2014, Table 19 ASEAN Exports and Impants by Trading Partner, 2006–2013, ASEAN Merchandise Trade Statistics Database, http: //www. aseansec. org/pub-lications/aseanstats14. pdf。

　　表3—3 反映了 2008 年东盟主要对外贸易伙伴国的双边贸易发展状况。可见，中国在东盟对外贸易关系中占有极其重要的地位，是重要的进口来源，也是重要的出口伙伴国。同为发展中国家，东盟国家与中国的进出口贸易结构十分相似，与欧洲、美国、日本等传统的发达国家的经贸关系十分紧密，进出口所占比重和份额较高；但在 2008 年中国已经超过美国，成为继东盟国家内部、日本和欧盟 25 国①之后，东盟的第四大贸易

---

　　① 欧盟25国为法国、德国、意大利、比利时、荷兰、卢森堡、英国、爱尔兰、丹麦、希腊、西班牙、葡萄牙、瑞典、芬兰、奥地利、塞浦路斯、捷克、爱沙尼亚、匈牙利、拉脱维亚、立陶宛、马耳他、波兰、斯洛伐克、斯洛文尼亚，罗马尼亚和保加利亚于 2007 年 1 月 1 日加入欧盟，其贸易数据并未统计入内。

伙伴国，占到东盟国家总出口的 12.2% 、总进口比重的 10.3% 。

图 3—1 和图 3—2 分别反映了 1994—2015 年东盟 10 国对中国的出口

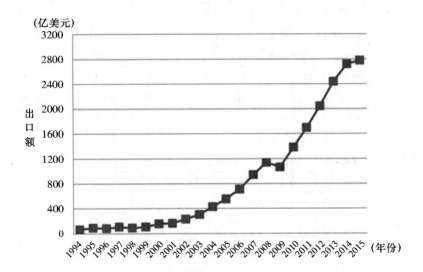

图 3—1　东盟对中国出口额：1994—2015 年

数据来源：中华人民共和国海关总署统计快讯。

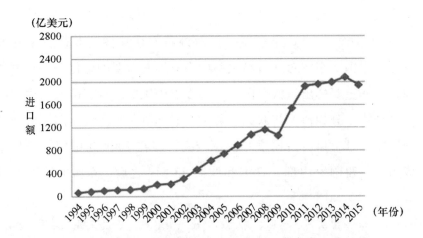

图 3—2　东盟从中国进口额：1994—2015 年

数据来源：中华人民共和国海关总署统计快讯。

额和从中国的进口额变化趋势。进口和出口两方面，十余年内的变化趋势是相似的，自2001年起，进口额和出口额都呈现出逐年递增的特征，贸易增长幅度显著提升，速度明显加快，2008年东盟从中国进口额达855.57亿美元，出口额为1069.76亿美元，这恰恰说明了中国—东盟自由贸易区正式启动后，给区内贸易带来的贸易创造效应，扩大了自由贸易区内贸易的规模。

计算得出的每年中国—东盟双边贸易的增长率（Rate of Growth）更为直观地反映出双边显著的贸易增长。其中1998年出现了明显的负增长，是由于1998年亚洲金融危机的爆发。观察可以得出，2004年双边贸易增长率达到最高，东盟对中国的出口额增长率为42.3%，从中国的进口额增长率为56.05%，进出口总额的增长率为49.35%。其中2003—2008年五年间的年平均进口、出口以及贸易总额增长率分别为24.11%、28.46%和26.41%，保持了两位数的高速增长。自由贸易区成立之后，贸易创造效应产生的双边贸易快速增长。2008年，中国与东盟贸易额迈上新台阶，达到2311亿美元，东盟继续保持中国第四大贸易伙伴和第三大进口来源地的地位。

中国和多数东盟国家外向型经济占很大比重，对出口的依赖性都较大，对外贸易的依存度很高，中国达到60%以上，新加坡为433%，泰国为132%、菲律宾为83%、印度尼西亚为54%、越南为160%，且东盟各国的出口市场主要集中在美国、日本、欧盟，对这三个国家/地区的总出口占对外出口总额的80%以上。这种现状决定了全球性金融危机将对中国与东盟之间的贸易关系发展产生重要的影响。受金融危机的影响，中国与东盟的进出口贸易增长放缓，2009年上半年出现负增长。2008年中国与东盟双边贸易总额达2311.2亿美元，同比增长13.9%，增幅同比下降12个百分点；2009年1—6月，中国和东盟的进出口贸易额为880.6亿美元，同比下降23.8%。从出口来看，2008年中国出口额为1141.4亿美

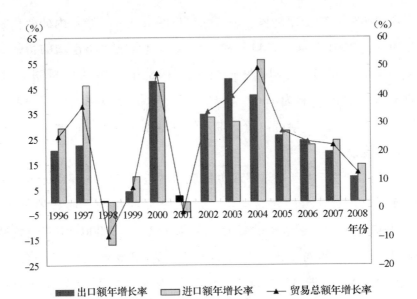

图3—3 中国—东盟双边贸易增长率

资料来源：ASEAN Trade Statistics Database Yearbook 2008，http：//www.aseansec.org/22109.htm，主要数据经过笔者计算而得。

元，增长 20.7%，较上一年同期回落 11.4 个百分点；进口额为 1169.7 亿美元，增长 7.9%，较上一年同期回落 13.1 个百分点；2009 年 1—6 月份，中国对东盟出口额为 444.3 亿美元，同比下降 19.4%，进口额为 436.3 亿美元，同比下降 27.9%。

表3—4　　　　　中国—东盟2009年1—6月对外贸易增幅情况 单位：亿美元、%

月份	当月进出口	累计同比增减	当月出口	累计同比增减	当月进口	累计同比增减
1	119.1	−36.6	69.1	−21.9	50.0	−49.7
2	116.0	−32.2	53.2	−24.5	62.9	−39.0
3	154.0	−28.5	77.1	−22.2	76.9	−34.1
4	159.0	−27.1	79.9	−21.7	79.3	−32.0

续表

月份	当月进出口	累计同比增减	当月出口	累计同比增减	当月进口	累计同比增减
5	159.8	−25.9	81.7	−20.4	78.1	−30.9
6	72.6	−23.81	83.3	−19.4	89.31	−27.9
累计	880.9		444.3		436.3	

资料来源：根据商务部统计资料整理而得，http：//zhs. mofcom. gov. cn/tongji2009. shtml。

　　在金融危机环境下，中国与东盟的贸易进出口减幅也出现减缓的态势。从表3—4中可以看出，进出口的降幅逐渐减少，2009年1月，中国与东盟的进出口贸易额是119.1亿美元，低位徘徊同比降幅为36.6%，2月同比下降32.2%，到3月、4月、5月进出口已超过150亿美元，5月同比降幅为25.9%，降幅比1月减少了10.7个百分点；出口减幅也逐渐在减缓，但减缓较小。① 出口降幅明显低于东盟对全球出口的降幅。2010年中国与东盟的双边贸易快速回复并发展，1—2月双边贸易总值达391.2亿美元，增长66%。此外，1—2月中日双边贸易总值为379.7亿美元，增长33%。在出口商品中，机电产品出口快速增长，传统大宗商品出口增长势头良好。在进口商品中，主要大宗商品进口量均有不同程度的增长，进口均价普遍明显回升。

　　从东盟各国角度分别看，2010年2月份东盟各国陆续公布了2009年全年的外贸数据。其中，菲律宾国家统计局公布的数据显示，2009年12月当月，中国为菲律宾第六大出口市场，占当月出口总额的7.1%。据印度尼西亚贸易部数据显示，印度尼西亚出口市场正由美国、欧洲、日本向中国、印度和韩国转移。据新加坡统计，欧盟、马来西亚和中国是新加坡最主要的三大贸易伙伴，对新加坡贸易额分别为594.2亿美元、592.3亿

――――――――――

　　① 李光辉：《金融危机对中国东盟经贸的影响》，商务部国际经济研究院，http：//www. zftec. gov. cn/main/llyj/T232922. shtml。

美元和520.5亿美元，分别占新加坡对外贸易总额的11.6%、11.5%和10.1%。马来西亚国家统计局发布的数据显示，2009年马来西亚进出口总额为9882亿林吉特，同比减少16.6%，其中出口额和进口额分别为5533亿林吉特和4349亿林吉特。2009年，马来西亚前三大贸易伙伴为中国、新加坡和美国，前三大出口市场为新加坡、中国和美国，前三大进口来源地为中国、日本和美国。对于许多东盟国家来说，中国已经成为其举足轻重的贸易伙伴，拓展向中国出口成为其非常重要的外贸战略。[①]

从中国各个省市与东盟双边贸易的角度看，2009年广东与东盟贸易较上一年增长了0.8%，其中向东盟出口增长了8.2%；云南与东盟贸易增长了14%；海南与东盟贸易增长了48.7%，其中出口增长了97%；广西向东盟出口增长了33%。[②]

二 区域内贸易结构与方向分析

所谓对外贸易地理方向又称对外贸易地区分布或国别结构，是指一定时期内各个国家或区域集团在一国对外贸易中所占有的地位，通常以它们在该国的进出口总额或进口总额、出口总额中的比重来表示。对外贸易地理方向指明一国出口商品的去向和进口商品的来源，从而反映一国与其他国家或区域集团之间经济贸易联系的程度。从东盟对外贸易的主要方向上来看，东盟内部、东亚国家、欧盟25国和美国为主要的贸易伙伴国或地区。东盟10国的对外贸易关系中，中国具有十分重要的地位，不论进口或出口，在整个时间跨度内，都稳居东盟十国的前十名。从表3—5可以

---

① 转自中国—印度尼西亚合作网，http：//www.cic.mofcom.gov.cn/ciweb/cic/info/Article.jsp? a_ no =211577&col_ no =458。

② 许宁宁：《中国与东盟贸易将有突破性发展》，http：//news.zgjrw.com/News/2010210/News/464646561000.shtml。

看出 15 年中东盟对外贸易进出口关系中主要贸易伙伴国所占份额的变化，体现了贸易伙伴国的重要性和双边贸易紧密性的变化。双边贸易总额中对东盟内部、中国、印度和澳大利亚的份额有所上升；对欧盟 25 国、日本、美国和世界其他地区的贸易份额有所下降。出口市场上看，东盟对澳大利亚、中国和印度的出口增多；而出口份额下降的市场主要为美国和世界其他地区。进口主要来源国中国和印度份额提高；从欧盟 25 国、日本、美国和世界其他国家的进口份额下降。在贸易方向上，东盟的贸易重点明显转向了东盟国家内部、发展中贸易伙伴国，对欧盟 25 国和美国——传统发达的进口来源国和出口目的地市场的依赖性逐渐减少；特别是中国—东盟自由贸易区构建之后，对中国的贸易关系更加紧密，对中国的进出口比重上升幅度最为显著，这在上一部分中对贸易额和贸易增长率历史数据的分析更为直接显现。

表 3—5　　　　　　　　东盟对外贸易主要伙伴国贸易额比重变化　　　　　单位:%

	1993 年			2003 年			2008 年		
	贸易总额	出口	进口	贸易总额	出口	进口	贸易总额	出口	进口
美国	17.6	20	15	14.3	15	13	10.6	11	10
韩国	3.1	3	3	4.1	4	5	4.4	4	5
日本	20.2	15	25	13.8	12	16	12.4	12	13
印度	0.7	1	1	1.5	2	1	2.8	3	2
欧盟 25 国	14.7	15	14	12.3	13	11	11.8	13	11
中国	2.1	2	2	7.2	6	8	11.3	10	13
澳大利亚	2.4	2	3	2.6	3	2	3.5	4	2
东盟内部	19.2	21	17	25.1	26	25	26.8	28	26
世界其他国家	20.1	21	20	19.1	19	19	16.5	15	18

数据来源：ASEAN Economic Community Chartbook 2009，www.aseansec.org/publications/AEC-Chartbook - 2009.pdf。

下面分别从国别角度，细分来看东盟 10 国和中国的十大贸易伙伴国/地区。如表3—5 所示，中国的对外贸易中，尽管出口的贸易伙伴国主要为发达国家，但进口项下，东盟国家也占到前十名中的三个席位（马来西亚、新加坡、泰国）。双边的贸易往来十分密切，相互影响。特别是中国—东盟自由贸易区构建之后，至 2015 年，中国已经连续 6 年成为东盟第一大贸易伙伴。2008 年东盟 10 国（文莱、柬埔寨、印度尼西亚、老挝、马来西亚、缅甸、菲律宾、新加坡、泰国、越南）和中国对外出口进口按照贸易额排名前十位的国家分布如表3—6 所示：

表 3—6　　　　　2008 年东盟 10 国及中国的贸易方向前十名统计

排名	文莱		柬埔寨		印度尼西亚		老挝	
	出口	进口	出口	进口	出口	进口	出口	进口
一	日本	新加坡	美国	泰国	日本	日本	泰国	泰国
二	韩国	马来西亚	德国	中国香港	美国	新加坡	越南	中国
三	美国	日本	英国	新加坡	新加坡	中国	法国	越南
四	澳大利亚	英国	越南	中国	韩国	美国	德国	新加坡
五	泰国	美国	日本	越南	中国	泰国	英国	日本
六	中国	中国香港	新加坡	韩国	马来西亚	澳大利亚	比利时	澳大利亚
七	新加坡	泰国	加拿大	马来西亚	澳大利亚	韩国	中国	德国
八	印度尼西亚	中国	法国	印度尼西亚	印度	沙特阿拉伯	荷兰	法国
九	新西兰	德国	荷兰	日本	泰国	德国	意大利	韩国
十	英国	澳大利亚	中国	美国	荷兰	马来西亚	日本	中国香港

排名	马来西亚		缅甸		菲律宾		新加坡	
	出口	进口	出口	进口	出口	进口	出口	进口
一	美国	新加坡	泰国	中国	美国	日本	马来西亚	马来西亚
二	新加坡	日本	印度	新加坡	日本	美国	美国	美国
三	日本	美国	美国	泰国	中国	新加坡	中国香港	日本
四	中国	中国	中国	韩国	荷兰	韩国	日本	中国
五	中国香港	韩国	日本	马来西亚	中国香港	中国	日本	泰国

续表

排名	马来西亚		缅甸		菲律宾		新加坡	
	出口	进口	出口	进口	出口	进口	出口	进口
六	泰国	泰国	德国	日本	新加坡	中国香港	泰国	韩国
七	荷兰	德国	英国	印度	马来西亚	马来西亚	韩国	沙特阿拉伯
八	韩国	印度尼西亚	新加坡	印度尼西亚	德国	泰国	澳大利亚	德国
九	澳大利亚	菲律宾	马来西亚	香港	泰国	沙特阿拉伯	德国	菲律宾
十	德国	中国香港	法国	俄罗斯	韩国	德国	荷兰	中国香港

排名	泰国		越南		中国	
	出口	进口	出口	进口	出口	进口
一	美国	日本	美国	中国	美国	日本
二	日本	美国	日本	新加坡	中国香港	韩国
三	新加坡	中国	中国	日本	日本	美国
四	中国	马来西亚	澳大利亚	韩国	韩国	德国
五	中国香港	新加坡	新加坡	泰国	德国	马来西亚
六	马来西亚	韩国	德国	中国香港	荷兰	中国香港
七	英国	阿拉伯联合酋长国	英国	马来西亚	英国	俄罗斯
八	印度尼西亚	德国	法国	美国	新加坡	新加坡
九	荷兰	沙特	韩国	德国	法国	澳大利亚
十	澳大利亚	印度尼西亚	荷兰	俄罗斯	意大利	泰国

资料来源：Asian Development Bank（ADB）- Key Indicators 2008（www. adb. org/statistics）；http：//www. adb. org/Documents/Books/Key_ Indicators/2008/default. asp。

2009 年金融危机后，马来西亚 1—9 月对美国、欧盟、日本的出口分别下降 32%、27% 和 23%，对中国出口仅下降 7%。2008 年 1 月至 11 月，泰国对美国、欧盟、日本的出口分别下降 20%、25% 和 24%.，对中国出口仅下降 7%。显而易见，建设中的自贸区已经对稳定东盟国家的外贸形势起到了积极作用。①

---

① 张九桓：《中国—东盟里程碑》，http：//www. caexpo. org/gb/zhuanti/t20100224_86658. html。

东盟对中国的贸易中，按照 HS 编码细分得出贸易额占总进出口贸易份额高的商品种类。2009 年 *ASEAN Economic Community Chartbook* 统计数据如表 3—7，通过研究东盟与中国进出口关系中大宗商品对华的贸易商品种类以及对华的贸易比重，可以看出传统大宗商品贸易种类中，东盟国家能源矿产类产品主要出口目的国是中国；而东盟大宗纺织产品、一部分农产品和加工制造类产品的主要进口来源是中国。根据东盟秘书处公布的统计资料，东盟向中国出口的商品主要是以石油、天然气为主的矿物燃料和以木材、纸浆为主的非食品原料，而中国向东盟出口的商品主要是以交通工具、机电器具为主的一般机械产品和纺织服装产品。

表 3—7 　　　　　　　　东盟出口至中国的主要商品（HS 4 位码细分）　　　　单位:%

HS 编码	所占贸易份额*	商品种类名称
2612	99.9	铀或钍矿砂及其精矿
2619	97.0	冶炼钢铁所产生的熔渣、浮渣、氧化皮等废料
2601	94.1	铁矿砂及其精矿，包括焙烧黄铁矿
2606	91.2	铝矿砂及其精矿
2610	89.9	铬矿砂及其精矿
8109	86.0	锆及其制品，包括废碎料
2821	84.1	铁的氧化物及氢氧化物；土色料
4005	82.9	未硫化的复合橡胶，初级形状或板、片、带
2617	77.3	其他矿砂及其精矿
2608	76.9	锌矿砂及其精矿
2615	76.7	铌、钽、钒或锆矿砂及其精矿
2515	76.6	大理石、石灰华等石灰质碑用或建筑用石

注：其中商品的选择标准为每种商品类别对中国贸易额占此类商品总进/出口的比例达 75% 之上的大宗贸易品，* 表示的是此类商品对中国的贸易所占的比重。

资料来源：ASEAN Economic Community Chartbook 2009，Table 5.12 ASEAN export and import commodities to/from DP Countires with high significant share，http：//www. asean. org/22109. htm。

表3—8　　　　　　　东盟从中国进口主要商品（HS 4 位码细分）　　　　单位:%

HS 编码	所占贸易份额*	商品种类名称
2704	93.1	煤、褐煤或泥煤制成的焦炭及半焦炭；甑炭
5002	92.8	生丝（未加捻）
5306	92.4	亚麻纱线
6601	88.5	雨伞及阳伞（包括手杖伞、庭园用伞等伞）
2938	87.6	羧基酰亚胺化合物及亚胺基化合物
2003	86.8	非醋方法制作或保藏的蘑菇及块菌
0502	86.7	猪鬃、猪毛；獾毛等制刷用兽毛；它们的废料
2606	83.0	铝矿砂及其精矿
8715	82.8	婴孩车及其零件
6603	82.7	6601 所列物品的零件及装饰品
0812	82.0	暂时保藏的水果及坚果，但不适于直接食用的
6702	81.3	人造花、叶、果实及其零件和制品
1206	81.1	葵花子，不论是否破碎
0711	81.1	暂时保藏的但不适于直接食用的蔬菜
0704	79.6	鲜或冷藏的卷心菜、菜花、甘蓝等芥菜类蔬菜
6907	77.8	未上釉陶瓷贴面砖、铺面砖、马赛克及类似品
6207	77.1	男背心及其他内衣裤、睡衣裤、浴衣、晨衣等
9617	76.7	带壳保温瓶等真空容器及其零件，玻璃胆除外
9501	76.7	供儿童乘骑的带轮玩具；玩偶车
0808	76.6	鲜的苹果、梨及榅桲
4417	75.7	回收（废碎）纸或纸板
8110	75.4	锑及其制品，包括废碎料
3406	75.2	各种蜡烛及类似品

　　注：其中商品的选择标准为每种商品类别对中国贸易额占此类商品总进/出口的比例达75%之上的大宗贸易品，*表示的是此类商品对中国的贸易所占的比重。

　　资料来源：*ASEAN Economic Community Chartbook 2009*，Table 5.12 ASEAN export and import commodities to/from DP Countires with high significant share，http：//www. asean. org/22109. htm。

　　通过图3—4（a）和图3—4（b）也可以看出东盟出口至中国和东盟

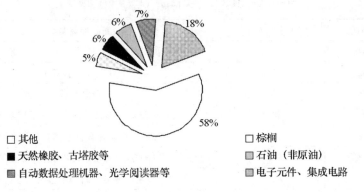

- □ 其他
- ■ 天然橡胶、古塔胶等
- ▦ 自动数据处理机器、光学阅读器等
- □ 棕榈
- ▨ 石油（非原油）
- ▨ 电子元件、集成电路

图3—4（a）　2008年对中国出口前五类商品

资料来源：ASEAN Economic Community Chartbook 2009, Table 5. 12 ASEAN export and import commodities to/from DP Countires with high significant share, http：//www. asean. org/22109. htm。

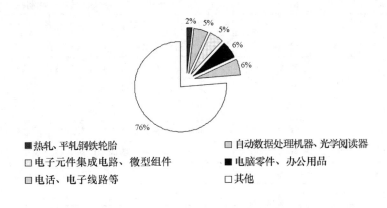

- ■ 热轧、平轧钢铁轮胎
- □ 电子元件集成电路、微型组件
- ▦ 电话、电子线路等
- ▨ 自动数据处理机器、光学阅读器
- ■ 电脑零件、办公用品
- □ 其他

图3—4（b）　2008年从中国进口前五类产品

从中国进口的前五类产品排名和分别所占比重，产品分类依旧是按照 HS 4 位编码。东盟出口至中国的主要为原油、天然橡胶和电子产品；东盟从中国进口的主要产品为钢铁制成品和电子产品。可见，在电子产品的贸易上，中国、东盟双边之间主要发生的是产业内贸易。国内学者强永昌把产业内贸易定义为"相同产业内具有较为严密的生产替代或消费替代关系的产品进出口活动"。正如《中国东盟经贸互补性强》一文中的观点：在中国和东盟国家的出口贸易中，电子产品均为出口的主导商品，并形成了各自的电子产品出口的比较优势。东盟国家在工业电子产品出口方面处于相对优势，而中国在家用电器出口方面却占有较大优势。①在全部电子产品出口的比例中，工业电子产品所占比重，新加坡为10%，马来西亚为2%，中国为0；电子组件与零配件所占比重，新加坡为89%，马来西亚为70%，菲律宾为66%，泰国为43%，而中国仅为15%；但在家用电器所占比重中，中国占电子产品出口的85%，新加坡占10%，马来西亚占28%，菲律宾占33%，泰国占57%。②因此，随着中国国内信息和通信产业迅速发展，东盟国家工业电子厂商可以在中国找到潜在的巨大需求。

根据国研网的统计数据从中国角度对东盟7国——缅甸、印度尼西亚、马来西亚、菲律宾、新加坡、泰国和越南（文莱、柬埔寨、老挝数据缺失）的进出口商品结构进行了汇总，按照HS章节的分类（具体分类章节内容详见附录）列出进出口前五类商品〔详见表3—9（a）和表3—9（b）〕。从2009年1月月度数据来看，进口商品结构呈现出了来源国的差异性，体现了东盟不同国家的相对比较优势：第一类，以缅甸主要进口植物、矿产品、动物类以及贵金属，属于资源密集型产品，而加工类塑料橡胶制品，加工制造类产品进口的依赖度和贸易比例相对较少。第二类，以印度尼西亚、越南的进口商品类别基本属于资源类与加工制造类混杂型，既包括矿产品、（动物）油、植物油、纸张等原材料产品，又包含机电、音像设备等机电产品和化学制品、塑料橡胶制成品等工业加工产品。其中

---

① 《中国东盟经贸互补性强》，中国自由贸易区服务网，http：//fta. mofcom. gov. cn/article/shidianyj/200904/597_ 1. html。

② 王勤：《中国与东盟经贸关系发展的现状与前景》，《东南学术》2002年第5期。

越南的植物类出口品中，第八章"食用水果及坚果、柑橘属水果或甜瓜的果皮"占有绝大部分份额，对华出口额为3322.6万美元。第三类为马来西亚、菲律宾、新加坡、泰国——传统的主要东盟贸易伙伴国，与其双边贸易额占中国从整个东盟进口额的大部分，仅从1月数据可以看出，这四国的进口额占到表格中所列7国进口额的73.34%，约占3/4。这四国的出口商品结构以机电、电子类商品为主，其中第16类机电电子商品出口额占其本国总出口的比重分别为66.54%、80.16%、51.09%、51.35%。其中，以新加坡进口商品中，第85章"电机、电气设备及其零件；录音机及放声机、电视图像、声音的录制和重放设备及其零件、附件"类商品进口额为53815.8万美元，第84章"核反应堆、锅炉、机器、机械器具及零件"类商品进口额为35125.2万美元，占第16类机电电子类产品最大份额；其次，从新加坡进口的矿产品主要为矿物燃料、矿物油及其产品、沥青等，进口额为31865.7万美元；第39章塑料及其制品进口额为19691.2万美元，占第7类进口商品的绝大部分；第6类相关化学产品中，主要进口有机化学品，进口额为13748.5万美元。从泰国的进口商品结构上看，其中第84章（HS编码分类）核反应堆、锅炉、机械器具及零件等商品为第一大类进口商品，进口额为77847.3万美元，电机、电气、音像设备及其零附件也占有很大部分，进口额为45466.3万美元；进口额占第二大类的"塑料及其制品；橡胶及其制品"主要以第39章和第40章制成品为主，中国对其进口额分别为16553.2万美元和37740.6万美元。化学类产品主要以第29章有机化学品为标准，是中国进口的第四大类产品，进口额为12422.8万美元。

从出口商品结构上看（2009年1月数据）毫无疑问，机电、音像设备及其零件、附件第16类产品占中国对东盟7国出口的最大比重。其中，对缅甸出口电子类产品的贸易额占对其总出口额的31.28%；对印度尼西亚出口的电子类产品占对其总出口额的38.01%；占马来西亚相应的出口额份额为42.27%；菲律宾、新加坡、泰国、越南的电子类商品出口份额依次为39.93%、43.91%和33.18%，电子类产品占中国对东盟总出口的3—4成比重，占有绝对的主要地位。以第48章核反应堆、锅炉、机器、机械器具及零件和第85章电机、电气设备及其零件的产品为主要出口商品，其中对缅甸出口核反应堆、锅炉、机械器具及零件7244万美元，对新加坡出口核反应堆、锅炉、机械器具及零件28756万美元；对印度尼西亚、马来西亚、菲律宾、泰国和越南的同种商品出口值分别为23205.1万美元、32397万美元、11248.8万美元、26457万美元和29940.5万美元。其次，中国对东盟出口的另一类主要商品为第11类纺织原材料及纺织品，对印度尼西亚、马来西亚、菲律宾、越南的出口额根据贸易额比重按照商品类别排名第二，分别占对其总出口贸易额比重的11.6%、9.8%、11.7%、18.6%。最后，第15类贱金属及其制成品，第6类化学工业及其相关产品，第17类车辆、航空器、船舶及运输设备，也都属于中国出口的重要产品。可见，中国对东盟出口商品结构主要以机电、纺织类的加工制造产品为主。对一些贸易伙伴国有相应的国别特色：对马来西亚主要出口商品还包括光学、照相、医疗等设备及零件，出口额为12008.2万美元；对新加坡出口商品，其中船舶及浮动结构体出口额为43943万美元，占总出口额比重的15.85%。

统计数据所显示出的商品贸易流向特点充分说明了中国和东盟双边贸易中一定的互补性。由此可见，中国与东盟新兴国家（越南、缅甸）以及印度尼西亚之间互补性关系更强，从贸易伙伴国进口矿产类、植物类等资源类初级产品为主，中国对其出口加工制造的机电产品和纺织、化工产品等。东盟国家地处热带，森林资源、海洋资源、农业和矿产资源非常丰富，中国劳动力丰富，机电加工产业成熟，可良好利用双边比较优势，形成互补性贸易。而中国对传统的东盟国家马来西亚、新加坡、菲律宾、泰国出口的制成品中，劳动密集型产品如纺织品、皮革制品等与东盟的出口

表3—9(a)

2008年中国从东盟6国进口的HS章分类前五类商品

单位:千美元

印度尼西亚 进口额 14329782		马来西亚 进口额 32094185		菲律宾 进口额 19501684		新加坡 进口额 20135400		泰国 进口额 25647479		越南 进口额 4342986	
产品类别	进口额	产品类别	进口额	产品类别	进口额	产品类别	进口额	产品类别	进口额	产品类别	进口额
第5类 矿产品	927338	第16类 机电、音像设备及其零件、附件	2295995	第16类 机电、音像设备及其零件、附件	841179	第16类 机电、音像设备及其零件、附件	889410	第16类 机电、音像设备及其零件、附件	1233137	第5类 矿产品	144387
第3类 动、植物油、脂、蜡;精制食用油脂	205458	第7类 塑料及其制品;橡胶及其制品	277705	第15类 贱金属及其制品	49468	第5类 矿产品	318826	第7类 塑料及其制品;橡胶及其制品	542937	第16类 机电、音像设备及其零件、附件	78289
第16类 机电、音像设备及其零件、附件	119896	第3类 动、植物油、脂、蜡;精制食用油脂	260391	第5类 矿产品	46071	第7类 塑料及其制品;橡胶及其制品	201544	第2类 植物产品	192861	第2类 植物产品	63656
第10类 纤维素浆、废纸;纸、纸板及其制品	96849	第5类 矿产品	228382	第7类 塑料及其制品;橡胶及其制品	26119	第6类 化学工业及其相关工业的产品	193152	第6类 化学工业及其相关工业的产品	154610	第11类 纺织原料及纺织制品	34556
第6类 化学工业及其相关工业的产品	90399	第6类 化学工业及其相关工业的产品	112943	第2类 植物产品	17451	第4类 食品、饮料、酒及醋;烟草及烟草制品	41298	第5类 矿产品	79456	第7类 塑料及其制品;橡胶及其制品	28881

数据来源:国研网对外贸易数据库,对外贸易一部分国家(地区)进口商品类章金额表,经过作者整理而得;http://www.drcnet.com.cn/DRCNet.Common.Web/docview.aspx?docId=2148504&leafId=16367&chnId=428,海关统计快讯。

表3—9(b)

2008年中国出口至东盟6国HS章分类前四类商品

单位：千美元

印度尼西亚 产品类别	出口额	马来西亚 产品类别	出口额	菲律宾 产品类别	出口额	新加坡 产品类别	出口额	泰国 产品类别	出口额	越南 产品类别	出口额
	17191623		21375268		9077883		32300213		15605388		15121509
第16类 机电,音像设备及其零件,附件	519611	第16类 机电,音像设备及其零件,附件	860972	第16类 机电,音像设备及其零件,附件	358005	第16类 机电,音像设备及其零件,附件	1216859	第16类 机电,音像设备及其零件,附件	509832	第16类 机电,音像设备及其零件,附件	572553
第11类 纺织原料及纺织制品	151256	第11类 纺织原料及纺织制品	198976	第11类 纺织原料及纺织制品	105120	第17类 车辆,航空器,船舶及运输设备	459188	第6类 化学工业及其相关工业的产品	167160	第11类 纺织原料及纺织制品	320397
第15类 贱金属及其制品	125358	第15类 贱金属及其制品	141544	第15类 贱金属及其制品	86100	第5类 矿产品	399420	第15类 贱金属及其制品	131986	第5类 矿产品	195851
第6类 化学工业及其相关工业的产品	124059	第18类 光学,医疗等仪器;钟,表;乐器	123074	第6类 化学工业及其相关工业的产品	56491	第20类 杂项制品	137485	第11类 纺织原料及纺织制品	116643	第15类 贱金属及其制品	159265

数据来源：国研网对外贸易数据库，对外贸易—对部分国家（地区）出口商品类章金额表，经过作者整理而得；http://www.drcnet.com.cn/DRC-Net.Common.Web/docview.aspx? docId＝2148485&chnId＝16366&leafId＝4289，海关统计快讯。

产品类同，存在互相竞争的一面；另外，机电产品占中国全部制成品出口的 1/3，东盟 4 国的出口商品也以机电、电子类制成品为主，双方的进出口贸易集中体现在产业内贸易，双方存在一定的相互竞争，又各有优势。东盟从中国进口的主要为集成电路及微电子、无线电话、电报、广播电视发送设备、摄像机和一些装备零件，而东盟向中国出口的大部分为机电产品集成电路及微电子，其次为半导体。由于中国已建成比较完整的工业体系和机电产品系列，进一步发展机电产品出口的潜力较大。而东盟国家的基础工业相对薄弱，机电产品的进口需求较大，每年进口 400 亿—500 亿美元，大部分属于中、低档机电产品。同时，中国的家用电器产品也将大量进入东盟国家市场。当然，随着中国和东盟电子工业的结构调整与产业升级，各自电子产品出口的比较优势将发生变化，它们在国际市场和双方市场的竞争将加剧。在中国与东盟进出口贸易中，高新技术产品贸易达 131 亿美元，占进出口值的 31.48%。中国在生物技术、生命科学技术、航天航空技术方面有竞争优势；东盟在电子技术、计算机集成制造技术方面有竞争优势。近两年，中国从东盟进口的电子产品零部件增长已达 30 倍以上。

中国纺织产品在对东盟出口中占有比较优势，呈现出口比重逐步上升的趋势。2009 年，中国纺织服装对东盟出口总额为 110.06 亿美元，尽管同比下降 2.16%，但累计同比降幅为 2009 年下半年以来最小跌幅，下滑的趋势得以缓和。对东盟出口额在中国纺织服装全年出口额中的占比为 6.42%，较 2008 年（5.93%）上升了 0.49 个百分点。在中国对东盟出口的纺织产品结构上，以纺织品为主，2009 年纺织品在对东盟纺织服装出口总额中的占比为 68.01%；纺织品出口的回升尤为显著，2009 年 10 月、11 月、12 月中国对东盟纺织品当月出口增速分别为 3.35%、39.30%、57.20%。进一步从中国纺织品的出口具体国家来看，对越南纺织品出口居首位，2009 年对越南的纺织品出口额为 22.34 亿美元，同比增长 11.02%，在中国对东盟纺织品出口总额中的占比为 29.85%。相比较而言，2009 年中国对欧盟、美国、日本三大经济体的纺织服装出口额在中国纺织出口总额中的比重分别为 21.64%、16.25%、12.89%，产品出口则以服装产品为主，服装在对欧、美、日纺织服装出口总额中的占比均在 70% 以上。[①]

中国与东盟各方面的工业化水平、产业结构及资源禀赋等差异不小，中国和东盟各国可利用优势互补，在相互投资方面加强合作。以马来西亚为例，中国在技术、资金、人才和研发方面具有优势，而马来西亚有资源、原材料，中国可在马来西亚投资设厂，利用这些资源生产产品后销往世界各地。因此自贸区的正式建成，除了贸易层面，双方还可以在平等互利的基础上形成不同的产业协作层面，促进中国和东盟地区的产业链调整和加强成员间的经贸互补性，把中国和东盟引领向更深层次上的合作关系。

受到金融危机影响，与前期双边贸易关系相比，中国与东盟的货物贸易出现回落，尤其是机电、化工、纺织、钢材等传统贸易商品所受影响较大，但仍有部分商品不减反增，如船舶、成品油、农产品、鞋类、家具、玩具等出口增长迅速。以船舶与成品油为例，其进出口均有大幅度增长。2009 年 1—11 月，中国对东盟船舶出口达 53.2 亿美元，增长 23.5%；从东盟船舶进口 7 亿美元，增长 440 倍。2009 年 1—10 月，中国对东盟出口成品油 689 万吨，增长 1.7 倍，占中国出口成品油总量的 36%；自东盟进口成品油 913 万吨，增长 23.7%，占中国进口成品油总量的 29.2%。

◇◇ 第三节 区域内货物贸易增长的二元边际现实

对贸易增长的二元边际分解，为贸易的福利提供了新的视角：传统

---

① 国研网 – 行业经济 – 轻工纺织，http：//www. drcnet. com. cn/DRCnet. common. web/docview. aspx? docid = 2150823&leafid = 3062&chnID = 1029。

的贸易理论认为，贸易福利来源于根据自身的比较优势专业化分工；进行二元边际分解后，发现贸易福利的影响机制变化，通过规模经济和消费者可获得的额外产品种类的增加共同发生作用，提高了区域一体化内消费者的福利水平。对于厂商而言，出口目的国与本国的相对劳动生产率和生产效率，会直接影响厂商的出口行为；而出口行为又会反作用于厂商的生产率水平，因此在出口与提高生产率之间存在相互作用和互为因果的关系。中国—东盟自由贸易区框架下中国的出口贸易增长具有显著的二元边际现实，但由于目前服务贸易数据只能从历年《中国服务贸易发展报告》和《国际收支平衡表》经常项目下服务贸易类别中获取中国在全世界范围的进出口服务数额，而东盟各国双边服务贸易进出口数据不可获得，因此本书将研究重点着眼于双边货物贸易出口增长的二元边际分析。

东盟 10 个成员国具有鲜明的特征：（1）经济发展迅速，但实力尚小，水平悬殊。按科技发展状况、工业化水平和贸易的结构区分，大致可分为四个层次：第一层是新加坡，具有高科技及知识密集型产业的比较优势；第二层是马来西亚、泰国，具有中等技术及资金密集型产业比较优势；第三层是菲律宾、印度尼西亚，具有自然资源及劳动密集型产业优势；第四层是老挝、越南、柬埔寨及缅甸，具有低廉劳动力及自然资源优势。

根据定义，集约性贸易边际代表着已有出口商品类别在量上的增长，以及已有出口企业对现有的出口市场出口商品的增多，如中国出口至菲律宾的玩具从 1000 万美元增长至 2000 万美元。扩展性贸易边际的含义在不同的文献中会根据研究目的的不同而有所差异，体现在贸易伙伴国、产品类别和企业层面三个层次：已有出口企业对现有出口市场出口商品种类的扩展，如期初中国对菲律宾的出口没有玩具类，而期末时期，出口种类增加，玩具类商品成为出口贸易品；从事出口企业的（数量上的）扩展，新加入出口的企业为扩展性贸易边际在企业层面的体现；与其他国家建立新的贸易伙伴关系（country-pair），在多边分析框架下这点尤为重要，如考察期期初中国与文莱在某一贸易商品并无出口，而期末此种贸易商品的出口实现了零的突破，出口量由零（zero trade）变为正。[①] 由于本书研究范围限定为中国—东盟自由贸易区框架下的贸易增长，因此扩展性贸易边际在国家层面上的体现被弱化了，新贸易伙伴关系（country-pair）对贸易增长的贡献甚微；又因为中国出口的企业层面数据限制，针对企业个体的出口规模和出口（数量）变化、出口企业（商品种类）以及单个企业的劳动生产率变化等不可获得性，因此本书对扩展性贸易边际定义和研究采用 Hummels 和 Klenow（2005）的定义，在对贸易总量进行分解后强调扩展性贸易边际是出口产品种类的增加。

首先，根据前面分析，将传统东盟成员国，即菲律宾（UN COMTRADE 数据库中国家编号 608）、马来西亚（编号 458）、泰国（编号 654）、新加坡（编号 702）、印度尼西亚（编号 360）作为双边贸易流的研究对象。因为这 5 国为主要对华的贸易国家，在中国与东盟国家的贸易中占主要部分，具有典型性，这是区域贸易小国所不具备的；并且这 5 国均为旧的东盟 6 国中的成员，在进行跨时间段的分析中，具有数据的前后连贯性和可比性，这是东盟 4 个新成员国所不具备的。我们选择的 2003 年中国与 5 国的双边贸易数据，与 2008 年最新数据相比较，以 2003 年为期初 T_0，2008 年为期末 T_1。根据定义，扩展性贸易边际为出口的新种类，即 2003 年没有出口的种类，而 2008 年中出现的新出口种类；以扩展性贸易边际占 2008 年总出口的价值比重来衡量扩展性贸易边际的重要性。

---

① Helpman 等（2008）、Felbermayr 和 Kohler（2006）将扩展性贸易边际的研究侧重于对出口国建立新的贸易伙伴关系的研究。

表3—10（a）　　　中国—菲律宾双边出口增长的二元边际现状

单位：种、百万美元

HS 2 位码分类	出口商品类别	减少	不变	增加	增加种类总出口值
1—10	125	10	94	21	15262969
11—20	112	20	51	41	19989660
21—30	474	74	270	130	98991251
31—40	370	18	273	79	41278600
41—50	211	23	159	39	4168874
51—60	428	49	317	62	25363244
61—70	400	25	314	61	20952955
71—80	339	29	101	119	395741643
81—90	1049	114	757	178	126204629
91—99	176	20	141	15	1541074
汇总	3684	382	2477	745	747953825

表3—10（b）　　中国—马来西亚双边出口增长的二元边际现状

单位：种、百万美元

HS 2 位码分类	出口商品类别	减少	不变	增加	增加种类的价值
1—10	192	42	122	28	18148282
11—20	154	25	106	23	5827597
21—30	535	74	377	84	46426131
31—40	396	20	301	75	30232742
41—50	211	26	159	26	15203407
51—60	437	57	287	83	36077425
61—70	447	27	380	40	43583476
71—80	374	29	158	87	208342228
81—90	1083	70	894	119	241491419
91—99	193	25	161	7	109887
汇总	4022	395	2945	572	645442594

表3—10（c）　　　中国—泰国双边出口增长的二元边际现状

单位：种、百万美元

HS 2位码分类	出口商品类别	减少	不变	增加	增加种类的贸易总额
1—10	173	29	95	49	17873415
11—20	124	15	67	42	27277408
21—30	543	72	387	84	87382730
31—40	382	14	318	50	55628932
41—50	219	31	152	36	18177025
51—60	453	33	345	75	31686163
61—70	406	20	319	67	4244134
71—80	379	25	255	99	221008659
81—90	1074	83	862	129	176895085
91—99	189	26	150	13	2562605
汇总	3942	348	2950	644	642736156

表3—10（d）　　　中国—新加坡双边出口增长的二元边际现状

单位：种、百万美元

HS 2位码分类	出口商品类别	减少	不变	增加	增加种类的贸易总额
1—10	192	45	120	27	6301774
11—20	151	31	83	27	9093647
21—30	523	82	363	78	26055243
31—40	397	22	321	54	20631595
41—50	229	31	172	26	10723808
51—60	420	60	287	73	28016129
61—70	462	31	413	18	1448294
71—80	381	38	272	71	248004683
81—90	1075	69	902	104	442975861
91—99	193	26	157	10	856406
汇总	4023	435	3090	488	794107440

表3—10（e）　中国—印度尼西亚双边出口增长的二元边际现状

单位：种、百万美元

HS 2 位码分类	出口商品类别	减少	不变	增加	增加种类的贸易总额
1—10	126	33	70	23	7332532
11—20	123	29	64	30	10958350
21—30	532	73	399	60	42985981
31—40	359	17	300	42	15636199
41—50	204	27	148	29	13497241
51—60	417	41	318	58	30808203
61—70	387	27	299	60	2546176
71—80	352	25	231	96	365535041
81—90	1041	51	883	107	259763723
91—99	185	23	149	13	3438860
汇总	3726	346	2861	518	752502306

数据来源：笔者根据 United Nations Commodity Trade Statistics Database（COMTRADE）数据库，http：//comtrade. un. org/db/，计算统计而得。

表3—10（a）至表3—10（e）展现了中国与东盟主要五国双边贸易出口增长的扩展性边际，扩展性边际的表现形式不仅为贸易值，还包括了贸易商品的种类；并且通过 HS 编码的分类，可以看出扩展性二元边际按照商品种类的分布状况。图3—5表现了东盟5国分别占扩展性贸易边际增长额的百分比，可见差异性甚微，新加坡作为区内唯一的发达国家，其扩展性边际值所占份额最高，这与其较高的平均收入水平和经济发展水平（GDP）有关。

按照前一部分所述，东盟国家内部也分为不同类型和级别，新加坡以高科技及知识密集型产业见长；马来西亚、泰国具有中等技术及资金密集型产业的比较优势；而菲律宾、印度尼西亚，其自然资源及劳动密集型产业为其产业发展的优势。从各自优势产业来看，扩展性贸易边际的出口增长额弱化了各国不同的资源和禀赋优势，呈现出一种均衡之势。而分析扩

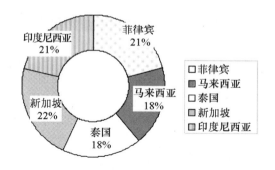

图3—5　2008年中国出口至东盟5国贸易增长的扩展性贸易边际国别比例

资料来源：根据United Nations Commodity Trade Statistics Database（COMTRADE）数据库原始数据，http：//comtrade. un. org/db/，依照表3—10整理统计的数据，经作者计算而得。

展性边际构成的商品种类（category）又发现出口额贸易边际最多的新加坡，新增的贸易种类却最少；菲律宾的出口扩展性新增贸易商品种类在东盟5国中居首。推定这是由于"大国"和"小国"相对的进出口商品价格差所致，正如Hummels和Klenow（2005）研究结果表明更富有的国家每单位商品价格更高，质量更高，出口主要依靠"质量边际"；而相对"小国"其扩展性的贸易边际主要依靠新产品进入进出口市场，依靠商品种类和数量上的增长。

　　从扩展性贸易边际的产品种类分布上来看，东盟5国也存在一些共性。详见图3—7，其中图示1为HS2位编码分类1—10；2为HS2位编码分类11—20；3为HS2位编码分类21—30；4为HS2位编码分类31—40；5为HS2位编码分类41—50；6为HS2位编码分类51—60；7为HS2位编码分类61—70；8为HS2位编码分类71—80；9为HS2位编码分类81—90；10为HS2位编码分类91—99。这样的产品划分只是机械地按照HS2位编码标准划分，并不能够准确地反映相关产业进出口扩展性边际分布；但通过统计数据的处理和分析可以大致地描绘相关国家的扩展性贸易边际的产品分布结构。显然，东盟5国中第6类、第8类、第9类商

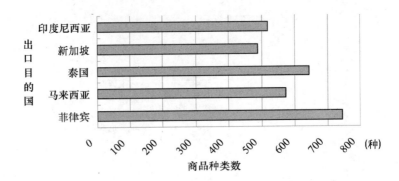

图3—6　扩展性贸易边际的商品种类数

资料来源：根据 United Nations Commodity Trade Statistics Database（COMTRADE）数据库原始数据，http：//comtrade. un. org/db/，依照表3—10整理统计的数据，经作者计算而得。

品新发生贸易的种类所占份额最多，分别代表了纺织原材料及纺织制品、贵金属原材料以及机械制成品；相反的，第1类、第2类扩展性新增的贸易品种类别相对较少，代表了农产品，包括基础活动物和植物产品。可见机械制造业和金属资源类商品是中国主要的扩展性出口增长来源。

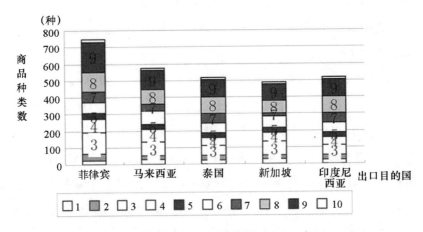

图3—7　扩展性贸易边际商品种类的分布

资料来源：根据 United Nations Commodity Trade Statistics Database（COMTRADE）数据库原始数据，http：//comtrade. un. org/db/，依照表3—10整理统计的数据，经笔者计算而得。

以上对 2008 年中国出口至东盟 5 国的贸易增长扩展性边际的国别效应和产品类别分布做了经验总结。进一步的，将中国出口的贸易伙伴国扩展至东盟的 9 国（由于文莱的数据缺失，故忽略），包括以上所说的东盟主要 5 国，还有越南、老挝、缅甸、柬埔寨；并且将中国出口的二元边际考察时间跨度扩展至 2002—2007 年连续时间段，便于纵向、国别二维比较。

表 3—11　　　　　　中国—东盟 9 国双边的贸易二元边际现状　　　单位：百万美元

国别 \ 数值 \ 年份		2002	2003	2004	2005	2006	2007
柬埔寨 （COL）	集约边际值	483729	471043.6	475195.4	475355	473655.9	452971.9
	集约边际量	972.466	995.5159	485411.8	501613.5	12315.36	910.0185
	扩展边际值	63878.77	68276.9	72203.79	116246.8	134144.4	154190
	扩展边际量	219.736	224.151	357.4368	110624.5	179514.7	651.817
印度尼西亚 （IDN）	集约边际值	2247655	2237682	2227929	2197048	2230219	2236771
	集约边际量	29200.08	4800135	4782376	4433599	4533380	4734863
	扩展边际值	47817.44	92411.28	194663.2	279678.2	285445.7	626087.7
	扩展边际量	88150.43	127115.7	372012.8	546411.5	470796.3	1075328
老挝 （LAO）	集约边际值	46316.93	45957.5	53161.2	47112.7	53440.01	53975.95
	集约边际量	17680.14	16031.88	20109.66	15543.46	14258.47	20237.45
	扩展边际值	5358.002	14456.3	3569168	28256.64	8232586	10612398
	扩展边际量	1891.081	6601.47	5708388	13296.3	7736268	9153540
马来西亚 （MYS）	集约边际值	3615344	3614532	1657731	3602951	3609321	3632400
	集约边际量	5464297	5322779	803716	5098298	5256316	5439921
	扩展边际值	34777.43	44522.8	4574.53	185500.7	247510.2	398848.7
	扩展边际量	67716.66	51263.79	2529.53	172342.2	364006.9	400546.4
缅甸 （MMR）	集约边际值	250152.6	242425.3	240528	232051.5	190767.4	236503.8
	集约边际量	176182.8	5417.801	2361.482	141004.4	1969.529	3675.858
	扩展边际值	11117.2	16343.4	58858.1	43955.25	40396.8	81518.5
	扩展边际量	4816.33	6089.66	26836.7	19437.99	2675.149	1268.697

续表

国别 \ 数值 \ 年份	2002	2003	2004	2005	2006	2007
菲律宾（PHL）集约边际值	1241620	1221664	1213630	1239373	1198053	1216635
菲律宾（PHL）集约边际量	3171361	3138385	3113049	3179588	2796712	2802585
菲律宾（PHL）扩展边际值	31327.52	53707.65	131362.4	157277	221052.6	324909.1
菲律宾（PHL）扩展边际量	72153.64	307429.5	241871.8	241590	376673.2	506056.2
新加坡（SGP）集约边际值	6927877	6978553	6979623	6973423	6978360	6788219
新加坡（SGP）集约边际量	3652281	3653594	3649911	3649667	3644177	3637051
新加坡（SGP）扩展边际值	50338.34	83658.43	168552.5	219662.7	426857.5	673897.1
新加坡（SGP）扩展边际量	76043.74	106175.9	338690.9	355814.7	586704.6	784996.8
泰国（THA）集约边际值	3500300	3480492	3470339	3521137	3479640	3361585
泰国（THA）集约边际量	2212058	2221794	2116588	2301222	2276626	2259760
泰国（THA）扩展边际值	69111.66	47368.45	133992.7	270065.2	220495.6	380889.5
泰国（THA）扩展边际量	152229.6	85368.57	207072.5	375754.1	215788.2	315656.8
越南（VNM）集约边际值	1771203	1768981	1769223	1793204	1792020	1790408
越南（VNM）集约边际量	3810959	3621806	3577308	3678771	3675943	3673346
越南（VNM）扩展边际值	49578.99	143149.6	226456.8	570819.1	883753.5	1927109
越南（VNM）扩展边际量	61776.47	424067.3	375365.4	435532.2	1011941	2118125

资料来源：根据 CEPII BACI 数据库经笔者整理计算而得，http：//www.cepii.fr/anglaisgraph/bdd/baci.htm。

表3—11 中集约边际值和扩展边际值指的是出口贸易额（value），而集约边际量和扩展边际量，指的是出口贸易数量上的统计（quantity）。经过跨时间段的比较发现，对东盟9国的出口，集约性边际贸易值与扩展性贸易边际值两者的比值逐年下降，特别是如新加坡从最初两者贸易额比值约为137∶1，2007年考察期末两者比值约为10∶1，这就说明中国出口至东盟各国的贸易增长中扩展性的贸易边际所占比重逐步上升，说明了建立自由贸易区之后对扩展性贸易边际的拉动作用，或者说，自贸区的构建对二元边际均有拉动作用，但扩展性贸易边际的增速较集约性的发展更快，

扩展性在拉动出口增长中的作用逐渐加大。从国别差异上看，柬埔寨的二元边际增速差异最小，从最初两者贸易额比值约为 7：1，发展至 2007 年二者的比值约为 2：1；而差异最大的是新加坡，如上所述，这基本符合了 Hummels 和 Klenow（2005）的研究结论："大国"更倾向于扩展性贸易边际扩大其贸易收入，源于贸易中更优质的产品和更高的价格；这也符合我们的经验判断，当出口目的国经济发展水平越高，对外贸易发展越自由，越能够促进扩展性贸易边际的增长，提高贸易收入中扩展性边际所占份额。由图 3—8 可以看出，中国出口至东盟区域内二元边际在整个时间跨度内均有增长，除 2005 年外，扩展性的贸易边际相对于集约性贸易边际比例明显提高，特别是 2006 年、2007 年，这也说明了二元边际特别是扩展性贸易边际，不仅在双边框架下，在区域内多边框架下的增长也十分显著。图 3—8 说明了两者的相对比重发展；图 3—9 说明了从绝对贸易额上看，扩展性贸易边际的增长趋势。通过比较研究发现，集约性的贸易边际数量和发展趋势上国别性的差异更强；而扩展性贸易边际年份之间的差异性更大。这背后隐藏着二者影响因素和作用机制的不同，在本书第五章的研究中将更为详尽地阐述，在此通过统计数据的分析，得到直观经验上的推论。

在中国对东盟各国的双边贸易中会发现存在"零点贸易"（zero trade），例如期初中国出口至马来西亚玩具这一商品类别，但是期末这一商品类别却不再出口，这称为"零点"。以 2001 年为期初 T_0，2002 年、2003 年、2004 年、2005 年、2006 年、2007 年逐年与之比较，设定为期末 T_1。零点贸易商品种类，即 2001 年已经出口的种类，而后却没有再出现的出口种类；零点贸易的贸易额（value）、贸易数量（quantity）和发生种类（category）也从一个侧面验证了二元边际商品种类时间跨度内的变化趋势。图 3—10 中可以清晰地看到双边"零点贸易"商品种类数量的变化趋势，反映了双边贸易中二元边际的动态演进。遗憾的是，结果显示并

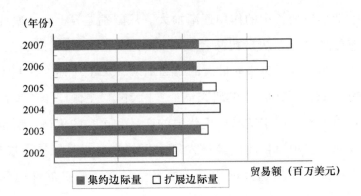

图3—8 中国出口至东盟二元边际量

资料来源：根据 CEPII BACI 数据库提取原始数据，http：//www. cepii. fr/anglaisgraph/bdd/ba-ci. htm，经笔者整理计算根据表3—11，再次计算整理而得。

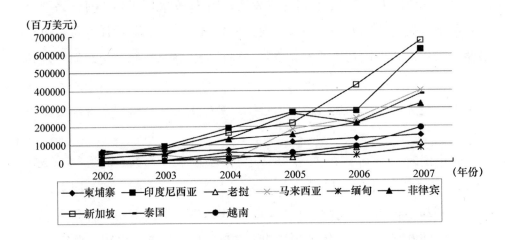

图3—9 中国出口至东盟各国双边的扩展性贸易边际增长趋势

资料来源：根据 CEPII BACI 数据库提取原始数据，http：//www. cepii. fr/anglaisgraph/bdd/ba-ci. htm，经笔者整理计算根据表3—11，再次计算整理而得。

没有预期中"零点贸易"种类的不断下降和出口产品种类的增多；现实反映出了一种混杂分散的状况，缅甸和柬埔寨的"零点贸易"还有上升的趋势，这也和它们的扩展性贸易边际新增的贸易种类微弱下降，以及收入水平较低的国家其扩展性贸易边际的较小等结论相互印证。相反，菲律宾、马来西亚等国的"零点贸易"商品种类的逐步减少，体现了扩展性边际新增商品种类的上升趋势。对于为何收入水平和经济发展水平不高的老挝是零点贸易种类最少的国家，笔者推测是由于老挝期初贸易种类，不论是扩展性新增，还是零点贸易减少，均处于较低的层次，因此不能完全认定是其扩展性贸易边际增长的缘故。类似的，笔者也考察零点贸易的贸易额和贸易数量两项指标，遗憾的是，两项指标均不显著，呈现出更加杂乱无章的分散趋势；并没有良好的解释性。可见，以"零点贸易"指标衡量的中国出口至主要东盟 9 国贸易二元边际在此期间仍然不是很稳定，具有很强的波动性，解释力和拟合度不高，因此，在本书后面的实证检验部分放弃了对"零点贸易"（zero trade）指标的考量。

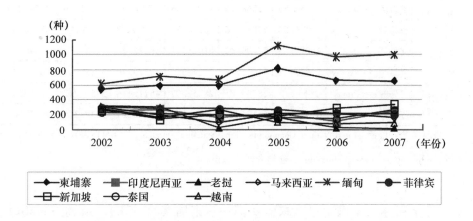

图 3—10　"零点贸易"商品种类变化趋势

资料来源：根据 CEPII BACI 数据库提取原始数据，http：//www.cepii.fr/anglaisgraph/bdd/baci.htm，根据表 3—11，经笔者再次计算整理而得。

表3—12 2002—2007年中国出口至东盟的
零点贸易额和贸易量 单位：百万美元

		2002	2003	2004	2005	2006	2007
柬埔寨 (COL)	贸易额 (value)	11581.72	24267.28	20115.48	19955.87	21655	42339
	贸易量 (quantity)	73.06894	50.01859	131.1164	14329.65	23165.73	135.516
印度尼西亚 (IDN)	贸易额 (value)	11581.72	24267.28	20115.48	19955.87	21655	42339
	贸易量 (quantity)	68117.8	71850.59	89610.02	438386.6	338605.9	137123
老挝 (LAO)	贸易额 (value)	8092.996	8452.43	1248.728	7297.221	969.914	433.971
	贸易量 (quantity)	3229.737	4877.998	800.215	5366.42	6651.408	672.426
马来西亚 (MYS)	贸易额 (value)	25731.39	26543.57	1983344	38125.15	31755.27	8675.393
	贸易量 (quantity)	55509.57	197027.4	4716091	421508.5	263491.1	79885.56
缅甸 (MMR)	贸易额 (value)	11581.72	24267.28	20115.48	19955.87	21655	42339
	贸易量 (quantity)	15373.07	14550.02	15431.12	14329.65	23165.73	13535.52
菲律宾 (PHL)	贸易额 (value)	11278.51	31234.88	39269.19	13526.04	54845.77	36263.47
	贸易量 (quantity)	18893.97	51869.89	77206.28	10667.47	393543	387670.1
新加坡 (SGP)	贸易额 (value)	72654.66	22068.78	20998.98	27198.9	22261.36	212402.3
	贸易量 (quantity)	16376.65	15073.56	18756.37	19000.77	24490.96	31616.04
泰国 (THA)	贸易额 (value)	31691.05	51499.42	61652.11	39228.71	52350.77	170406.6
	贸易量 (quantity)	126253.6	116517.2	221723.1	43379.79	61685.07	78551.48
越南 (VNM)	贸易额 (value)	26572.4	28793.81	28552.07	4571.476	5755.712	7367.5
	贸易量 (quantity)	61653.43	61175.65	481.1582	903.5421	7038.318	9635.361

资料来源：根据 United Nations Commodity Trade Statistics Database （COMTRADE） 数据库原始数据，http：//comtrade. un. org/db/，经笔者计算而得。

综上所述，中国出口至东盟9国——柬埔寨（COL）、缅甸（MMR）、马来西亚（MYS）、印度尼西亚（IDN）、老挝（LAO）、菲律宾（PHL）、新加坡（SGP）、泰国（THA）、越南（VNM）的贸易增长具有明显的二元边际特性。按照新贸易商品种类的增加和原有贸易商品种类贸易量的变化，划分为集约性的贸易边际和扩展性的贸易边际。通过在双边区域内和双边层次下的统计数据分析，都表明扩展性贸易边际在出口贸易增长中占有越来越重要的地位；但目前仍是以集约性的贸易边际拉动增长为主导；通过对两者相对贸易额比例的考察也可以验证以上的结论。横截面2008年数据也表明了，扩展性的贸易边际呈现出了产品（行业）和国别的差异性：出口目的国经济发展水平和人均消费能力越高的国家，中国出口扩展性边际所占比重越高，对出口增长的拉动性越大；产品分布差异上看，机械和纺织制造业产品是中国出口增长中的主要增加产品，这符合我们的基本判断。从一定的时间范围内看，扩展性的贸易边际波动性不强，贸易额和贸易量都呈现了稳定上升的趋势，可见出口增长的扩展性贸易边际在区域经济一体化构建之后也逐步上升发展。通过对"零点贸易"的考察，从另一个侧面反映了二元边际的变化，间接地反映了出口商品种类的变化。从贸易商品种类此项指标上分析，"零点贸易"分别在国别和实际跨度上呈现出分散的趋势，区内经济发展水平较高的国家零点贸易种类反而随着时间推移，有缓慢上升的表现；这并不符合我们的预期判断。汇总"零点贸易"额和贸易量两项指标也并没有修正以上的结果，推断中国—东盟自由贸易区框架下中国出口的二元边际结构尚不成熟，抑或是由贸易伙伴国的发展中国家属性所致。

第 四 章

理论模型——企业异质性和
贸易增长的二元边际

　　本章主要构建了企业异质性的基本贸易模型,将企业的生产率差异作为考察区域经济一体化和贸易自由化过程中的主要影响因素,将企业层面的微观特质与宏观的双边贸易纳入统一的研究框架,并在此基础上,试图通过企业异质性和比较优势理论相结合的研究模型,对中国—东盟自由贸易区下的双边贸易模型和政策变化之后产生的动态影响,作出理论上的分析和预测。

◇◇ 第一节　企业异质性的基本贸易模型

　　Melitz(2003)模型,假设在 o 国的企业根据劳动生产率体现为异质性,并且只有生产率最高的企业才出口至 d 国。企业进一步可以分为出口企业和非出口企业,需要统计数据支持企业的生产率分布,并确定生产率门槛(threshold productivity),只有在此之上的企业才会出口至 d 国。通常假设企业生产率分布符合帕累托分布。生产率门槛(或称出口门槛)由出口的进入成本决定。

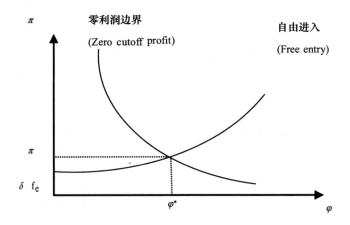

图4—1　均衡时生产率门槛 φ^* 和平均利润率水平 $\bar{\pi}$ 的决定

资料来源：Melitz，"The Impact of Trade on Intra-Industry Reallocations and Aggregate Industry Productivity"，2003，p. 1704 Figure 1. Determination of the equilibrium cutoff φ^* and average profit $\bar{\pi}$，http：//ideas. repec. org/p/cpr/ceprdp/3381. html。

　　模型首先根据消费者偏好函数、厂商技术水平限制以及厂商的生产性决策，计算出厂商利润最大化最优策略的部分均衡，得出了劳动生产率门槛；进而，拓展到要素市场，考虑生产率内生化，对企业成为本国供应商还是出口商进行策略选择，计算出一般均衡结果。模型推导的结果显示：企业的最终战略选择取决于企业异质性，即劳动生产率，以及进入外国市场的固定成本，是由这两个变量组成的函数所决定的。选择异质企业为研究对象的贸易模型预测出贸易障碍（贸易成本）的变动对贸易流量影响的主要机制为：嵌入了企业异质性后，较之传统贸易模型，差异产品之间的替代弹性变大，因此贸易增长效应更为显著，其中一部分的贸易增长被解释为由于产品多样性带来的扩展性贸易边际所引起。

　　开放条件下，当贸易伙伴国增多、n 变大时，生产率门槛 φ^* 上升，迫使一些生产率水平低下的企业退出了出口市场；从封闭条件转变为开放条件，使得所有本国企业都让渡了一部分本国市场份额，那些退出出口行为的企业更发生了利润的损失，最不具有生产率优势的企业最终退出市场。但是对于生产率水平较高而进行出口的企业，在开放条件下，出口至海外市场的收入弥补了本国市场的利润损失，总利润上升。从封闭条件转为开放条件，市场份额重新配置，总的生产率水平得到提高，福利有所上升。当可变成本 π 下降和固定成本 f 下降时，与贸易伙伴增加效果十分相似。唯一区别是可变成本 π 下降，使得新的生产率门槛比以前降低了，下降的成本吸引了更多厂商出口。

Chaney（2008）的文章中，引入了 Melitz（2003）研究得出的重要结论：劳动生产率门槛和企业异质性，对企业出口行为和加总累计的出口额（aggregate export flow）的影响因素进行了探讨，对 Krugman（1980）只选用代表性企业的基础进行了实质性的拓展，模型假设世界上存在着多个对称的国家，贸易障碍也对称，模型将扩展性贸易边际（extensive margin）嵌套进去，对贸易增长分解为了两部分——集约性贸易边际（intensive margin）和扩展性贸易边际（extensive margin），系统为一般均衡，模型预测贸易总流量对贸易障碍的弹性大于传统模型。通过细分可变成本和不变成本，揭示固定贸易成本对差异的贸易产品扩展性边际的影响远远大于同质产品。这是因为差异性产品信息的获取成本较高，所以有效的差异产品面临较高的贸易成本。Chaney（2008）模型得出的基本结论是：出口贸易总流量是受相对国家规模、贸易成本（可变和不变）以及目的地国的偏远度三方面因素影响的。

一 基本的模型设定

正如 Chaney（2008）中所描述局部均衡模型。假设 N 个潜在对称的国家，只需一种生产要素——劳动力 L。n 国拥有人口 L_n，L_n 既是消费者数量，也是生产要素存量。生产部门为 M + 1 个，其中 M 个生产部门生产的是连续型（continuum）差异性产品，每个厂商对其生产的产品具垄断权；剩余的 1 个生产部门（Sector 0）生产单一同质产品。消费者通过购买本国市场上可以获得的 M + 1 种商品来达到效用最大化。如果消费者购买了 x_0 单位的单一同质商品（Sector 0），又购买了 M 个生产部门的差异产品 x_m（ω），其中下标 m 表示在 M 个差异产品生产部门中的第 m 个部门；标量 ω 表示每一商品的种类（variety）。此时，消费者效用函数可表示为：

$$U \equiv x_0{}^{\alpha_0} \prod_{m=1}^{M} \Big[\int_0^{\Omega_m} x_m(\omega)^{(\sigma_m-1)/\sigma_m} d_\omega \Big]^{[(\sigma_m-1)/\sigma_m]/\alpha_m} \tag{4—1}$$

其中，$\sum_{m=1}^{M} \alpha_m + \alpha_0 = 1$，$\alpha_0$ 和 α_m 分别表示 0 部分和 m 部分的消费支出比重，σ_m 表示不同种类差异产品的替代弹性。

关于贸易成本：假设部门 0 生产的同质产品为自由贸易，不存在贸易成本，并以此作为计价物，价格设定为 1。此部门生产的规模收益不变，单位劳动投入下生产，每投入 n 国 1 单位劳动力，则生产出 w_n 单位的 0 部门同质产品，其中 w_n 为 n 国的工资水平。国家间的差异体现在国家规模（人口 L_n）和工资率（w_n）。贸易成本分为可变成本和不变成本。其中可变成本（variable cost）为"冰山型"（iceberg），如果 1 单位差异产品 m 从 i 国运输到 j 国，仅有 $\frac{1}{\tau_{ij}^m}$ 单位到达，其余的在路上消融掉了（Samuelson，1954）。τ 越大，可变成本越高。此外，贸易还存在固定成本（也可以称为出口进入成本，export entry cost）。如果 m 部门的 i 国生产企业出口至 j 国，则需要交付固定成本 f_{ij}^m，不以商品销售单位变化而变化，其中包括：外国市场营销和分销成本、分销机构设置建设、边境通关成本，产品特性本土化以期满足当前消费者需求的修改成本，以及政府制度、规范性等成本。

技术层面假定：所有国家的技术水平相同。由于存在不变成本，差异性产品的生产部门规模收益递增。差异性生产部门 m 的企业之间是异质性的，体现在企业具有不同的生产率水平。m 部门的每一个企业拥有一个随机的单位劳动生产率 φ，生产 x 单位的差异性产品并将产品卖到 j 国的成本为：

$$c_{ij}^m(x) = \frac{w_i \tau_{ij}^m}{\varphi} x + f_{ij}^m \qquad (4—2)$$

生产差异产品的 m 部门面临着垄断竞争的市场格局，企业是价格的制定者。假设需求函数为等弹性（iso-elastic），在 i 国拥有 φ 劳动生产率的企业出口至 j 国，在 j 国销售的最优定价策略为单位成本（包括交通成本）的加成（mark-up），

$$p_{ij}^m(\varphi) = \frac{\sigma_m}{\sigma_m - 1} \times \frac{w_i \tau_{ij}^m}{\varphi} \qquad (4—3)$$

n 国 m 部门的企业生产总量（mass of firms）同 n 国的国家大小成正比，同本国的劳动力要素禀赋 L_n 成正比。

如同 Melitz（2003）所述，假设生产率（productivity）符合参数为 γ 帕累托分布（Pareto distribution），分布函数为：

$$P(\widetilde{\varphi < \varphi}) = F(\varphi) = 1 - \varphi^{-\gamma} \qquad (4—4)$$

其中，生产率 φ 取值范围为 $[1, +\infty)$，$dF(\varphi) = \gamma^{-\gamma} \varphi d\varphi$。

γ_m 表示 m 部门的劳动力生产率分布符合的参数，γ 是与企业异质性逆向相关的系数，γ_m 越大，表示此部门的企业越同质，即越多的产出集中于最小和最不具有生产效率的企业；相反，γ_m 越小，表示此部门的企业异质性越大，即越多的产出集中于规模大且生产率高的少数企业。

对于差异性产品的需求。假设 j 国的总收入 Y_j 等于劳动者收入的总和 $w_j L_j$。每一个企业都会假设其他厂商和消费者的战略选择已经给定，然后选择自身企业不同市场的定价和差异性产品的销售量。根据企业的最优定价策略和消费者需求函数，一个拥有生产率 φ 的 m 部门企业从 i 国到 j 国出口量为：

$$e_{ij}^m(\varphi) = p_{ij}^m(\varphi)x_{ij}^m(\varphi) = \alpha_m Y_j \left[\frac{p_{ij}^m(\varphi)}{P_j^m}\right]^{1-\sigma_m} \tag{4—5}$$

其中，P_j^m 为 m 部门产品在 j 国的价格指数，p_{ij}^m 为在 i 国生产、在 j 国销售的价格，σ_m 为 m 部门差异性产品的替代弹性，α_m 为 m 产品的消费支出比重。

根据 Melitz（2003），存在生产率门槛值 $\bar{\varphi}^m{}_{kj}$，只有那些生产率在 $\bar{\varphi}^m{}_{kj}$ 之上的企业才会从 k 国出口至 j 国（并非所有的 m 国都会选择出口，因此 $k \in M$）。P_j^m 定义为：

$$P_j^m = \left[\sum_k^M w_k L_k \int_{\bar{\varphi}^m{}_{kj}}^{\infty} \left(\frac{\sigma_m}{\sigma_m - 1}\frac{w_k \tau_{kj}^m}{\varphi}\right)^{1-\sigma_m} dF_m(\varphi)\right]^{1/(1-\sigma_m)} \tag{4—6}$$

因此把（4—3）式带入（4—6）式，结合 Y_j 定义，得出（4—5）式。企业的净利润为：

$$\pi_{ij}^m[\varphi] = (p_{ij}^m(\varphi) - c_{ij}^m(\varphi)] \times x_{ij}^m(\varphi) \tag{4—7}$$

模型进而把研究重点放在差异部门 m 上，因此，之后的模型推导略去上标 m。在嵌入了企业异质性的基础上，Chaney（2008）计算了全球贸易的一般均衡，生产企业异质性表现在对出口伙伴国的差异性选择中。企业在 n 个国家子集中选择自己的出口市场，其中 $n \in N$，并在不同的市场中设定不同的价格。消费者面对给定的市场价格，选择本国市场上供应的各种产品类型（variety）。所有的企业同时决策，存在一个均衡点。企业决定是否进入一国市场取决于面临的市场竞争性；而一国市场的竞争力又同时取决于哪些企业进入。

低生产率的企业并不会出口外国，因为其外国销售利润不足以弥补进入外国市场的出口成本。把第一部分中的（4—3）式带入（4—5）式，再把整理后的（4—5）式和（4—2）式带入（4—7）式，整理得出出口企业的利润为：

$$\pi_{ij}(\varphi) = \frac{\alpha}{\sigma} Y_j \left[\frac{\sigma}{\sigma - 1} \times \frac{w_i \tau_{ij}/\varphi}{P_j} \right]^{1-\sigma} - f_{ij}$$

$$= \frac{\alpha}{\sigma} \left(\frac{\sigma}{\sigma - 1} \right)^{\sigma-1} (P_j^{\ \sigma-1} \times w_j L_j) \left(\frac{\varphi}{w_i \tau_{ij}} \right)^{\sigma-1} \quad (4\text{—}8)$$

对应于出口国 k 最缺乏效率的企业的生产率水平，从而使得企业在 j 国销售的总利润刚好可以支付进入 j 国的出口固定成本。所以定义生产率门槛值 $\overline{\varphi}_{ij}$ 为 $\pi_{ij}(\overline{\varphi}_{ij}) = 0$ 的值。所以，$\pi_{ij}(\overline{\varphi}_{ij}) = f_{ij}$。

根据 Melitz（2003）推算结论：

$$\overline{\varphi}_{ij} = \lambda_1 \left(\frac{f_{ij}}{Y_j} \right)^{1/(\sigma-1)} \frac{w_i \tau_{ij}}{P_j} = \lambda_1 f_{ij}^{\ \sigma/(\sigma-1)} (P_j^{\ \sigma-1} w_j L_j)^{\frac{-1}{\sigma-1}} w_i \tau_{ij} \quad (4\text{—}9)$$

其中，参数 $\lambda_1 = \left(\frac{\sigma}{\alpha} \right)^{\frac{1}{\sigma-1}} \left(\frac{\sigma}{\sigma - 1} \right)$，不受 P_j、Y_j 影响，只与商品的替代弹性和消费支出比重有关。由方程（4—9）可知，仅有高于生产率门槛 $\overline{\varphi}_{ij}$ 的企业才会选择出口商品至国外市场 j 国，企业能否从事出口依赖于贸易成本和目的地 j 国的国别特征，包括 w_j 和 L_j。

至此，模型都假定综合价格指数为外生给定。假设同质生产部门（前面所指的 0 部门）劳动力工资外生给定；假定潜在决定进入外国市场的厂商数量外生给定。这两个假设导致了尽管价格也会自我调整，但仅依赖于国别特征，企业是否决定出口外国市场取决于出口目的地 j 国的国别特征。

下一步，我们考虑把均衡价格内生化。把生产率门槛（4—9）式代入价格指数（4—5）式中，

$$P_j = \lambda_2 \times Y_j^{\ 1/\gamma - 1/(\sigma-1)} \times \theta_j \quad (4\text{—}10)$$

$$\theta^{-\gamma} = \sum_{k=1}^{M} (Y_k/Y) \times (w_k \tau_{kj})^{-\gamma} \times f_{kj}^{\ -[\gamma/(\sigma-1)-1]} \quad (4\text{—}11)$$

其中，$\lambda_2 = \left(\frac{\gamma - (\sigma - 1)}{\gamma} \right)^{1/\gamma} \left(\frac{\sigma}{\alpha} \right)^{\frac{1}{\sigma-1}\frac{1}{\gamma}} \left(\frac{\sigma}{\sigma - 1} \right)$，为常数；Y 是世界产出。

因此，（4—10）式也可以写成：

$$P_j = \lambda_2 \left(\frac{w_j L_j}{\sum\limits_{k=1}^{M} w_k L_k} \right)^{1/\gamma} (w_j L_j)^{\frac{-1}{\sigma-1}} \times \theta_j \qquad (4\text{—}12)$$

θ_j 是衡量 j 国距离其他世界各国总的偏远性指数，这与 Eric Van Wincoop（2003）的多边阻力变量（multilateral resistance variable）相似。[①] 此时的 θ_j 还把固定成本和企业的异质性对加总的价格指数也考虑进去了。一个简单的例子解释加总指数，可以假设双边环境呈对称式：对于所有的 k 国，$w_k \pi_{kj} = w\pi_j$，并且 $f_{kj} = f_j$，$\theta_j = f_j^{1/(\sigma-1)-1/\gamma} \times w\tau_j$。在非对称的环境下，$\theta_j$ 即为加权平均的双边贸易成本。

最后，Chaney（2008）模型计算推导了出口、劳动生产率门槛和利润的一般均衡。出口是由每个公司自身的劳动生产率所决定，厂商克服出口的贸易成本，面临国外市场总需求的变化和一系列的竞争者，当然出口差异产品的厂商是垄断者，根据自身的利润水平设定最优价格水平。把一般价格指数方程（4—10）代入需求方程，然后再代入生产率门槛方程（4—9），同时计算出企业出口的生产率门槛值和总的世界利润。在一般均衡下，出口表示 e_{ij}（φ）从拥有 φ 劳动生产率的企业从 i 国出口至 j 国的出口量，生产率高于门槛值 $\bar{\varphi}_{ij}$ 的所有企业加总产出为 Y_j，所以在一般均衡条件下，

$$\begin{cases} e_{ij}(\tilde{\tilde{\varphi}} \mid \tilde{\tilde{\varphi}} > \bar{\varphi}_{ij}) = \lambda_3 \times \left(\frac{Y_j}{Y} \right)^{(\sigma-1)/\gamma} \times \left(\frac{\theta_j}{w_i \tau_{ij}} \right)^{\sigma-1} \times \varphi^{\sigma-1} \\[3mm] \bar{\varphi}_{ij} = \lambda_4 \times \left(\frac{Y_j}{Y} \right)^{1/\gamma} \times \left(\frac{w_i \tau_{ij}}{\theta_j} \right) \times f_{ij}^{\frac{1}{\sigma-1}} \end{cases} \qquad (4\text{—}13)$$

其中，$\lambda_3 = \sigma \lambda_4^{1-\sigma} = \alpha \left(\frac{\gamma-(\sigma-1)}{\gamma} \right)^{\frac{\sigma-1}{\gamma}} \left(\frac{\sigma}{\alpha} \right)^{1-\frac{\sigma-1}{\gamma}}$，

[①] Eric Van Wincoop（2003）模型中，多变阻力变量表示的加总价格指数为：$P_j^{1-\sigma} = \sum\limits_i P_i^{\sigma-1} \theta_i t_{ij}^{1-\sigma}$，$\theta_i$ 为 i 的收入份额，t_{ij} 是冰山型贸易成本。

$$\lambda_4 = \left[\frac{\sigma}{\alpha} \times \frac{\gamma}{\gamma - (\sigma - 1)} \times \frac{1}{(1 + \lambda_5)} \right]^{1/\gamma} 。$$

均衡点状态仅受以下变量影响：相对市场规模 L_j、工资率水平 w_i、贸易成本，包括可变成本 τ_{ij} 和不变成本 f_{ij}，以及衡量 j 国与其他世界各国偏远度（remoteness）的指标 θ_j。

首先，要把单个厂商的出口进行累加得出从 i 国至 j 国的出口总流量，

$$E_{ij}{}^m = w_i L_i \int_{\widetilde{\varphi_{ij}{}^m}}^{\infty} e_{ij}{}^m(\varphi) dF_m(\varphi) \tag{4—14}$$

根据（4—13）式得知单个企业的出口量 $e_{ij}(\widetilde{\varphi} \mid \widetilde{\varphi} > \overline{\varphi}_{ij})$ 和生产率门槛 $\overline{\varphi}_{ij}$，结合生产率最初的分布假设（4—4）式，代入（4—14）式中重新调整总出口量的表达式：

$$E_{ij}{}^m = w_i L_i \int_{\overline{\varphi_{ij}{}^m}}^{\infty} \lambda_3 \times \left(\frac{Y}{Y_j} \right)^{(\sigma-1)/\gamma} \times \left(\frac{\theta_j{}^m}{w_i \tau_{ij}{}^m} \right)^{\sigma-1} \times \varphi^{\sigma m-1} \times \frac{\varphi^{-\gamma^m-1}}{\gamma^m} d\varphi \tag{4—15}$$

并且有

$$\overline{\varphi}_{ij}{}^m = \lambda_4{}^m \times \left(\frac{Y}{Y_j} \right)^{1/\gamma} \times \left(\frac{w_i \tau_{ij}{}^m}{\theta_j{}^m} \right) \times f_{ij}{}^{m[1/(\sigma-1)]} \tag{4—16}$$

其中，λ_3 和 λ_4 同上文。

由于生产率分布符合帕累托分布，且偏好函数是等弹性，把（4—16）式代入（4—15）式进一步整理，求积分得出，

$$E_{ij}{}^m = \lambda_m \times \frac{w_i L_i Y_j}{Y} \times \left(\frac{w_i \tau_{ij}{}^m}{\theta_j{}^m} \right)^{-\gamma_m} \times (f_{ij}{}^m)^{-\left[\frac{\gamma_m}{\sigma_m-1} - 1 \right]} \tag{4—17}$$

这里假设市场规模 L_j 和 Y_j（一国 GDP）呈正比关系，GDP 与一国劳动力收入呈等比例关系，

$$Y_j = (1 + \lambda_5) \times w_j L_j \tag{4—18}$$

其中 λ_5 为常数，只受垄断差异产品的替代弹性 σ 和企业异质性 γ 影响。值得注意的是，i 国在第三国 k 国市场份额和 j 国在第三国市场份额依赖

于 i 国的贸易成本和 j 国的贸易成本。如果假设综合指标衡量 k 国和 i 国之间的贸易成本，$k_{ik} = (w_i \tau_{ik})^{-\gamma} \times f_{ik}^{-[\gamma-(\sigma-1)]/(\sigma-1)}$，可以推出 $\left(\dfrac{e_{ik}}{Y_i}\right) \div$ $\left(\dfrac{e_{jk}}{Y_j}\right) = \kappa_{ik}/\kappa_{jk}$。同理，i 国在 k 国的市场份额也取决于 i 国与其他各国相比贸易成本的比较：$\dfrac{e_{ik}}{e_k} = \dfrac{(L_i/L)\kappa_{ik}}{\sum_j (L_j/L)\kappa_{jk}}$。

因为此假设，所以 $\lambda_m = (1 + \lambda_5) \times \alpha_m$，加上（4—18）式，整理可得到，

$$E_{ij}{}^m = \alpha_m \times \frac{Y_i \times Y_j}{Y} \times \left(\frac{w_i \tau_{ij}{}^m}{\theta_j{}^m}\right)^{-\gamma_m} \times f_{ij}{}^{-\left[\frac{\gamma_m}{\sigma_m-1}-1\right]} \tag{4—19}$$

（4—19）式也就是 Chaney（2008）得到结论 1：i 国 m 部门出口至 j 国双边总的贸易流量 $e_{ij}{}^m$（FOB 价格）可以表示为：

$$E_{ij}{}^m = \alpha_m \times \frac{Y_i \times Y_j}{Y} \times \left(\frac{w_i \tau_{ij}{}^m}{\theta_j{}^m}\right)^{-\gamma_m} \times f_{ij}{}^{-\left[\frac{\gamma_m}{\sigma_m-1}-1\right]}$$

单个企业的出口量取决于可变成本 τ_{ij}，其弹性为 $1 - \sigma$；还受到目的地国家的市场规模 GDP_j 和 L_j 的影响，弹性为 $\dfrac{\sigma-1}{\gamma}$，弹性小于 1。

出口相对于可变成本的弹性，与不考虑企业异质性时相比更大了；并且对总出口流量（累积量，aggregate flow）的影响，与单个企业（individual firm）的出口影响相比也变得更大了。可变成本的下降不仅会引起每个出口企业出口量的上升，也会吸引更多的厂商决定出口，新厂商的加入形成了扩展性贸易边际，并且作用大于集约性贸易边际增长。出口弹性依赖于企业异质性系数 γ，还因为越是同质性的生产部门（γ 越大），大规模、生产率水平高的企业越是代表一小部分，生产率门槛越会向一国更多数、更普遍企业所代表的平均方向偏移。在这样的生产部门，出口累计总量对可变成本的变化十分敏感，随着成本的波动会有更多的企业决定退出或进入出口产品市场。出口的可变成本弹性完全不受差异产品替代弹性 σ

的影响，出口的固定成本弹性与 σ 呈反比。

二　关于二元边际的分解

贸易成本，包括可变成本和不变成本对总的贸易流量的影响，概括为两个方面：集约性边际和扩展性边际。集约性边际定义为现存的出口厂商其出口规模的变化；扩展性边际为当存在贸易成本下降时，新进入的厂商数量。

对累计出口总量 $E_{ij}^m = w_i L_i \int_{\bar{\varphi}_{ij}^m}^{\infty} e_{ij}^{\ m}(\varphi) dF_m(\varphi)$，即（4—14）式求导，

$$dE_{ij} = \left(w_i L_i \int_{\bar{\varphi}_{ij}^m}^{\infty} \frac{\partial\ e_{ij}(\varphi)}{\partial\ \tau_{ij}} dG(\varphi) \right) d\tau_{ij}$$

$$- \left(w_i L_i e_{ij}(\bar{\varphi}_{ij}^{\ m}) G'(\bar{\varphi}_{ij}^{\ m}) \times \frac{\partial\ \bar{\varphi}_{ij}^{\ m}}{\partial\ \tau_{ij}} \right) d\tau_{ij}$$

$$+ \left(w_i L_i \int_{\bar{\varphi}_{ij}^m}^{\infty} \frac{\partial\ e_{ij}(\varphi)}{\partial\ f_{ij}} dG(\varphi) \right) df_{ij}$$

$$- \left(w_i L_i e_{ij}(\bar{\varphi}_{ij}^{\ m}) G'(\bar{\varphi}_{ij}^{\ m}) \times \frac{\partial\ \bar{\varphi}_{ij}^{\ m}}{\partial\ f_{ij}} \right) df_{ij} \qquad （4—20）$$

其中，$\left(w_i L_i \int_{\bar{\varphi}_{ij}^m}^{\infty} \frac{\partial\ e_{ij}(\varphi)}{\partial\ \tau_{ij}} dG(\varphi) \right) d\tau_{ij}$ 和 $\left(w_i L_i \int_{\bar{\varphi}_{ij}^m}^{\infty} \frac{\partial\ e_{ij}(\varphi)}{\partial\ f_{ij}} dG(\varphi) \right) df_{ij}$ 两项相加为集约性的贸易边际；$\left(w_i L_i e_{ij}(\bar{\varphi}_{ij}^{\ m}) G'(\bar{\varphi}_{ij}^{\ m}) \times \frac{\partial\ \bar{\varphi}_{ij}^{\ m}}{\partial\ \tau_{ij}} \right) d\tau_{ij}$ 和 $\left(w_i L_i e_{ij}(\bar{\varphi}_{ij}^{\ m}) G'(\bar{\varphi}_{ij}^{\ m}) \times \frac{\partial\ \bar{\varphi}_{ij}^{\ m}}{\partial\ f_{ij}} \right) df_{ij}$ 两项相加为扩展性的贸易边际。

Kancs（2007）把集约性贸易边际和扩展性边际在（4—20）式的基础上做了进一步的整理和推算，把企业数量变化和单个厂商的出口积分加总，推导出了总出口量的二元边际变化与出口国和目的地国宏观变量之间的相关关系。

出口国 i 至目的地 j 国的出口企业数量 X_{ij} 定义为：

$$X_{ij} = w_i L_i P_j (\varphi > \bar{\varphi}) = \lambda_e \frac{w_i L_i \times w_j L_j}{\sum_{K=1}^{N} w_k L_k} \times \left(\frac{\tau_{ij}}{\theta_d}\right)^{-\gamma} \times f_{ij}^{-\frac{\gamma}{\sigma-1}} \qquad (4\text{—}21)$$

其中，λ_e 为常数，$\lambda_e = \alpha \dfrac{\gamma - (\sigma - 1)}{\gamma^\sigma}$。根据（4—21）式，出口厂商的数量 X_{ij} 根据单位贸易可变成本 τ_{ij} 和目的地市场规模 GDP 而得。其中贸易可变成本 τ_{ij} 弹性为 $-\gamma$，而目的地市场规模变量弹性为 1。X_{ij} 是双边贸易成本、出口国和目的国的相对市场规模以及目的地偏远度指 θ_d 的函数。

根据 Hummels 和 Klenow（2005）的定义，出口国 i 出至进口国 j 国的出口额总量 E_{ij} 为，单位企业平均出口量（average value per shipment）e_{ij} 乘以出口企业数量 X_{ij}。其中，出口企业数量被称为扩展性贸易边际；单位企业平均出口量定义为集约性贸易边际。[①]

$$E_{ij} = e_{ij} \times X_{ij} \qquad (4\text{—}22)$$

出口国 i 至目的地国 j 的出口总额（FOB 价格计算）按照以上定义可以分解为出口厂商个数乘以平均企业的出口额，此时平均生产率水平代表 $\tilde{\varphi}$，而非生产率门槛值 $\bar{\varphi}$。

$$E_{ij} = e_{ij}(\tilde{\varphi}) \times X_{ij} \qquad (4\text{—}23)$$

其中，$e_{ij}(\tilde{\varphi})$ 为集约性贸易边际，X_{ij} 为扩展性贸易边际。

Hummels 和 Klenow（2005）定义，在本模型中出口扩展性贸易边际即为出口商品数量/贸易种类；集约性贸易边际根据定义为出口厂商的规模，即为企业出口的规模。把（4—13）式和（4—16）式代入（4—23）式计算 i 国差异产品制造部门 m 出口至 j 国的出口额，E_{ij} 可以表示为：

---

① 集约性贸易边际仍可进一步被分解为：数量变化或单位贸易品的数量变化 Δq，以及每单位可贸易品的平均价格变化 Δp。这种情况下贸易增长被分化为三部分，$\Delta E_q = \Delta q \times \Delta q \times \Delta X_{ij}$。

$$E_{ij} = \left[\lambda_e^{\frac{\sigma-1}{\gamma}} \sigma \, \varphi^{\sigma-1} \left(\frac{w_j L_j}{\sum w_k L_k} \right) \left(\frac{\tau_{ij}}{\theta_d} \right)^{1-\sigma} \right]$$

$$\times \left[\lambda_e \frac{w_i L_i \times w_j L_j}{\sum w_k L_k} \left(\frac{\tau_{ij}}{\theta_d} \right)^{-\gamma} f_{ij}^{-\frac{\gamma}{\sigma-1}} \right] \tag{4—24}$$

（4—24）式中方括号第一项为集约性贸易边际，方括号第二项代表扩展性贸易边际。出口量依赖于双边的相对市场规模 $\frac{w_j L_j}{\sum w_k L_k}$①、目的地 j 国的偏远度指数 θ_d，以及双边贸易可变成本和不变成本。贸易成本变化和目的地国家的不同特征影响了集约性贸易边际和扩展性贸易边际，而两者的变化共同作用于出口额，对出口额的总量累计流量产生影响。此模型的好处在于可以通过对总量宏观数据来分解二元边际，而不需要企业的微观数据，这就为我们现阶段对中国的研究提供了一个简洁并可行的方式。

Chaney（2008）得出结论：贸易流量就可变贸易成本的弹性 ζ 不受替代弹性 σ 的影响；贸易流量就固定贸易成本的弹性 ξ 受到替代弹性 σ 的负向影响。扩展和集约性贸易边际对贸易成本的敏感性受替代弹性的影响，但作用方向不同。产品之间的替代弹性越高，越是同质产品，表明集约性贸易边际对贸易成本的反应越敏感；但扩展性贸易边际不同，产品越是差异化，替代弹性越是降低，扩展性贸易边际敏感性越高，集约边际敏感度则下降。因此理论上预测，贸易交易成本的变化对差异性产品的扩展性边际的绝对值要大于对同质产品的影响。如果固定成本变化，对集约性贸易成本没有影响；而对扩展性贸易边际影响更为复杂，当 σ 低时，每个公司所占的市场份额对劳动力差异相对不敏感；一些生产率水平低的企业也可以占据一些市场份额，当贸易壁垒下降后，一些生产率水平更低的企业更

---

① 此处与 Kancs（2007）不同之处，源于第一部分的模型最初假设。Kancs（2007）中把同质产品作为计价器，工资水平记为1；而此处仍把工资水平的影响考虑在内，可以理解为劳动力（L）规模的加权相加。

可以进入出口市场。当产品高度差异化时（σ 低），新加入的厂商远远多于已经出口的厂商。因此，当 σ 低时，固定成本对扩展性边际的影响更强烈；反之亦然。

企业由于其生产率不同呈现出差异性，并且由于存在着固定成本和可变成本，只有生产率水平高的企业才会选择出口；出口企业的利润率在不同目的地国也呈现差异性，在需求高、进入市场的固定成本低，并且每单位出口产品的可变成本也低的出口国市场，企业才会赢得较高收益利润（profitability）。对于每一个特定的目的地市场 j 国，存在一个使得 i 出口国企业利润水平大于零的生产率门槛；对于所有在 i 国的企业，高于门槛的生产率企业可以获得大于零的利润。因此只有本国企业的一部分为出口厂商；但是哪些为出口厂商，这个子集会随着外国市场特征的不同而不同。

集约性贸易边际为每个出口商的出口量；扩展性贸易边际为出口企业数量。一方面，可变成本的降低对双边际都有正向作用，生产率门槛水平降低，现存出口商出口量上升，并且出口商的数量也上升；另一方面，固定成本的降低并不会对集约性贸易边际产生影响，因为出口厂商已经支付过了这部分成本；但固定成本的下降会吸引新企业进入出口厂商，对扩展性贸易边际有正向促进作用。

◇◇ 第二节　模型拓展：比较优势与企业异质性

进一步，对以上的贸易模型进行扩展，将单要素的模型扩展为两种要素——熟练劳动力和非熟练劳动力，将要素比较优势影响因素与企业异质性和贸易成本的影响因素纳入一个研究框架之下，试图对中国—东盟自由贸易区内的贸易发展动力和模式提供理论依据。

一 基本假定

参照 Bernard 和 Schott（2004）模型中的假定，假设模型中包含本国和外国两个国家，两个行业即简单劳动密集型行业和技术密集型行业，存在两种基本要素。假设国家间具有相同消费者偏好和生产技术函数，但是两国的要素禀赋不同，要素在一国范围内的各个行业可以自由流动，而在国家间不能跨国自由流动，设本国 H 国为技术密集型产业优势国，拥有充裕的技术型劳动力（high technique labor）；而外国 F 国为简单劳动力产业优势国，拥有充裕的简单劳动力（simple labor）。

首先，假设不存在贸易成本，本国和外国之间自由贸易。从消费市场角度看，代表性消费者的效用函数仍然采取了 C－D 形式，其中下标 1、2 代表了模型假设中的两种行业，并且每个行业中，

$$U \equiv C_1^\alpha C_2^\beta$$

其中 $\alpha + \beta = 1$ 。 （4—25）

C_i 表示的是一系列差异商品 q_i（w）的消费指数，

$$C_i = \left[\int q_i(w)^\rho dw \right]^{1/\rho}$$ （4—26）

用 P_i 表示价格指数，为在一系列商品 w 各自价格 p_i(w)之上的综合性指数，所以，

$$P_i = \left[\int p_i(w)^{1-\sigma} d_w \right]^{1-\sigma}$$ （4—27）

其中 $\sigma = 1/(1 - \rho)$ 表示了不同商品 w 之间的不变替代弹性。

从生产方面看，生产的成本包括固定成本和可变成本。所有的企业进行生产都会存在固定成本，而可变成本会随着企业的生产率 φ 不同而不同。假设成本函数也具有 C－D 柯布道格拉斯形式，所以，

$$Cost = [f_i + q_i/\varphi](w_S)^{\gamma_i}(w_L)^{1-\gamma_i}$$ （4—28）

其中 f_i 为固定成本，w_S 是支付给技术型劳动力（skilled labor）的工资，w_L 是支付给简单劳动力的工资。假设行业 1 是技术型劳动力密集型行业，行业 2 是简单劳动力密集型行业。

当双边贸易零成本时，所有的企业都会有出口，设定本国市场为 dm，外国市场为 fm。利润最大化的目标表明两国的市场价格一致，等于边际成本加成的形式（marginal cost）。企业的本国销售收入为：

$$R_{dm} = \alpha_i R \left(\frac{\rho P_i \varphi}{w_s^{\gamma_i} w_L^{1-\gamma_i}} \right)^{\sigma-1} \tag{4—29}$$

其中下标 i 表示的是产品类别。（4—29）式表示了本国销售收入与劳动生产率 φ 呈现出一定比例关系。对于给定的企业劳动生产率，本国国内的销售收入随着本行业支出比重的上升（expenditure allocated to an industry）而上升；P_i 价格指数是市场竞争程度的逆向指标，其上升也带动了本国销售收入的上升；ρ 表明了标记成本加成（mark-up）的比例，ρ 越大，本国的国内销售收入越上升。另外，这也意味着当两个企业处于同一市场环境和行业中，它们的收入水平仅受到两者之间的相对劳动生产率差异的影响。

企业出口至外国市场的销售收入具有对称性，对于拥有同样劳动生产率的企业，外国市场的销售收入与本国的国内销售收入受到两国相对规模、相对价格的影响。

$$\pi_i (\varphi) = \frac{r_i (\varphi)}{\sigma} - f_i (w_s)^{\gamma_i} (w_L)^{1-\gamma_i} \tag{4—30}$$

劳动力市场均衡要求，其中 S 表示熟练技术性劳动力，L 表示简单劳动力，下标 1、2 表示了 $S_1 + S_2 = \overline{S}$，$L_1 + L_2 = \overline{L}$。

根据劳动力市场和商品市场出清条件可知，在自由贸易条件下，一般均衡的结果受到以下几个向量的共同影响：两国代表性企业的劳动生产率 φ、两国市场的价格指数 P、两国相对的经济规模 R，以及支付给不同劳动力要素禀赋的工资 W_S 和 W_L。在自由贸易条件下，国家会在有比较优势的行业投入相对多的要素（不论是 S 型或是 L 型）份额；从自给自足到自由贸易的动态发展过程中，国家会加大对比较优势行业的要素禀赋投入，并且此时国家充裕要素的相对收入会增加。

二　贸易成本的引入

引入 i 国、j 国非对称型，考虑双边贸易的发生是存在成本。进入外国市场需要固定成本的投入，如获取外国市场信息、发展恰当的市场发展战略和建立新的销售渠道等。因此，进入市场的固定贸易成本和冰山型的可变贸易成本的引入更为接近现实。

存在了贸易成本，关于两国市场价格相同的结论便不成立。企业利润最大化的条件表明，均衡价格依然为边际成本加成（mark up）的形式。出口价格为本国价格乘以可变成本系数（τ，冰山型），可以写成：

$$P^H = \tau P_{dm}{}^H \ (\varphi) \ = \frac{\tau \ (w_s^H)^{\gamma_i} \ (w_L^H)^{1-\gamma_i}}{\rho\varphi} \tag{4—31}$$

根据企业定价原则，出口至目的国的均衡收入与本国国内销售收入之间存在一定的比例关系。出口市场的相对收入不仅取决于可变成本，还与两国间同一产业内的大量企业的差异性有关，并且随着出口企业和非出口企业之间的变换交替而不同。因此，与自由贸易状态下不同，国外市场销售的收入还与两国之间的相对价格有关。

$$r^H \ (\varphi) \ = \begin{cases} r_{dm} \ (\varphi)，如果企业不出口 \\ r_{dm}\left[1 + \tau^{1-\sigma}\left(\dfrac{P_i^F}{P_i^H}\right)^{\sigma-1}\left(\dfrac{R^F}{R^H}\right)\right]，如果企业出口 \end{cases} \tag{4—32}$$

$$r_{ex} \ (\varphi) \ = \tau^{1-\sigma}\left(\frac{P_i^F}{P_i^H}\right)^{\sigma-1}\left(\frac{R^F}{R^H}\right)r_{dm} \ (\varphi) \tag{4—33}$$

本国企业的总销售收入应分为两种情况讨论，分别为当企业进行出口和不进行出口时的收入，当企业出口时销售收入为国内和国外销售收入两部分的总和；当企业不进行出口时，收入仅为国内销售收入。

按照以上的收入方程，汇总贸易成本方程，求出利润方程：

$$\pi_{ex}\ (\varphi)\ = \frac{r_{ex}^{\ H}\ (\varphi)}{\sigma} - f_i\ (w_s^H)^{\gamma_i}\ (w_L^H)^{1-\gamma_i} \qquad\qquad (4\text{—}34)$$

$$\pi_{dm}\ (\varphi)\ = \frac{r_{dm}^{\ H}\ (\varphi)}{\sigma} - f_i\ (w_s^H)^{\gamma_i}\ (w_L^H)^{1-\gamma_i} \qquad\qquad (4\text{—}35)$$

要满足商品市场和劳动力市场的双重约束，从而得到一般均衡的结论。Bernard 和 Schott（2004）的研究结论表明，存在贸易成本的一般均衡，受到本国企业两个行业的劳动生产率门槛（$\varphi_1^{\ k}$、$\varphi_2^{\ k}$）和出口目的国两个行业的劳动生产率门槛（$\varphi_{1ex}^{\ k}$、$\varphi_{2ex}^{\ k}$）、两国的价格系数、支付给简单劳动力和技术性劳动力的价格，以及双边贸易伙伴国的相对国家规模影响。至于决定一国企业是否出口的行业劳动生产率门槛还受到贸易政策（贸易成本下降）的影响。

研究得到的主要结论为：当存在正的固定贸易成本和可变贸易成本时，由封闭经济向开放经济转变的过程中，两部门（不论是否为比较优势部门）都会提高零利润条件生产率门槛 φ^*，所有生产率低于 φ^* 都会退出生产，并且也会提高平均劳动生产率水平。

主要的结论还包括：如果一国相对于其贸易伙伴国的规模越小，那么其零利润条件生产率门槛和平均生产率水平的提升幅度会更大；如果国内的行业内市场竞争激烈程度高于国外市场，则两种生产率的提升幅度也会更大；相似的，如果固定成本和可变贸易成本变小，也可以达到以上的效果。当本国相对于他国的经济规模更小，本国的竞争相对于外国市场更高，或固定成本和可变贸易成本变小时，一国企业的出口概率会更高。

三　模型对中国—东盟自由贸易区实践的解释意义

以上理论模型的分析和研究主要结论，对于中国—东盟框架下的双边贸易具有良好的解释能力。这是因为对于中国和东盟区域内分工以及双边贸易结构的形成来说，其中重要的影响因素为双方要素禀赋差异形成的产业比较优势；而占有双边贸易额一半的机电产品进出口又受到微观企业劳动生产率影响，因此 Bernard 和 Schott（2004）模型将比较优势和要素禀赋与企业异质性因素纳入同一研究框架内，特别是对贸易自由化过程中引起的双边贸易成本变化对一系列变量影响的效果预测，比较符合中国—东盟自由贸易区实践的特征，能够较好地预测双边由于贸易成本和贸易自由化进程等政策因素，引起的企业生产率和双边贸易关系的变化，可以为政策导向和政策建议提供一定的理论依据。

根据模型研究的主要结论，可以推论中国—东盟自由贸易区一体化进程有利于提高区内成员国平均企业生产率，并且可以提高企业进行出口贸易时面临的生产率门槛水平，这表明区域经济一体化的策略有利于中国出口企业的产业结构优化升级，刺激行业的优胜劣汰，提高中国出口企业的国际竞争力；当然对于一些劳动生产率较低的企业，形成了外部环境的压力，促进其进行技术创新和提高管理水平，提高生产率，以便能够继续进行出口。

随着经济一体化进程的推进，双边合作涵盖范围扩展，合作深度得以深化，双边的贸易成本递减，特别是市场进入的固定成本（entry cost）随着双边投资协定的签署显著下降，对于提高企业出口的概率作用显著。根据之前所述的定义表明，更多的企业进行出口行为，属于扩展性贸易边际的表现形式。因此，根据模型的推论和预测，自贸区协定特别是双边关税递减和投资协定涉及的市场准入等固定成本的下降，会对中国—东盟自由贸易区内部中国出口的扩展性边际起到促进和拉动的作用。

此外，两国相对的国内经济规模和国内竞争程度（主要为价格指数相比）也会对双边的贸易结构和贸易增长二元边际产生影响。这验证了第三章中对实际数据分析得到的结论，中国出口至东盟国家的二元边际具有国别的特征。中国出口至东盟 6 个传统成员国的扩展性贸易边际提高效应，与出口至新兴东盟 4 个成员国相比，前者的提高效应不如后者显著。这主要是源于中国与东盟 4 个新成员国之间的经济规模差异更大，国内市场化竞争程度的差异也更为显著，因此当实现区域经济一体化之后，中国对此 4 国的企业出口概率提高，扩展性贸易边际增长显著。

但是，此模型也存在一些结论的不足：模型的结论并没有对比较优势部门和比较劣势部门两者在自贸区措施实施之后会产生怎样的差异性，其生产率门槛和平均生产率水平之间的差异性是否显著，对国内产业结构的变化以及贸易结构变化会有何种影响等方面做出理论性分析和解释，这也是今后可以作为研究方向的一个问题。

综上所述，我们主要利用企业异质性的贸易模型，从理论上推导分析了贸易的二元边际及其影响因素，通过企业异质性参数的设定将宏观贸易数据直接与企业微观差异相联系，得到的主要结论为：出口量依赖于双边的相对市场规模、贸易伙伴国与本国的相对偏远度指数，以及双边贸易可变成本和不变成本。在其他假设不变的前提下，进一步将要素禀赋和比较优势纳入研究范围，从而将双边出口量的解释变量扩展为劳动生产率门槛差异、两国的价格系数、支付给不同生产要素的价格，以及贸易伙伴国的相对国家规模。由于数据的局限性和研究问题的针对性，下面本书将对以上的理论模型分析框架和预测结果进行实证性检验。

第 五 章

中国—东盟自由贸易区框架下中国出口
贸易增长的二元边际实证分析

通过前几章的分析，作者得出的结论是：中国—东盟自由贸易区在逐步完善成熟的 8 年时间里，双边贸易额显著上升，贸易增长显著，按照细分的贸易数据，贸易增长效应可以划分为集约性贸易边际效应和扩展性贸易边际效应。本章在以上理论和现实的分析基础上，沿用计量分析方法，对 CAFTA 框架下区域内的贸易增长结构及其影响因素进行分析与研究。

◇◇ 第一节　中国—东盟自由贸易区二元边际结构
经验验证：基于宏观数据分析

第四章的理论分析中，对嵌套企业异质性的贸易模型的理论推导，加以企业异质性的参数设定，可以得到贸易增长与不变/可变成本之间的关系，以及对贸易增长二元边际结构的判定，下面根据理论模型，将其推导为可以加以实证的计量模型。

一　数理模型到计量模型的推导

根据第四章理论推导出的结论（4—13）式，可以得出，

$$\bar{\varphi}_{ij} = \lambda_4 \times \left(\frac{Y_j}{Y}\right)^{1/\gamma} \times \left(\frac{w_i \tau_{ij}}{\theta_j}\right) \times f_{ij}^{\frac{1}{\sigma-1}} \tag{5—1}$$

参考 Kancs（2007）的推算方法，为了使得模型简化，并且考虑到数据的可获得性，假设各国工资率水平相同，并且单位价格为1，又因为

$$Y_j = w_j \times L_j \tag{5—2}$$

$$Y = \sum_{i=1}^{N} w_i \times L_i \tag{5—3}$$

将生产率门槛表达式（4—13）改写为：

$$\bar{\varphi}_{ij} = \lambda_4 \times \left(\frac{L_j}{L}\right)^{1/\gamma} \times \left(\frac{\tau_{ij}}{\theta_j}\right) \times f_{ij}^{\frac{1}{\sigma-1}} \tag{5—4}$$

将假设简化条件也代入第四章中分解为二元结构的总贸易流量表达式（4—24），

$$E_{ij} = \left[\lambda_e^{\frac{\sigma-1}{\gamma}} \sigma \varphi^{\sigma-1}\left(\frac{L_i}{L}\right)\left(\frac{\tau_{ij}}{\theta_d}\right)^{1-\sigma}\right] \times \left[\lambda_e \frac{L_i L_j}{L}\left(\frac{\tau_{ij}}{\theta_d}\right)^{-\gamma} f_{ij}^{-\frac{\gamma}{\sigma-1}}\right] \tag{5—5}$$

（4—24）式可以改写为以下形式：

$$E_{ij} = \left[\lambda_e^{\frac{\sigma-1}{\gamma}} \sigma \varphi^{\sigma-1}\left(\frac{L_i}{L}\right)\left(\frac{\tau_{ij}}{\theta_d}\right)^{1-\sigma}\right] \times \left[\lambda_e \frac{L_i L_j}{L}\left(\frac{\tau_{ij}}{\theta_d}\right)^{-\gamma} f_{ij}^{-\frac{\gamma}{\sigma-1}}\right] \tag{5—6}$$

将（5—5）代入（5—6）式中，又根据第四章计算推论的结果，

$$\lambda_4 = \left[\frac{\sigma}{\alpha} \times \frac{\gamma}{\gamma-(\sigma-1)} \times \frac{1}{(1+\lambda_5)}\right]^{1/\gamma} \tag{5—7}$$

$$\lambda_e = \alpha \frac{\gamma-(\sigma-1)}{\gamma^{\sigma}} \tag{5—8}$$

将其代入（5—6）式中，化简得：

$$E_{ij} = \alpha \frac{L_i L_j}{L}\left(\frac{\theta_i}{\tau_{ij}}\right)^{\gamma} f_{ij}^{1-\frac{\gamma}{\sigma-1}} \tag{5—9}$$

其中 i 表示出国口，j 表示出口目的国。

（5—9）式得到结论，贸易双方的流量由相对的市场规模（人口规模）贸易成本，包括可变贸易成本 τ_{ij} 和不变贸易成本 f_{ij}，以及出口目的国的贸易偏远度指数 θ_i 所决定。为了消除内生性的问题，对上式针对每个自变量求偏导，将上式写成全微分形式，以相对值替代绝对值：用相对出口替代绝对出口；用相对出口固定成本替代不变贸易成本的绝对值 f_{ij}；用两国相对贸易偏远度指数 θ_{ij} 替代出口目的国的绝对贸易偏远度指数。因此，将（5—3）式继续改写为：

$$\frac{E_{ij}}{E_{ji}} = \left(\frac{f_{ij}}{f_{ji}}\right)^{1-\frac{\gamma}{\sigma-1}} (\theta_{ij})^{\gamma} \tag{5—10}$$

对上式进行对数变化，变换为计量模型：

$$\ln\left(\frac{E_{ij}}{E_{ji}}\right) = c + \beta_1 \ln\left(\frac{f_{ij}}{f_{ji}}\right) + \beta_2 \ln\ (\theta_{ij})\ + \mu \tag{5—11}$$

其中，c 为常数，μ 为随机误差项 $\beta_1 = 1 - \dfrac{\gamma}{\sigma-1}$，$\beta_2 = \gamma$。

设两国的相对出口 $\dfrac{E_{ij}}{E_{ji}}$ 为 RELAEXPO，相对固定成本 $\dfrac{f_{ij}}{f_{ji}}$ 为 RELAFIXC，相对的贸易偏远度为 RELAREMOTE，则最终的计量方程可以写为：

$$\ln(RELAEXPO)\ =\ c + \beta_1 \ln(RELAFIXC)\ + \beta_2 \ln(RELAREMOTE)\ + \mu$$
$$\tag{5—12}$$

这样的计量方程为下一步的经验研究提供了不少便利，一方面，可以利用嵌套企业异质性的贸易理论更加逼近现实情况，对中国—东盟自由贸易区的真实贸易发展现实做出可靠的分析；但另一方面由于存在企业层面数据不易获得的现实问题，目前运用中国企业层面（firm level）数据研究二元边际，特别是扩展性贸易边际的现实分析少之又少，针对中国区域经济一体化内部，特别是中国—东盟自由贸易区内，中国与东盟成员国的双边贸易流量的企业数据（包括企业出口额、出口企业数量、目的国的当地销售、出口的价格以及企业的劳动生产率）几乎没有，所以直接导致了对 CAFTA 框架下中国出口二元边际结构的分析十分欠缺。本文借鉴 Kancs（2007）、钱学锋（2008）的研究方法，推导出可计算的计量模型，通过企业异质性参数和出口目的国的宏观经济特征的描述刻画，将企业的微观出口行为与宏观的双边贸易流量数据相联系，避免了微观数据的约束，为中国—东盟自由贸易区内贸易二元边际的结构提供了一个相对简洁的框架。

直观意义上看，双边的贸易流量与贸易成本（包括可变贸易成本和不变贸易成本）成反比。根据定义，贸易偏远程度与 Anderson 和 Wincoop（2003）的多边阻力（multilateral resistance）概念相似，贸易偏远程度还考虑了出口固定成本和企业异质性对价格指数的影响，表明一个区域与其他所有区域贸易的阻力越大，它越会被推动去与给定贸易伙伴国开展双边贸易，即两个国家之间的贸易密切程度还取决于和他们相关的其他所有贸易伙伴之间的平均贸易成本，所以贸易偏远程度越高，与其他贸易伙伴的贸易阻碍越大，与既定研究的贸易伙伴国双边贸易流量越大，两者之间存在正向相关作用。此外，实证结论除了验证解释变量与被解释变量的作用方向，衡量作用大小以外；实证结果还通过企业异质性参数 γ，揭示了中国—东盟自由贸易区内扩展性贸易边际在贸易增长中所占比重或贡献度。根据上一章理论框架分析，得知 γ 越大，出口部门中的企业越是同质的；相反，γ 越小，企业的差异性越大，更多的产出和出口集中于少数规模大、生产效率高的企业，扩展性贸易边际（即更多新厂商的进入、更多新产品的贸易双重作用）越小。

表5—1　　　　　　　　　模型变量含义及预期符号判定

		含义	预期符号判断
被解释变量	RELAEXPO 相对出口	i 国对 j 国的出口/j 国对 i 国的出口	

续表

		含义	预期符号判断
被解释变量	RELAFIXC 相对固定成本	i 国对 j 国的贸易固定成本/j 国对 i 国的固定成本	−
	RELAREMOTE 相对贸易偏远程度指数	j 国对其他国的贸易偏远程度/i 国对其他国的贸易偏远程度	+
	参数：γ	企业异质性参数越小，出口部门的企业差异性越大	

二 数据说明和指数构建

数据样本选取了中国对东盟主要 5 国（菲律宾、马来西亚、泰国、新加坡、印度尼西亚）出口额，时间跨度从 2003 年至 2008 年。这是因为在中国对东盟 10 国的贸易中，菲律宾、马来西亚、泰国、新加坡、印度尼西亚 5 国占到中国对东盟总比重的 85％以上，所以选择此 5 国作为样本具有一定的代表性和典型性。此外，时间选取 2003—2008 年是因为主要研究目的是考察自贸区成立之后，中国出口至东盟主要贸易伙伴国的贸易结构，CAFTA 的构建从 2002 年开始，从 2003 年作为起始点，自贸区效果开始显现，也具有合理性；更重要的原因是由于数据可获得性的限制，出于保持面板数据统一性的考虑。

表5—2　　　　　　　　东盟 5 国占中国出口至东盟总额的比重　　　单位：亿美元、%

年份	对东盟总出口额	对东盟 5 国出口额 *	所占比重
2003	309.3	264.1	85.39
2004	429.0	371.0	86.48
2005	553.7	481.0	86.87
2006	713.1	616.7	86.48
2007	941.8	799.5	84.89

续表

年份	对东盟总出口额	对东盟5国出口额*	所占比重（%）
2008**	964.0	957.2	99.29

注：2008**指数据截至2008年10月，为月度累积数据；对东盟5国出口额*为笔者根据U-nited Nations Commodity Trade Statistics Database（COMTRADE）数据库（http：//comtrade. un. org/db/），计算统计而得。

数据来源：商务部综合司商务统计（http：//zhs. mofcom. gov. cn/tongji. shtml）。

表5—3　　　　　　中国出口至东盟5国的出口额及各国所占比重　　单位：美元、%

年份	贸易伙伴国	出口额	占东盟5国总出口的份额
2003	印度尼西亚	4481889970	16.97
	马来西亚	6140888811	23.25
	菲律宾	3092688273	11.71
	新加坡	8863772416	33.57
	泰国	3827905496	14.50
2004	印度尼西亚	6256422956	16.86
	马来西亚	8086058941	21.80
	菲律宾	4268718001	11.51
	新加坡	12687599657	34.20
	泰国	5801575463	15.64
2005	印度尼西亚	8350368154	17.36
	马来西亚	10606347146	22.05
	菲律宾	4687630614	9.75
	新加坡	16632262456	34.58
	泰国	7819296435	16.26
2006	印度尼西亚	9449711801	15.32
	马来西亚	13537073744	21.95
	菲律宾	5738134533	9.30
	新加坡	23185291430	37.59
	泰国	9764064739	15.83

续表

年份	贸易伙伴国	出口额	占东盟 5 国总出口的份额
2007	印度尼西亚	12695661139	15.88
	马来西亚	17744198459	22.19
	菲律宾	7528377839	9.42
	新加坡	29946491368	37.46
	泰国	12032909569	15.05
2008	印度尼西亚	17193114300	17.96
	马来西亚	21455168798	22.41
	菲律宾	9132231065	9.54
	新加坡	32305805355	33.75
	泰国	15636354387	16.34

数据来源：United Nations Commodity Trade Statistics Database（COMTRADE）数据库（http://comtrade. un. org/db/）。

根据前一节的推导，确定需要构建三个指标：相对出口指数、相对固定成本和相对偏远度指数。

（一）相对出口指数

根据以上推算的定义，相对出口指数等于 i 国对 j 国的出口除以 j 国对 i 国的出口，具体指中国出口至东盟 5 国中的 k 国（k = 菲律宾、马来西亚、泰国、新加坡、印度尼西亚）再除以此国出口至中国的贸易额。根据 UN Comtrade 数据可以直接计算得出 2003—2008 中国—印度尼西亚、中国—菲律宾、中国—马来西亚、中国—新加坡、中国—泰国分别的双边相对出口。由于表 5—3 中已经列出了中国至东盟 5 国各国的出口额，表 5—4 中则有所省略。结合表 5—3 可知，在中国—东盟 5 国的双边贸易中，按照贸易流量来看，中国—新加坡的双边出口占据着最重要的位置，然后是马来西亚和泰国，最后是印度尼西亚和菲律宾；当然这只是揭示了双边出口的情况。

表 5—4 　　　　2003—2008 年东盟 5 国对中国出口额的统计指标 　单位：百万美元

东盟 5 国出口值	平均值	标准差	最小值	最大值
印度尼西亚	7450	3010	3800	11600
马来西亚	11800	4620	6790	18900
菲律宾	4120	1470	2140	5750
新加坡	22000	8250	10100	31100
泰国	10800	4170	5700	16000

数据来源：笔者根据 United Nations Commodity Trade Statistics Database （COMTRADE） 数据库，计算而得 （http：//comtrade. un. org/db/）。

根据定义计算，双边的相对出口，结果如图 5—1。

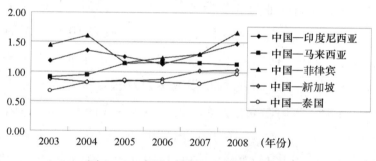

图 5—1　中国与东盟 5 国的相对出口

数据来源：笔者根据 United Nations Commodity Trade Statistics Database （COMTRADE） 数据库，计算而得 （http：//comtrade. un. org/db/）。

（二）出口固定成本

如前文所述，对应于出口国 k 最缺乏效率的企业的生产率水平，从而使得企业在 j 国销售的总利润刚好可以支付进入 j 国的出口固定成本，所以拥有生产率等于门槛值的企业，其企业利润＝出口固定成本。但是所需的各个出口企业利润的数据欠缺，所以只能寻找替代性指标。根据定义，固定成本主要指出口进入成本，其中包含外国市场营销和分销成本，分销机构设置建设、边境通关成本，产品特性本土化以期满足当前消费者需求的修改成本，以及政府制度、规范性等成本。最为贴近的数据是世界银行《全球商业环境报告》（*Doing Business*）中的"跨境贸易"（trading across country）指标。此项指标关注了进口和出口一般标准化货物所需的成本和程序，包括了从两方达成合同协议到交接货物，每一步正规程序，统计总结了完成整个过程所需的时间。具体还包括：进出口商品所需的文件数目；办理进出口商品所有手续所需花费的时间；所有进出口商品手续相关的成本。其中"进出口商品手续相关成本"此项最为接近，但可惜的是"*Doing Business*"数据库开始统计此项指标始于2005年，不足以支撑面板数据的研究。所以，只能选取另一项指标"开办企业"（又称从事商业，stating a business），该指标反映了一个企业家在一国建立和登记新企业需要克服的行政和法规障碍。它研究了开办一家拥有50名员工、法定资本金相当于人均国民收入10倍的工商业企业所涉及的程序、时间和成本。主要指标包括：登记企业所需步骤、每一步骤所需平均时间、每一步骤的正规成本以及法定最低资本金占人均国民收入的百分比。我们选取开办企业的"成本"（cost of income per capita）作为替代性指标，假设一国出口到外国的出口进入成本占人均收入的比例与在外国投资开办企业的成本占人均收入的比例相等。在此假定下，我们认为用"开办企业"成本指标替代"出口固定成本"是具有一定合理性的。根据定义，相对出口固定成本为 i 国出口至 j 国的固定成本除以 j 国出口至 i 国的固定成本，替换了替代性指标，则可以表示为 i 国在 j 国开办企业的成本除以 j 国到 i 国开办企业的成本。

表5—5　　　　　　　　中国—东盟5国的相对"开办企业成本"

	中国—印度尼西亚	中国—马来西亚	中国—菲律宾	中国—新加坡	中国—泰国
2003	1.405	0.271	0.244	0.012	0.073
2004	1.307	0.251	0.195	0.012	0.067

续表

	中国—印度尼西亚	中国—马来西亚	中国—菲律宾	中国—新加坡	中国—泰国
2005	1.017	0.209	0.203	0.011	0.061
2006	0.867	0.197	0.187	0.008	0.058
2007	0.800	0.181	0.268	0.008	0.056
2008	0.779	0.147	0.298	0.007	0.049

数据来源：笔者根据 *Doing Business*（2004—2009）Report，整理计算而得（http://www.doingbusiness.org/）。

（三）相对偏远度指数

根据理论框架推导（5—4）式可知，贸易偏远度指数等于

$$\theta^{-\gamma} = \sum_{k=1}^{M} (Y_k/Y) \times (w_k \tau_{kj})^{-\gamma} \times f_{kj}^{-[\gamma/(\sigma-1)-1]} \qquad (5—13)$$

又因为在推导计量，将模型简化，假设各国工资率水平相同，并且单位价格为1；

$$Y_j = w_j \times L_j$$

$$Y = \sum_{i=1}^{N} w_i \times L_i$$

所以，

$$\theta^{-\gamma} = \sum_{k=1}^{M} (L_k/L) \times (\tau_{kj})^{-\gamma} \times f_{kj}^{-[\gamma/(\sigma-1)-1]} \qquad (5—14)$$

但是其中的可变成本 τ_{kj} 和固定成本 f_{kj} 在实证数据上不可获得，即使存在可替代贸易成本的指标，也不可能再把可变成本和固定成本细致分开。钱学锋（2008）在研究方法上提出，可以采纳 Head 和 Mayer（2003）指出的用贸易自由度来替代贸易成本。按照 Head 和 Mayer（2003）中指出贸易自由度定义为：$\varphi_{ik} = \tau_{ik}^{1-\sigma}$，衡量两国之间贸易的自由化程度，双边的贸易成本越高，双边的贸易自由度越低；Kancs（2007）又将贸易自由度重新定义为：$\varphi_{ik} = \tau_{ik}^{-\gamma} f_{kj}^{-[\gamma/(\sigma-1)-1]}$。相应的，贸易偏远度指数可以重新定义为：$\theta^{-\gamma} = \sum_{k=1}^{M} (L_k/L) \times \varphi_{ik}$。Head 和 Mayer（2003）假定两国之间

存在对称的贸易成本 $\varphi_{ik} = \varphi_{ki}$，并且一国内部的贸易成本为零。[①] 推导了贸易自由度的计算公式：

$$\varphi_{ik} = \sqrt{\frac{E_{ik}E_{ki}}{E_{ii}E_{kk}}} \tag{5—15}$$

其中 E_{ik} 为 i 国至 k 国的出口额（i 国为中国，k 国为东盟 5 国之一）；同理 E_{ki} 为 k 国至 i 国的出口额。E_{ii} 和 E_{kk} 分别表示的是在 i 国和 k 国的国内销售，等于各国的国内生产总值减去各自出口额。根据（5—15）式，通过 UN Comtrade 数据库中获得双边的出口贸易数据，以及 BvD 数据库中各国 GDP 作为各国国内生产总值，计算得出中国—东盟 5 国之间的双边贸易自由度见表5—6。

表 5—6　　　　　　　　中国与东盟 5 国双边贸易自由度 φ_{ik}

贸易自由度/年份	2003	2004	2005	2006	2007	2008
中国—印度尼西亚	2.96	3.51	4.37	4.71	5.25	6.22
中国—马来西亚	8.67	10.54	11.43	13.26	15.65	18.10
中国—菲律宾	3.19	3.80	4.40	4.70	5.33	5.25
中国—新加坡	33.12	33.66	30.10	33.76	35.74	32.33
中国—泰国	6.88	8.66	10.19	11.64	12.95	14.33

数据来源：笔者根据 United Nations Commodity Trade Statistics Database（COMTRADE）数据库的贸易数据计算而得（http://comtrade.un.org/db/），以及 BvD 数据库，EIU 各国宏观经济指标（EIU Countrydata）中各国 GDP 计算而来（http://www.countrydata.bvdep.com/ip）。

由以上的统计数据可以看出，中国—新加坡双边贸易自由化程度最高；从动态发展角度看，自 2003 年中国—东盟自由区正式启动以后，中国与其他四国双边贸易自由化程度有了明显的提高，中—印[②]、中—马、

---

① 钱学锋（2008）指出该假设不太符合现实，一国内部贸易成本为零的假设可能会高估双边贸易自由度。

② 本章简称"印"的国籍均指印度尼西亚。

中—菲、中—泰之间的贸易自由化指数 5 年内翻番，这间接反映出了区域经济一体化的过程实现了贸易成本减少，壁垒削减的效果和作用；作为东盟主要的发展中国家成员国，这四国与中国的双边贸易的自由化进展，成为 CAFTA 主要成果的一部分。

由于假设 $\varphi_{ik} = \varphi_{ki}$，则区域内 6 国两两组合（这样的两两组合可以成为一个 country pair，即国家组合）的双边贸易自由度可以由最初的 30 个，分别为：中—印、印—中、中—马、马—中、中—菲、菲—中、中—新、新—中、中—泰、泰—中、印—马、马—印、印—菲、菲—印、印—新、新—印、印—泰、泰—印、马—菲、菲—马、马—新、新—马、马—泰、泰—马、菲—新、新—菲、菲—泰、泰—菲、新—泰、泰—新，简化至 15 个（中—印、中—马、中—菲、中—新、中—泰、印—马、印—菲、印—新、印—泰、马—菲、马—新、马—泰、菲—新、菲—泰、新—泰），形成了一个双边自由贸易度的矩阵，并且时间跨度从 2003—2008 年。表 5—7 以矩阵形式，展现 2008 年双边自由贸易度，对角线上为空，以对角线为轴，上下对称。从表 5—7 中可以发现，新加坡对区域内其他 5 国的自由贸易度数值较大，作为中国—东盟自由贸易区中唯一的发达成员国，其贸易的开放程度和贸易自由化水平较之其他发展中国家成员具有明显的先进性。

表 5—7 **2008 年双边自由贸易度矩阵①**

	中国	印度尼西亚	马来西亚	菲律宾	新加坡	泰国
中国		6.22	18.10	5.25	32.33	14.33
印度尼西亚	6.22		16.79	2.45	47.13	12.84

① 注：为了计算简便与计算结果易于比较，此处双边贸易自由度作者在计算时，国内销售的单位为十亿美元（billion dollar）；而双边出口额的单位为百万美元（million dollar），表格中数字应为实际双边贸易自由度的 10^3 倍（因为计算过程中包含开方），不过对结果的横向比较、趋势分析没有影响，且有利于后面的偏远度计算和计量分析。

续表

	中国	印度尼西亚	马来西亚	菲律宾	新加坡	泰国
马来西亚	18.10	16.79		10.77	6.71	53.00
菲律宾	5.25	2.45	10.77		22.26	10.40
新加坡	32.33	47.13	6.71	22.25		71.57
泰国	14.33	12.84	53.00	10.40	71.57	

数据来源：根据公式（5—15）经过笔者计算而得。

再根据双边贸易自由度指标计算双边的贸易偏远度，由定义可知，$\theta^{-\gamma} = \sum_{k=1}^{M}(L_k/L) \times \varphi_{ik}$，为双方劳动力之比与贸易自由度乘积的加总。中国及东盟主要贸易伙伴国（菲律宾、马来西亚、泰国、新加坡、印度尼西亚）劳动力数据可以在 BvD 全球宏观指标数据库中直接获得。表5—7 反映了中国和东盟 5 国劳动力数据的统计指标。表5—8 通过劳动力一项数据也反映了中国—东盟自由贸易区内成员国之间的巨大差异性，中国毫无疑问是劳动力储量最多的国家，但是也是人口、劳动力、消费人口最大的国家，标准差最大；马来西亚、新加坡的劳动力数量与中国相差最为悬殊。通过绝对贸易偏远度的计算，把这种国家特征的差异与出口贸易流量相结合，又因为出口贸易宏观汇总数据（aggregate data）与企业异质性系数相关联，最终实现了把企业层面特征转化为贸易伙伴国的国家层面特征。

表5—8　　　2003—2008 年中国和东盟 5 国的劳动力数据统计指标　单位：百万人

国别	平均值	标准差	最小值	最大值
中国	784.5875	17.2876	756.5	807.3
印度尼西亚	105.05	4.449719	98.8	112
马来西亚	10.45	0.434248	9.9	11.1
菲律宾	35.275	1.393608	32.8	36.8
新加坡	2.475	0.231455	2.3	2.9

续表

国别	平均值	标准差	最小值	最大值
泰国	35.725	1.325304	33.8	37.7

数据来源：BvD 数据库—EIU 各国宏观经济指标（EIU Countrydata），http：//www.countrydata.bvdep.com/ip。

计算出中国和东盟 5 国各自的绝对贸易偏远指数；从图 5—2 可以看出，研究范畴界定的 6 国之间绝对贸易偏远指数差异性较大，不具有可比性，不能说因为马来西亚和菲律宾的贸易偏远指数较大，就说明这两个国家对世界其他国家的贸易阻力很大，因为此时研究对象只限定了中国—东盟自由贸易区的区内 6 个成员国，即假设世界只有这 6 个国家；完全忽略了 6 个成员国各自出口的主要其他贸易伙伴国，并且假设 6 国即为世界的简化前提，加大了劳动力系数对贸易偏远度指数的影响力，而劳动力国别的巨大差异也因此会显现在偏远度指数上。如中国贸易偏远度中，劳动力系数为其他各国劳动力除以劳动力加总，然后加权系数的形式与相对贸易自由度系数相乘求和，加权求和的系数比明显小于东盟 5 国，所以图中显示的贸易偏远度最小。为了避免这一误差，在计量模型推导过程中，采用相对贸易偏远度来替代绝对贸易偏远度，解决劳动力内生的问题。

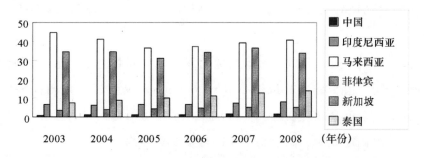

图 5—2 中国与东盟 5 国绝对贸易偏远度

数据来源：根据 BvD 数据库—EIU 各国宏观经济指标（EIU Countrydata），http：//www.countrydata.bvdep.com/ip，笔者计算而得。

再分别用东盟5国的绝对贸易偏远指数与中国的绝对贸易偏远指数相除，得到双边相对贸易偏远指数，作为计量模型中的解释变量之一。

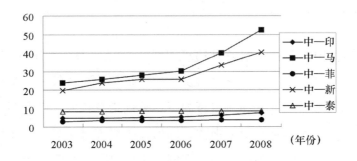

图5—3　中国与东盟5国相对贸易偏远度

数据来源：根据公式 $\theta^{-\gamma} = \sum_{k=1}^{M} (L_k/L) \times \varphi_{ik}$，笔者计算而得。

三　面板模型的回归分析及模型检验

以上经过处理的数据为5截面（中国对东盟5国），6时间段（2003—2008）的均衡面板（balanced panel）形式，根据计量方程

$$\ln\,(RELAEXPO) = c + \beta_1\ln\,(RELAFIXC) + \beta_2\ln\,(RELAREMOTE) + \mu$$

$$(5—16)$$

以出口固定成本和贸易偏远指数为解释变量对相对出口进行面板数据的回归分析。由于样本容量较小（$5 \times 6 = 30$）；又由于为均衡面板形式，所以考虑采取混合效应模型。计量试验过程中也考虑到是否存在个体固定效应和时点固定效应，做出了如下的计量试验结果。

表 5—9　　　　　　　　　　　　时点固定效应计量结果

解释变量	系数	标准差	T 统计量	P 值
C	− 1. 111552	0. 555177	− 2. 002157	0. 0577
log（RELAFIXC）	− 0. 362881	0. 146989	− 2. 468762	0. 0218
log（RELAREMOTE）	− 0. 039561	0. 260741	− 0. 151727	0. 8808
Fixed Effects（Period）				
2003—C	− 0. 061981			
2004—C	− 0. 057597			
2005—C	− 0. 134083			
2006—C	− 0. 170584			
2007—C	− 0. 155290			

R^2 = 0. 319908　调整后的 R^2 = 0. 103515　F 统计量 = 1. 478365　DW 统计量 = 0. 431432

表 5—10　　　　　　　　　　　　个体固定效应计量结果

解释变量	系数	标准差	T 统计量	P 值
C	− 1. 659527	0. 681573	− 2. 434849	0. 0231
log（RELAFIXC）	− 0. 525428	0. 155365	− 3. 381896	0. 0026
log（RELAREMOTE）	0. 047079	0. 175905	0. 267638	0. 7914
Fixed Effects（Cross）				
INDO—C	− 0. 729117			
MYLA—C	0. 728117			
PHLI—C	1. 153891			
SIGA—C	− 1. 038916			
THAI—C	− 0. 113975			

R^2 = 0. 840912　调整后的 R^2 = 0. 799411　F 统计量 = 20. 26238　DW 统计量 = 1. 732943

实证结果表 5—9、表 5—10 显示，个体固定效应和时点固定效应模型中相对贸易偏远度指数的系数在 0. 05 的显著性水平下都不显著，T 统计量 < 2，并且在时点固定效应模型中，其系数与理论模型预期的符号相反，所以选用这两个固定效应模型有所不妥。但值得注意的是，在

个体固定效应的模型中，选取的回归方法是广义最小二乘法 GLS（Generalized Least Squares），而非普通最小二乘法（OLS）；选择的权重（weight）由时点固定效应模型的等权估计（no weighting）变为按横截面的权重（cross section weights），依照以横截面模型残差的方差为权数，克服了横截面数据（cross section data）的异方差，从实证结论上看，模型的拟合度 R^2 和调整的 R^2 都有了明显提高，说明此时模型的描述更加贴近现实情况；并且 DW 统计量更加接近 2，消除了自相关性，F 统计量通过检验，在统计水平上显著。综上所述，实证模型选取混合面板（pooled panel），回归方法选择广义最小二乘法 GLS，以消除自相关和异方差因素。

表5—11　　　　　　　　　混合效应模型计量回归结果

被解释变量：LOG（RELAEXPO）				
方法：混合广义最小二乘法 Pooled EGLS（Cross-section SUR）				
样本时间跨度：2003 2008				
包含的观测时间段（observations）：6				
横截面数据（Cross-sections）个数：5				
解释变量	系数	标准差	T 统计量	P 值
C	−0.99	0.112	−8.887	0.0000
log（RELAFIXC）	−0.36	0.027	−13.186	0.0000
log（RELAREMOTE）	0.08	0.014	5.936	0.0000
R^2	0.941	F 统计量		215.269
调整后的 R^2	0.937	DW 值		2.040

模型中回归方法选择的是广义最小二乘法，其中权重（weight）选择为横截面的似不相关（Cross section SUR），似不相关回归的方法是利用横截面模型残差的协方差进行广义最小二乘法估计，可以更好地修正横截面中出现的异方差和短期自相关。模型解释变量的回归系数在 0.01 的显著

性水平上都十分显著，且固定成本和贸易偏远度指数的系数与理论模型的预期方向相一致。R^2和调整后的R^2显示了模型较好的拟合度。DW 统计值用于检验不同样本数据之间的相关性，该统计量越接近 2，说明混合面板数据之间的相关性越弱；如果该统计量显著偏离 2，则说明存在较强相关性。实证结果 DW 值 = 2.040，十分理想，模型不存在自相关性的误差。F统计量显著，表明了模型是显著的。

利用 Wald 统计量检验，检验常数项、固定出口成本和贸易偏远度指数三项的系数是否同时为零。假设检验：

原假设 $H_0: c = \beta_1 = \beta_2 = 0$

备则假设 $H_1: c, \beta_1, \beta_2$ 不同时为零。

	Wald Test:		
检验统计量	统计值	自由度	P 值
F 统计量	177.5143	(3, 27)	0.0000
Chi-square	532.5428	3	0.0000

此检验结果表明，F 统计量和 LR 统计量显著，相应的 P 值都小于 0.05，说明两项统计量都处于相应的临界值右边，拒绝原假设，接受备则假设，常数项 C 和 β_1、β_2 不可能同时为零，系数通过了检验。

同时，为了避免虚假回归现象，也对数据的平稳性做了单位根检验。所谓虚假回归（spurious regression）是指，一些非平稳的时间序列表现出共同的变化趋势，对这些数据进行回归，存在较高的 R^2，但由于这几种变量之间不存在因果关系，回归结果没有任何实际意义。依次对相对出口、相对固定成本和贸易偏远度指数三个变量做单位根检验。

表5—12　　　　　　　　被解释变量相对出口变量的单位根检验结果

Sample：2003—2008				
Series：RELAEXPOINDO, RELAEXPOMYLA, RELAEXPOSIGA,				
RELAEXPOPHLI, RELAEXPOTHAI				
Balanced observations for each test				
方法	统计量	P 值	横截面	样本量
Null：Unit root（assumes common unit root process）				
Levin, Lin & Chu t	−4.89339	0.0000	5	30
Null：Unit root（assumes individual unit root process）				
Im, Pesaran and Shin W-stat	−7.76459	0.0000	5	30

　　被解释变量的单位根检验考察 LLC 和 IPS 统计量。其中 LLC 针对的是相同根单位根检验，为左单端检验 LLC 值小于 0.05 显著性水平下的临界值，所以序列平稳，不存在单位根；IPS 是允许面板中不同个体的系数不同，对小样本的检验水平更高。[1] IPS 为左单端检验，统计量 −7.76459 小于 0.05 显著性水平下的临界值 −2.19（此时 N = 5，T = 20，只包含漂移项），所以序列平稳不存在单位根，与 LLC 统计量检验结论一致。

表5—13　　　　　解释变量相对固定成本序列的单位根检验结果

Sample：2003—2008				
Series：FIXCOSTINDO, FIXCOSTMYLA, FIXCOSTPHLI,				
FIXCOSTSIGA, FIXCOSTTHAI				
方法	统计量	概率	横截面	样本量
Null：Unit root（assumes common unit root process）				
Levin, Lin & Chut*	−98.0818	0.0000	5	30
Null：Unit root（assumes individual unit root process）				
Im, Pesaran and Shin W-stat	−13.3807	0.0000	5	30

---

　　[1]　Im, Pesaran and Shin, "Testing for Unit Roots in Heterogenous Panels", *Jounal of Econometrics*, Vol. 115, 1995, pp. 53 – 74.

考查相对固定成本序列的平稳性，依照 LLC 和 IPS 的统计指标，得到以上相似的结论，不再赘述，此序列平稳，不存在单位根。

表5—14 解释变量相对贸易偏远指数的单位根检验结果

方法	统计量	概率	横截面	观测值
Sample：2003—2008				
Series：REMOTEINDEXINDO, REMOTEINDEXMYLA,				
REMOTEINDEXPHLI, REMOTEINDEXSIGA, REMOTEINDEXTHAI				
Null：Unit root（assumes common unit root process）				
Levin, Lin & Chut*	−6.63487	0.0000	5	30
Null：Unit root（assumes individual unit root process）				
Im, Pesaran and Shin W-stat	−3.96680	0.0000	5	30
ADF - Fisher Chi-square	26.8174	0.0028	5	30
Null：No unit root（assumes common unit root process）				
Hadri Z-stat	3.50909	0.0002	5	30

其中 Z_t 统计量 0.05 显著性水平下的临界值为 6.46，检验结果 Z_t 统计量 3.50909 < 临界值，落在原假设的拒绝域；考查其他主要统计量指标，LLC 和 IPS 统计量均在 0.05 显著性水平下显著，贸易偏远度指数不存在单位根，具有平稳性。

依照以上各项检验通过并成立的结论，混合面板计量模型的构建合理且计量结果成立。

四 结果分析及模型预测

根据模型最初设定 RELAREMOTE 的系数 β_2 即为企业异质性参数 γ，而相对固定成本 RELAFIXC 的系数为 $1 - \dfrac{\gamma}{\sigma - 1}$。因此，根据模型估计结果计算相应的系数：企业异质性参数为 0.08，差异商品之间的边际替代率 σ 为 1.059。根据模型最初推导的原理来看，企业异质性参数 γ 与企业的异质性负相关，γ 越小，企业的差异性越大，更多的产出和出口集中于少数规模大、生产效率高的企业，扩展性贸易边际（即更多新厂商的进入、更多新产品的贸易双重作用）越小。这样的系数说明了在中国—东盟自由贸易区（CAFTA）框架下，中国对东盟主要 5 国出口的贸易增长中，扩展性贸易边际所占的比重，其贡献率比较低；自贸区范围内，中国出口的主要增长还是依靠集约性贸易边际，即主要是依赖原来的贸易商品种类和原有的出口厂商数量上的扩张，形成了出口贸易总额的增长；但新厂商的进入和贸易新品种对贸易增长的贡献度极小。与世界其他地区的经验结果相比较，中国—东盟自由贸易区框架下中国出口的 γ 系数最小。Kancs（2007）以东南欧国家（South Eastern Euorpe，SEE）的主要国家（包括阿尔巴尼亚、玻利维亚、保加利亚、克罗地亚、马其顿、罗马尼亚、塞尔维亚和黑山共和国以及 2002 年加入的摩尔多瓦）为样本，验证了巴尔干半岛自由贸易区（Balkans Free Trade Area，BFTA）建成后扩展性贸易边际对区域内贸易增长的"触发启动"作用（Trigger）。计量试验结果证实阿尔巴尼亚（ALB）、玻利维亚（BIH）、保加利亚（BUL）、克罗地亚（CRO）、马其顿（MKD）、罗马尼亚（ROM）、塞尔维利亚和黑山共和国（SCG）摩尔多瓦的 β_2 系数分别为 4.009、7.602、3.391、3.849、6.445、3.015、3.346、4.174，均大于 1，说明在 BFTA 范围内企业异质性差异小，扩展性贸易边际对区域内贸易增长的贡献率较大。钱学锋（2008）选取中国主要出口目的国为样本，研究了 2003—2006 年，中国出口至美国、德国、日本、澳大利亚、韩国、印度和俄罗斯的贸易增长，其中面板数据回归系数 β_2 为 0.377，显然也大于本书研究结论中的 0.08，与中国出口至主要发达国家贸易伙伴国的贸易增长现状相比，扩展性贸易边际在中国对东盟 5 国的贸易增长中，所占份额更低，更多的 CAFTA 区域内贸易扩张来源于规模更大、生产效率更高的大型企业，新企业和新贸易种类在自贸区成立和逐步实现的 5 年中对贸易增长的贡献率也是很低的，实验结论与我们对数据统计分析的结论是一致的。

根据（5—9）式，

$$E_{ij} = \alpha \frac{L_i L_j}{L} \left(\frac{\theta_i}{\tau_{ij}} \right)^{\gamma} f_{ij}^{1 - \frac{\gamma}{\sigma - 1}} \tag{5—17}$$

参照以上回归结果，γ 为 0.08，σ 为 1.059。根据上式可以估计出固定成本 f_{ij} 变化和可变成本 τ_{ij} 变化对贸易总量增长的变化。再根据最初对集约性贸易边际和扩展性贸易边际的分解定义公式，

$$X_{ij} = \lambda_E \frac{L_i L_j}{L} \left(\frac{\tau_{ij}}{\theta_d} \right)^{-\gamma} f_{ij}^{-\frac{\gamma}{\sigma - 1}} \tag{5—18}$$

$$e_{ij} = \lambda_3 \left(\frac{L_d}{L} \right)^{\frac{\sigma - 1}{\gamma}} \left(\frac{\tau_{ij}}{\theta_i} \right)^{1 - \sigma} \varphi^{\sigma - 1} \tag{5—19}$$

可以根据商品弹性和企业异质性参数分别测算出可变贸易成本与出口固定成本变化对二元边际的影响。

表5—15　　　贸易成本变化对贸易总额增长和二元边际的影响预测

	可变贸易成本 τ_{ij} 下降10%	出口固定成本 f_{ij} 下降10%	τ_{ij} 和 f_{ij} 均下降10%
贸易总量 E_{ij}	0.838	3.821	4.74
扩展性贸易边际 X_{ij}	0.838	7.48	16.33
集约性贸易边际 e_{ij}	0.623	0	0.623

数据来源：笔者计算而得。①

---

① 计算方法，设初始贸易成本为 τ_0、f_1 代入（5—9）、（5—18）、（5—19），计算得出最初 E_{ij}^0、X_{ij}^0 和 e_{ij}^0，按照假设下降10%，将下降后的 τ_1、f_0 代入（5—9）、（5—18）、（5—19），计算得出 E_{ij}^1、X_{ij}^1、e_{ij}^1，而后两者相减得出增长的差额。

假定 CAFTA 在 2010 年完全建成，双边关税递减，贸易成本有所下降；我们假设发生三种情景：（1）可变贸易成本实现了 10% 的下降，固定成本不变；（2）可变贸易成本不变，固定成本实现 10% 的下降；（3）两种贸易成本都下降 10%。

由以上预测可以发现，贸易成本的下降可以推动中国对东盟 5 国出口贸易总量以及集约和扩展性贸易边际的增长，特别是出口固定成本的下降，如果可以在中国—东盟自由贸易区内实现较最初水平 10% 的下降，就可以对中国出口至区内主要 5 个贸易伙伴国的贸易总额产生 3.821% 的促进作用，对扩展性贸易边际的促进作用更加明显，预计可以增长 7.48%，根据（5—6）式可以看出，集约性贸易边际，即单一企业的出口额或单一出口商品种类的数量增长不依赖于出口固定成本。尽管单一的可变贸易成本的下降，对贸易的促进作用不明显，但是两种贸易成本均下降，对出口贸易总量的拉升作用明显，特别是对扩展性的贸易边际预计会产生 16.33% 的促进作用，贸易成本的下降推动了更多的中国企业对东盟出口，并且出口的商品种类有所增加，扩展性贸易边际在贸易增长中的贡献率有所提升。可见，自贸区的完善，区域内关税递减，边境通关成本降低，减少了企业出口固定成本，中国在东盟国家建立分销渠道、市场营销的便利性提高，东盟政府制度和规范性的改进，对中国对东盟的出口产生了促进作用，特别是吸引了更多的中国企业对东盟出口，新企业的加入和新贸易品种的增多，对扩展性贸易边际促进作用最为显著。另外，预测结果可以发现，可变贸易成本和固定贸易成本的下降对集约性贸易边际，即已有企业的出口量的拉动作用甚微，预测增长幅度不足 1%，这是因为自 2002 年至 2008 年，中国—东盟自由贸易区已经启动了关税递减措施，集约性贸易边际拉动作用已经在自贸区成立初期显现，随着自贸区后期的逐步成熟，边际增长性减弱；并且中国东盟的地缘优势，企业运输成本下降，"冰山型"可变贸易成本的减少对扩大现有出口企业的出口增长作用并不明显。经过以上的分析得出结论：中国—东盟自由贸易区 2010 年正式启动之后的贸易增长应当主要依靠扩展性贸易边际作用，吸引更多的中国企业向东盟（主要为印度尼西亚、马来西亚、菲律宾、新加坡、泰国 5 国）出口，增加新的贸易品种和种类；而双边框架协议下的削减非关税贸易壁垒、减少行政干预和完善投融资体制等手段，减少出口的固定成本，是实现扩展性贸易边际增长的主要途径。

◇◇ 第二节　中国—东盟自由贸易区贸易增长二元边际的决定因素

上一节中，我们利用企业异质性的贸易模型，将贸易增长细分为集约性贸易边际和扩展性贸易边际的前提下，对中国—东盟自由贸易区框架下，中国与东盟国家（主要东盟 5 国伙伴国）的双边贸易增长进行了实证经验研究。研究结果表明，自贸区框架构建过程中，中国出口至东盟 5 国的出口增长主要源于集约性贸易增长，企业异质性参数较小，依靠已出口的企业进行量的扩张；而自贸区成立后对扩展性贸易边际的影响作用，由于时间尚短，并未凸显，从理论上分析并预测，自贸区成立后贸易成本的下降会对区内的扩展性贸易边际的扩大起到积极作用。在本节的研究中，基于以上理论及经验的验证和预测，将区内双边的贸易增长，从数据处理上，细化为集约性贸易边际和扩展性贸易边际，与上一节根据企业异质性参数的经验结果进行推定结论的方法相比，更加前沿；并且在理论基础上，对贸易增长的二元边际各自的影响因素做出了实证验证。

一　数量模型的推导及方法说明

理论模型，本节仍选用（4—19）式，

$$E_{ij}^{\ m} = \alpha_m \times \frac{Y_i \times Y_j}{Y} \times \left(\frac{w_i \tau_{ij}^{\ m}}{\theta_j^{\ m}}\right)^{-\gamma_m} \times f_{ij}^{\ -[\gamma_m/(\sigma_m-1)-1]} \qquad (5—20)$$

依据 Chaney（2008）的研究，此模型将引力模型进行了一般化拓展，纳入了企业异质性和固定成本。$E_{ij}^{\ m}$ 代表 m 部门的企业从 i 国出口到 j 国的出口量；Y_i 和 Y_j 代表了出口国和进口国的经济规模，w_i 代表劳动生产率，$\tau_{ij}^{\ m}$ 和 f_{ij} 代表贸易的可变成本和固定成本，$\theta_j^{\ m}$ 代表多边阻力；以上的基本变量和含义与上一节的分析保持一致。根据企业异质性贸易模型，可以将 $E_{ij}^{\ m}$ 分解为集约性贸易边际和扩展性贸易边际。

对上式左右两边求导，即可得到计量模型：

$$\ln INMG_{ij}^m = c + \beta_1 \ln Y + \beta_2 w_i + \beta_3 \tau_{ij} + \beta_4 f_{ij} + \beta_5 \ln\theta_{ij} + \beta_6 z + \varepsilon \quad (5—21)$$

$$\ln EXMG_{ij}^m = c + \beta_1 \ln Y + \beta_2 w_i + \beta_3 \tau_{ij} + \beta_4 f_{ij} + \beta_5 \ln\theta_{ij} + \beta_6 z + \varepsilon \quad (5—22)$$

其中 INMG 和 EXMG 为细分的二元边际数据；变量 z 设定为虚拟变量，目的是考察自由贸易区的构成对二元边际的影响效应；ε 为残差；其他变量的解释同上。

但值得注意的是，由于将贸易增长细化为二元边际，则会产生针对零点贸易（zero trade）的处理难点。钱学峰（2009）对中国与主要 9 个出口贸易伙伴国（export trade partners）的研究分析中采用了 Tobit 模型的方法对零点贸易进行了有效的解释。Tobit 模型适用于这种在正值连续分布，但以正概率取零值的数据结构，符合我们的数据特点：解释变量的观测值是连续的，但是受到某种限制，得到的观测值并不完全反映被解释变量的实际状态。Tobit 估计可以确保无偏、一致的估计，Tobit 模型事实上是 probit 模型的推广，在严格为正值的时候大致连续，但是有相当部分取值为 0。Tobit 模型也可以称为受限或截断回归模型（Censored Regression Models）。实证中采用潜在变量回归模型：

$$y_{it}^* = x_{it}\beta + \xi_i + \mu_{it} ,\qquad\qquad (5—23)$$

其中模型中的 y_{it}^* 为隐性变量（latent variable），其满足经典线性假设，服从具有线性条件均值的正态同方差分布。

其中，

$$y = \begin{cases} y^* , & \text{当 } y^* > \tau \\ 0 , & \text{当 } y^* \leqslant \tau \end{cases} \qquad\qquad (5—24)$$

Tobti 模型采用最大似然估计法来估计参数，其运算结果与 OLS 方法所得的差异不大，但对参数的解释与 OLS 则截然不同。Tobit 模型参数的解释为：估计了解释变量 x 对 y^* 的效应，而不是原被解释变量 y，无法直接解释参数。Tobit 模型中，偏效应（marginal effects）与所有的解释变量及所有的参数有关。所以通过计算模型的偏效应来得到效应的系数及其包含的经济含义。[①] 并且钱学锋（2009）的经验分析中，采用了 LN（1 + X）数据处理方法并代入计量方程，保证零点贸易数据没有被丢失。

而本书由于解释变量数据（包括可变贸易成本和不变贸易成本，特别是企业和产品层面的劳动生产率）缺乏 HS 编码分类的细分数据（disaggregate data），特别是东盟新成员国（老挝、缅甸、柬埔寨等）的数据，所以不能沿用 Tobit 模型的思路；本书仍采取面板模型进行回归分析。针对贸易数据细分，将集约性贸易边际和扩展性贸易边际根据 HS 6 位码——筛选，而后对两类贸易边际分别累加（aggregate data），再分别对其影响因素和影响效应进行回归的定量分析。

---

① Wooldbridge, Jeffery, *Econometric Analysis of Cross Section and Panel Data*, Cambridge：2002，pp. 517 – 520.

表5—16（a）　　　　　　　　　解释变量及预期符号

变量		含义	预期符号判断	原因解释
被解释变量	lnINMG	—	—	—
解释变量	lnY	出口目的国经济规模（GDP 及人均 GDP）	+	源于经典引力模型，双边贸易流量与经济规模呈正比
	lnLPRO	出口目的国劳动生产率	－	出口目的国的劳动生产率越高，吸引出口国的企业进入市场的数量越少
	lnDIST	i 国和出口目的国 j 国之间的距离（首都距离），衡量双边可变成本	－	源于经典引力模型
	lnFIXCOST	双边的相对经济开放程度衡量双边贸易固定成本	－	同上
	FTA	区域经济一体化与否	+	同第一节分析结论
	MR	相对贸易偏远度	+	与其他国家的贸易阻力越大，越有利于与特定伙伴国之间的双边贸易

表5—16（b）　　　　　　　　　解释变量及预期符号

变量		含义	预期符号判断	原因解释
被解释变量	lnEXMG	—	—	—
解释变量	lnY	出口目的国经济规模（GDP 及人均 GDP）	－	经济规模越大，进入市场成本越高，新产品和新厂商进入障碍
	lnLPRO	出口目的国劳动生产率	－	出口目的国的劳动生产率越高，吸引出口国的企业进入市场的数量越少
	lnDIST	i 国和出口目的国 j 国之间的距离（首都距离），衡量双边可变成本	－	代表可变贸易成本，距离越远，贸易成本越高，扩展的贸易边际增长越少
	lnFIXCOST	双边的相对经济开放程度衡量双边贸易固定成本	－	固定成本的下降更加明显地促进扩展性贸易边际
	FTA	是否为自贸区成员的虚拟变量	+	自贸区的构成有利于双边贸易增长
	MR	相对贸易偏远度	+	与其他国家的贸易阻力越大，越有利于与特定伙伴国之间的双边贸易

二　样本选择和数据来源

分别对计量方程（5—21）、（5—22）进行回归，在样本选择上，我们选取了中国—东盟自由贸易区内东盟的 9 个国家，其中包括：柬埔寨、印度尼西亚、老挝、缅甸、菲律宾、新加坡、泰国、越南，不包括文莱，这主要是由于数据的缺失。由表 5—17 可以清晰看出，中国与文莱之间的双边贸易占中国—东盟贸易的比重较小，尽管样本中不包含文莱，但对最终的研究结果不会产生巨大偏离和误差。

表 5—17　　　　　　　　中国对文莱出口占对外贸易的比重　　　　　单位:%

年份	中国对文莱出口占总出口的比重	中国对文莱出口占对东盟总出口的比重
2004	0.9	10
2005	0.8	9
2006	0.13	13
2007	0.12	12
2008	0.12	12

数据来源：笔者根据 United Nations Commodity Trade Statistics Database（COMTRADE）数据库（http：//comtrade.un.org/db/，及 ASEAN STATASTIC YEARBOOK，http：//www.aseansec.org/macroeconomic/yearbook.htm）计算而得。

另外，二元边际决定因素模型在样本上扩大至中国对东亚的主要贸易伙伴国家/地区，包括日本、韩国、印度和中国香港，便于考察自贸区成立后对内对外二元边际的效应影响。在样本选择考量上，台湾地区最终被排除在外，并不是由于其在中国对外贸易出口中地位次要，而是由于技术性的障碍：联合国 COMTRADE 数据库中，台湾地区的贸易统计数据被包含在中国的数据之内，无法独立获得；CEPII BACI 的主要数据也源于

COMTRADE，因此也存在同样的问题。因此，最终的样本范围确定为 13 国，即东盟 9 国加东亚 4 国。贸易数据采用的是中国出口至此 13 国的双边贸易流量数据。

在时间跨度的选择上，由于采用面板方法，也需综合考虑各个解释变量和被解释变量的统一协调；选择的时间跨度为 2002—2007 年，这符合本书所需考察自贸区效应的预期；同时，从技术支持和可获得数据上看，CEPII BACI 贸易细分数据库样本从 2001—2008 年，本文中选择 2001 年为基期，随后各个年份与之比较，筛选、辨别出二元边际，从而样本时间为 2002—2007 年。

以下对解释变量和被解释变量的数据来源和数据处理作出解释。

（一）二元贸易边际数据

正如在现状分析中看到，中国—东盟自由贸易区框架下中国出口贸易增长具有二元边际的现实。根据定义，集约性贸易边际主要体现在出口商品量上的增长，为已有的出口企业对现有的出口市场出口的商品在量上有所增长，如中国出口至菲律宾的玩具从 100 万美元增加至 200 万美元。扩展性贸易边际的定义较为宽泛，会有不同层面的体现：已有出口企业对现有出口市场出口商品种类的扩展，如期初中国对菲律宾的出口没有玩具类，而期末，出口种类增加，玩具类商品成为出口贸易品；从事出口企业数量上的扩展，新加入出口的企业为扩展性贸易边际在企业层面的体现；与其他国家建立新的贸易伙伴关系（country-pair），在多边分析框架下这点尤为重要，如考察期初中国与文莱在某一贸易商品上并无出口，而期末此种贸易商品的出口实现了零的突破，出口量由零（zero trade）变为正。① 由于本书研究范围限定为中国—东盟自由贸易区框架下的贸易增长，因此扩展性贸易边际在国家层面上的体现被弱化了，新贸易伙伴关系

---

① Helpman 等（2008）、Felbermayr 和 Kohler（2006）中将扩展性贸易边际的研究侧重于对出口国建立新的贸易伙伴关系的研究。

（country-pair）对贸易增长的贡献甚微；又因为中国出口的企业层面数据限制，针对企业个体的出口规模和出口（数量）变化、出口企业商品种类以及单个企业的劳动生产率变化等不可获得性，因此本书对扩展性贸易边际定义和研究采用 Hummels 和 Klenow（2005）中的定义，在对贸易总量进行分解后强调扩展性贸易边际是出口产品种类的增加。

数据选取了 CEPII BACI 数据库按照 HS 92 分类的 HS 6 位码 2001 年至 2007 年的贸易细分数据。需要指出的是 6 位编码的分类标准可能会忽略一些贸易产品种类的变化，可能会引起扩展性贸易边际测算的低估，一些更为子集的贸易品种类别发生了变化，但是 6 位编码不能捕捉到；但由于数据获取的限制，本书的研究忽略 6 位编码以下商品种类变化。按照钱学锋、熊平（2009）的研究表明，针对细分贸易数据，集约性贸易边际和扩展性贸易边际可以沿用 Amurgo-Pacheco 和 Pierola（2008）的定义。集约性贸易边际为期初已经贸易的产品，考察期末继续出口至已有出口市场而发生的量的变化。$X^i_{ab-1995}$ 表示 i 类产品 1995 年从 a 国出口至 b 国的出口量，$X^i_{ab-2005}$ 表示 i 类产品 2005 年从 a 国出口至 b 国的出口量，那么假设 1995 年 t_0 考察期初，2005 年为 t_1 期末，那么

$$IX^i_{ab-2005} = X^i_{ab-2005} - X^i_{ab-1995} \tag{5—25}$$

即为 2005 年 a 国出口至 b 国 i 产品的集约性贸易边际；如果 a 国出口至 b 国共有 M 种贸易商品种类，那么

$$IX_{ab-2005} = \sum_{i=1}^{M} IX^i_{ab-2005} \tag{5—26}$$

即为 2005 年从 a 国出口至 b 国的集约性贸易边际。

扩展性贸易边际定义为"新产品老市场"，即过去没有出口的产品出口至已有的贸易伙伴国市场。如果 $E^j_{ab-1995} = 0$，即期初 1995 年 j 品种商品由 a 国出口至 b 国的数量为 0，而 $E^j_{ab-2005} \neq 0$，即期末 2005 年 j 品种的商品发生了贸易，由 a 国出口至 b 国，那么

$$EX^j_{ab-2005} = E^j_{ab-2005} - E^j_{ab-1995} \tag{5—27}$$

表示的是 j 类产品扩展性贸易边际，如果从与 1995 年对比，从 a 国出口至 b 国共有新增贸易品种类 N 种，那么扩展性贸易边际即为：

$$EX_{ab-2005} = \sum_{j=1}^{N} EX_{ab-2005}^{j} \qquad (5—28)$$

运用 Access 和 Stata 软件进行双边贸易细分数据处理，刻画描述中国出口至东盟伙伴国的二元边际现状。缺失了中国出口至文莱的数据，分别研究了中国出口至柬埔寨（Cambodia）、印度尼西亚（Indonesia）、老挝（Laos）、马来西亚（Malaysia）、菲律宾（Philippine）、新加坡（Singapore）、泰国（Thailand）、越南（Vietnam）9 国的二元边际情况。第一步，运用 Access 数据处理软件，"按照窗体筛选"筛选出中国与东盟 9 国的双边贸易细分数据，其中 i = 156，j = 116、360、418、458、104、608、702、764、704，这些编码为 UNCTAD COMTRADE 数据中对国家的统一编码，CEPII BACI 也采用了相同的国家编码。本书研究选用 2001 年为基期 t_0，时期跨度 2002—2007 年。以 2001 年的 HS 6 位编码划分为基础的商品种类为基础，依次与 2002—2007 年各年数据分别比较，该产品仍然由中国出口至东盟国家，则其商品价值和进出口数量就累加计入集约性贸易边际；如果随后几年没有此种类商品贸易，则出口值为 0。扩展性贸易边际的筛选方法为，以 2001 年没有而 2007 年发生贸易的种类为基准，与 2002—2006 年的贸易种类依次做比较，判断是否发生中国出口至东盟国家的该种商品贸易，如果有则累加计入扩展性贸易边际；如果没有发生贸易，则出口值为 0。第二步，用 Stata 软件中的 Merge 功能选项，完成基期与后期依次年份的贸易种类比较。根据定义和数据筛选要求，选择 Merge 为 1∶1，即根据关键变量（此时的筛选变量为 HS CODE）选择主数据库（Master one）与选择对比辅数据库（Using one）的"一对一"合并，并根据显示结果加以区分。根据 HS CODE 这一关键变量，如果 Master 和 Using 中均出现的，变量赋于 Merge_ 3，这时此类商品归类为集约性贸易边际；如果只有 Master 中包括而 Using 中未出现，变量赋予 merge_ 1，同理，只有 Using 中包括而 Master 中未出现，变量赋予 merge_ 2，此时这类商品归类为扩展性贸易边际。表 5—18 为作者根据 CEPII BACI 数据库整理得出的中国对东盟 9 国出口贸易二元边际的现实描述。

表 5－18（a）　　　　　　　中国—缅甸双边的贸易二元边际现状

	扩展性贸易边际			集约边际成本		
	价值 （百万美元）	数量 （百万美元）	商品种类 （个）	价值 （百万美元）	数量 （百万美元）	商品种类 （个）
2001—2002 年	63878. 77	219. 736	675	483729	972. 466	1492
2001—2003 年	68276. 9	224. 151	598	471043. 6	995. 5159	1437
2001—2004 年	72203. 79	357. 4368	675	475195. 4	485411. 8	1417
2001—2005 年	116246. 8	110624. 5	710	475355	501613. 5	1420
2001—2006 年	134144. 4	179514. 7	715	473655. 9	12315. 36	716
2001—2007 年	154190	651. 817	833	452971. 9	910. 0185	1457

表 5—18（b）　　　　　　　中国—柬埔寨双边的贸易二元边际现状

	扩展性贸易边际			集约边际成本		
	价值 （百万美元）	数量 （百万美元）	商品种类 （个）	价值 （百万美元）	数量 （百万美元）	商品种类 （个）
2001—2002 年	11117. 2	4816. 33	439	250152. 6	176182. 8	1387
2001—2003 年	16343. 4	6089. 66	442	242425. 3	5417. 801	1337
2001—2004 年	58858. 1	26836. 7	553	240528	2361. 482	1343
2001—2005 年	43955. 25	19437. 99	364	232051. 5	141004. 4	1112
2001—2006 年	40396. 8	2675. 149	465	190767. 4	1969. 529	1169
2001—2007 年	81518. 5	1268. 697	435	236503. 8	3675. 858	1282

表5—18 （c）　　　中国—印度尼西亚双边的贸易二元边际现状

	扩展性贸易边际			集约边际成本		
	价值 （百万美元）	数量 （百万美元）	商品种类 （个）	价值 （百万美元）	数量 （百万美元）	商品种类 （个）
2001—2002 年	47817.44	88.15043	413	2247655	29200.08	3433
2001—2003 年	92411.28	127115.7	514	2237682	4800135	3416
2001—2004 年	194663.2	372012.8	640	2227929	4782376	3414
2001—2005 年	279678.2	546411.5	613	2197048	4433599	3469
2001—2006 年	285445.7	470796.3	667	2230219	4533380	3577
2001—2007 年	626087.7	1075328	689	2236771	4734863	3429

表5—18 （d）　　　中国—老挝双边的贸易二元边际现状

	扩展性贸易边际			集约边际成本		
	价值 （百万美元）	数量 （百万美元）	商品种类 （个）	价值 （百万美元）	数量 （百万美元）	商品种类 （个）
2001—2002 年	5358.002	1891.081	228	46316.93	17680.14	221
2001—2003 年	14456.3	6601.47	315	45957.5	16031.88	235
2001—2004 年	3569168	5708388	3443	53161.2	20109.66	510
2001—2005 年	28256.64	13296.3	554	47112.7	15543.46	278
2001—2006 年	8232586	7736268	3682	53440.01	14258.47	517
2001—2007 年	10612398	9153540	3738	53975.95	20237.45	522

表5—18 （e）　　　中国—马来西亚双边的贸易二元边际现状

	扩展性贸易边际			集约边际成本		
	价值 （百万美元）	数量 （百万美元）	商品种类 （个）	价值 （百万美元）	数量 （百万美元）	商品种类 （个）
2001—2002 年	34777.43	67716.66	335	3615344	5464297	3483

续表

	扩展性贸易边际			集约边际成本		
	价值 （百万美元）	数量 （百万美元）	商品种类 （个）	价值 （百万美元）	数量 （百万美元）	商品种类 （个）
2001—2003 年	44522.8	51263.79	388	3614532	5322779	3528
2001—2004 年	4574.53	2529.53	37	1657731	803716	3672
2001—2005 年	185500.7	172342.2	545	3602951	5098298	3566
2001—2006 年	247510.2	364006.9	598	3609321	5256316	3593
2001—2007 年	398848.7	400546.4	655	3632400	5439921	3605

表5—18（f）　　　　中国—菲律宾双边的贸易二元边际现状

	扩展性贸易边际			集约边际成本		
	价值 （百万美元）	数量 （百万美元）	商品种类 （个）	价值 （百万美元）	数量 （百万美元）	商品种类 （个）
2001—2002 年	31327.52	72153.64	469	1241620	3171361	2965
2001—2003 年	53707.65	307429.5	538	1221664	3138385	2987
2001—2004 年	131362.4	241871.8	622	1213630	3113049	2978
2001—2005 年	157277	241590	696	1239373	3179588	3005
2001—2006 年	221052.6	376673.2	754	1198053	2796712	3044
2001—2007 年	324909.1	506056.2	793	1216635	2802585	3026

表5—18（g）　　　　中国—新加坡双边的贸易二元边际现状

	扩展性贸易边际			集约边际成本		
	价值 （百万美元）	数量 （百万美元）	商品种类 （个）	价值 （百万美元）	数量 （百万美元）	商品种类 （个）
2001—2002 年	50338.34	76043.74	356	6927877	3652281	3503
2001—2003 年	83658.43	106175.9	455	6978553	3653594	3530
2001—2004 年	168552.5	338690.9	517	6979623	3649911	3563
2001—2005 年	219662.7	355814.7	542	6973423	3649667	3578
2001—2006 年	426857.5	586704.6	603	6978360	3644177	3479
2001—2007 年	673897.1	784996.8	597	6788219	3637051	3425

表5—18（h） 中国—越南双边的贸易二元边际现状

	扩展性贸易边际			集约边际成本		
	价值 （百万美元）	数量 （百万美元）	商品种类 （个）	价值 （百万美元）	数量 （百万美元）	商品种类 （个）
2001—2002 年	49578.99	61776.47	655	1771203	3810959	2364
2001—2003 年	143149.6	424067.3	758	1768981	3621806	2381
2001—2004 年	226456.8	375365.4	837	1769223	3577308	2398
2001—2005 年	570819.1	435532.2	1395	1793204	3678771	2254
2001—2006 年	883753.5	1011941	1478	1792020	3675943	2554
2001—2007 年	1927109	2118125	1527	1790408	3673346	2549

表5—18（i） 中国—泰国双边的贸易二元边际现状

	扩展性贸易边际			集约边际成本		
	价值 （百万美元）	数量 （百万美元）	商品种类 （个）	价值 （百万美元）	数量 （百万美元）	商品种类 （个）
2001—2002 年	69111.66	152229.6	401	3500300	2212058	3378
2001—2003 年	47368.45	85368.57	463	3480492	2221794	3400
2001—2004 年	133992.7	207072.5	524	3470339	2116588	3414
2001—2005 年	270065.2	375754.1	620	3521137	2301222	2629
2001—2006 年	220495.6	215788.2	685	3479640	2276626	3474
2001—2007 年	380889.5	315656.8	722	3361585	2259760	3354

注：以上的商品种类数量统计按照 HS 6 位码分类商品种类的标准统计。

资料来源：笔者由 CEPII BACI 数据库（http://www.cepii.fr/anglaisgraph/bdd/baci.htm），整理计算而得。

　　附录中也包含中国出口至东亚四国的出口二元边际分解，此处不再赘述（详见附录三）。图5—4（a）清晰地对比出中国出口至东盟9国国别和年份之间的集约性贸易增长边际的差异性。显然，国别间的差异远远大于年份之间的差异，中国出口增长集约性边际较为显著的是新加坡、马来西亚、泰国、印度尼西亚和菲律宾，主要为东盟老成员国，这主要中国与东盟5国之间的出口基数比较大。从统计显著性上直观地分析，符合集约性贸易边际与经济规模 Y 成正比的预期。同时，关注中国出口东亚 4 国/地区贸易增长的集约性边际，其规模更大，特别是对日本、韩国和中国香港的出口。

如图 5—4（a）和图 5—4（b）所示，观察中国出口至各国扩展性贸易边际，发现国别间的差异缩小了，但年度间的差异增大了，并且经济规模 Y 对扩展性贸易边际作用并非那么明显，但传统的主要贸易伙伴国，如新加坡、印度尼西亚、马来西亚和菲律宾，其贸易增长的扩展性贸易边

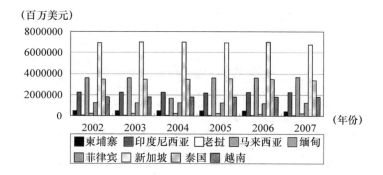

图 5—4（a） 中国出口东盟 9 国贸易增长的集约性边际

资料来源：根据 CEPII BACI 数据库（http：//www.cepii.fr/anglaisgraph/bdd/baci.htm），笔者整理计算而得。

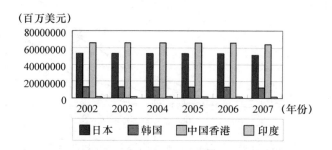

图 5—4（b） 中国出口东亚 4 国（地区）贸易增长的集约性边际

资料来源：根据 CEPII BACI 数据库（http：//www.cepii.fr/anglaisgraph/bdd/baci.htm），笔者整理计算而得。

际在量上仍有存在优势和显著性；但从增长速度上看（图中直线的斜率），老挝、越南、柬埔寨等东盟新成员国的扩展性贸易边际增速较集约性贸易边际显著，可见贸易增长的二元边际作用机制和影响因素有所不同的；扩展性贸易边际作用和发生更为复杂。

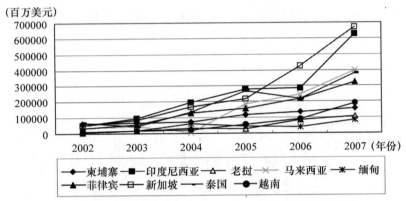

图5—4（c）　中国出口东盟9国贸易增长的扩展性边际

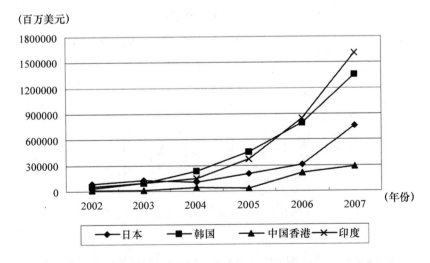

图5—5　中国出口东亚4国（地区）贸易增长的扩展性边际

资料来源：根据 CEPII BACI 数据库（http：//www. cepii. fr/anglaisgraph/bdd/baci. htm），笔者整理计算而得。

观察中国对东亚 4 国（地区）出口增长的扩展性贸易边际也发现，考察期初的国别差异较小，随着时间的推移，国家间的差异逐渐扩大（见图 5—5）。其影响因素的具体效应，会在后文中详细讨论。

（二）解释变量和数据来源

经济规模，选用了 GDP 和人均 GDP。其中，由于老挝 2007 年和 2008 年的实际 GDP 数值在 "the conference board total economy database output，labor and labor productivity country details，1950—2009" 中没有披露，为了保证数据统计口径和计算方法的一致（原数据库采用的是 Geary Khamis 购买力平价方法，以 1990 不变价格计算），所以对 2007 年、2008 年两年的老挝实际 GDP 采取估算的方法，根据 Global Finance 数据可查，老挝 GDP 实际增长率分别为 2006 年为 8.4%，2007 年为 7.5%，2008 年为 7.2%，以数据库中所得 2006 年的 9601 百万美元为基数，按照每年的实际增长率估算出 2007 年、2008 年实际 GDP 数值。分别用 13 国的 GDP 与中国的数值相除，得出双边 GDP 的比值，能够更加真实地衡量中国出口贸易伙伴国的经济规模；人均 GDP 也以此方法计算得出比值，代入回归方程式。

表 5—19　　　　　　　中国—出口目的国/地区双边相对 GDP

出口目的国/年份	2002	2003	2004	2005	2006	2007
柬埔寨	0.0028	0.0030	0.0026	0.0026	0.0025	0.0026
印度尼西亚	0.1348	0.1426	0.1327	0.1242	0.1313	0.1249
马来西亚	0.0695	0.0667	0.0646	0.0599	0.0565	0.0538
缅甸	0.0041	0.0049	0.0052	0.0048	0.0043	0.0046
菲律宾	0.0530	0.0485	0.0449	0.0430	0.0424	0.0416
新加坡	0.0605	0.0564	0.0568	0.0525	0.0507	0.0497
泰国	0.0873	0.0868	0.0832	0.0764	0.0745	0.0714
越南	0.0241	0.0243	0.0232	0.0230	0.0219	0.0205
老挝	0.0014	0.0012	0.0010	0.0013	0.0014	0.0012
中国香港	0.1128	0.0965	0.0857	0.0773	0.0683	0.0599

续表

出口目的国/年份	2002	2003	2004	2005	2006	2007
印度	0.3590	0.3708	0.3709	0.3634	0.3446	0.3433
日本	2.6960	2.5674	2.3796	1.9770	1.5694	1.2655
韩国	0.3961	0.3908	0.3729	0.3669	0.3424	0.3034

数据来源：根据 BvD 数据库，https://eiu.bvdep.com/version – 2010126/cgi/template.dll，计算统计而得。

选取距离变量作为衡量可变贸易成本的主要变量。距离变量在 CEPII DISTANCE 数据库中有两个衡量指标：一为简单距离（simple distances），按照人口选择一国中最为重要的城市作为中心城市，计算与其他国家的距离；二为加权距离（weight distances），以一国中几个重要城市的对外距离按照人口比例为权重（in term of population）加总得到一国与他国的距离。在 www.world-gazetteer.com 可获得城市经度、纬度、人口等基本数据，然后利用 Head 和 Mayer（2002）的方法，计算出代表城市与他国/地区的距离。根据 CEPII DISTANCE 数据库（http://www.cepii.fr/anglaisgraph/bdd/distances.htm），可得到中国对贸易伙伴国/地区的距离。

表5—20　　　　　　　　　中国同 13 个贸易伙伴国/地区的距离

起点（iso_o）	目的地（iso_d）	首都距离（distcap）	加权距离（distwces）
中国	柬埔寨	14937.48	15170.72
中国	印度尼西亚	3785.013	4046.001
中国	老挝	2778.652	2212.344
中国	马来西亚	4355.047	3736.573
中国	缅甸	3234.079	2698.913
中国	菲律宾	2850.319	2431.241
中国	新加坡	4484.657	3971.182
中国	泰国	3303.891	2796.87

续表

起点（iso_o）	目的地（iso_d）	首都距离（distcap）	加权距离（distwces）
中国	越南	2330.799	2345.954
中国	日本	2098.111	1816.706
中国	韩国	809.5382	839.8914
中国	中国香港	1976.249	938.8217
中国	印度	3785.013	4046.001

注：所谓加权距离，即根据两国城市数据（city-level data）加权平均获得，具体计算方法是选取两国最大城市，以两城市之间的距离衡量两国基本距离，并且以两城市的人口分别占各国国家总人口的比重为系数进行加权平均。

数据来源：CEPII DISTANCE 数据库（http：//www. cepii. fr/anglaisgraph/bdd/distances. htm）。

　　我们采取中国对东盟 9 国的首都距离（distcap）作为替代性指标衡量双边可变贸易成本，这具有合理性。根据其定义，可变贸易成本呈冰山型，一单位价值商品运到出口目的地价值为 $1/\tau$；此外，在未考虑可变贸易成本、不变贸易成本以及企业异质性模型时，传统的引力模型也设有双边距离。根据 CEPII DISTANCE 变量定义，选择中国（CHN）对柬埔寨（COL）、印度尼西亚（IDN）、老挝（LAO）、马来西亚（MYS）、缅甸（MMR）、菲律宾（PHL）、新加坡（SGP）、泰国（THA）、越南（VNM）。

　　固定贸易成本选取经济开放指数（Economic Freedom Rating）作为衡量指标，数据来源于 the Heritage Foundataion and the Wall Street Journal，指数从 0 至 100，数字越大表明经济开放程度越高，越有利于经济增长；数字越小表示经济受到政府的干扰和控制越高，一国的开放程度越低。80—100 代表经济开放自由；70—79.9 代表绝大部分开发；60—69.9 代表微弱的开放自由；50—59.9 代表大部分不开放；0—49.9 代表抑制的经济。经济开放指数包含了商务开放程度（Business Freedom），贸易开放程度（Trade Freedom），财政开放程度（Fiscal Freedom），政府开支自由度

（Government Spending），货币政策自由程度（Monetary Freedom），投资开放程度（Investment Freedom），金融开放程度（Financial Freedom），知识产权开放自由程度（Property Rights），政府腐败程度（Fdm. From Corruption），劳动力自由开放程度（Labor Freedom），其中最后一项为2010年报告中新增添的一项指标，前9项为1995—2007年中 Annual Report 中都包含的指标。其中的贸易开放程度子指数（Trade Openness Index，TOI），除关税外，指数中还包括"黑市价格"（Black Market），即官方与黑市市场之间的汇率差价；以及资本项下的"外国人资本交易与国民的区别"（Citizen Restriction on Capital Transactions with Foreigners），为最直接反应贸易方面成本的指标；但其构成中的平均关税率（Mean Tariff Rate）为一国对外的平均关税水平，是 WTO 统计的，而并非自贸区范围内根据双边协定规定实施的优惠关税，因此选取关税作为衡量指标有所不妥。所以研究选取经济开放指数（Economic Freedom Rating）以全面综合地评价一国的贸易开放程度，衡量固定贸易成本。由于在1995—2007年的 Annual Report 只包含160多个国家经济开放程度指数，数据库中的纵向面板数据中并未包括老挝（LAOs）的国别数据，只在2010年年报中有所披露，其经济开放程度为51.1，在亚太地区41个国家中排名30，世界排名138；1996—2003年的数据从 Global Distribution Economic Freedom 中获取；2003—2006年数据从 Index of Economic Freedom 2003—2006 中获得；而其他年份数据获取存在困难，所以我们采取估算的办法，根据老挝 LAOs 每年的经济开放程度排名，查找其前一位和后一位国家的当年开放程度指数，简单平均算出老挝的经济开发指数作为替代性指标。对东盟9国和东亚4国/地区的绝对经济开放指数，分别逐年与中国的经济开放指数相除，得到13个贸易伙伴国相对于中国的相对经济开放程度系数作为双边贸易相对固定成本的衡量指标，代入回归方程（5—21）和（5—22）中。图5—5直观地展现了13国/地区相对贸易固定成本国别和年度的变化情况。

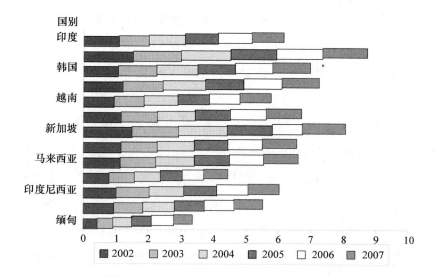

图5—6　13个贸易伙伴国/地区相对经济开放系数

资料来源：根据 the Heritage Foundataion and the Wall Street Journal 数据库（http：//www. heritage. org/index/）经笔者整理而得。.

劳动生产率是指人们在生产中的劳动效率，反映了一定时期内劳动者创造使用价值的能力，劳动生产率常用的衡量指标有劳动者单位时间内所生产的合格产品的数量指标、生产单位产品所消耗的劳动时间。本书研究的数据来源于 http：//www. ggdc. net 数据库，为 Groningen 大学增长发展中心（Groningen Growth and Development Centre）研发，全经济数据库（Total Economy Database）包含了 125 个国家的 GDP、人口、就业小时和劳动生产率（Total Economy Database，Output Labor and Labor Productivity Country Detail），其中选择的 GDP 和劳动生产率指标均以 1990 年为基期的 PPP 不变价格指数计算。以劳动力平均 GDP（GDP per Person Engaged）来衡量劳动生产率。[①] 按照钱学锋（2009）对中国出口的经验研究，只考虑

---

①　另一种方法以每小时 GDP（GDP per hour）也可以衡量劳动生产率；本书研究中采用的是前者。

了劳动生产率；对于生产率水平，我们此处增加一项备选指标——全要素生产率 TFP（Total Factor Productivity），它解释了不是由于单纯的投入增加所导致的产出增加部分，是衡量单位总投入的总产量的生产率指标，即总产量与全部要素投入量之比。TFP 增长表明技术的提高，效率的增长和改进，以及其他不由投入增加所决定的产出提高。其基本计算方法参照Maddison（1995）：把产出增长率中以两阶段加权平均的方法剔除投入增长率，对剩余值（Residual）求指数（log 形式）作为衡量 TFP 的指标。研究中的生产率水平也考虑了这一项指标。但是由于 The Conference Board Total Economy Database 数据库中关于全要素生产率（Total Factor Productivity Country Details）中不包含样本国家缅甸的数据，导致了面板数据中的数据缺失；因此，数据选取 Chang Hoon Yang（2008）① 采用 DEA 方法计算的最终结果，以保证研究方法和统计数据口径上的统一，但是由于 Chang Hoon Yang（2008）研究的样本范围仅限于 "10 + 3" 国家，对中国香港、印度和中国台湾等国家/地区的全要素生产率 TFP 仍然只能采用 The Conference Board Total Economy Database 中按照 Maddison（1995）的方法计算而得数据。

多边阻力（MR）的定义和计算与第一节的简单 5 国模型相同，利用贸易自由度计算贸易偏远度，以贸易偏远度指数作为替代性指标，衡量贸易的多边阻力，贸易自由度等于 i 国和 j 国双边总出口相乘除以两国国内销售相的乘积。直观上看，一个国家与其他国家之间的贸易阻力越大，越会推动与给定的双边贸易伙伴国开展贸易，Anderson 和 Wincoop（2003）中提出并验证，钱学锋（2008）也将其运用在中国与主要 9 个发达贸易出口伙伴国的贸易增长中。根据 BvD 中 EIU Country Data 的数据，按照上

---

① Chang Hoon Yang（Kwandong University），"National Information and Communication Technology Development Policy in Cambodia: A Data Envelopment Analysis for the case of ASEN + 3 Countries"，2008，www. kapa21. or. kr/data/data_ download. php? did = 3960.

一节简单模型中相同的计算方法，计算出东盟 9 国和东亚 4 国/地区相对
于中国的相对贸易偏远度，详细数据见表 5—21。

表 5—21　　　　　　　　　13 国相对贸易偏远度指数

国籍/年份	2002	2003	2004	2005	2006	2007
柬埔寨	0.289107	0.260278	0.439204	0.445976	0.493748	0.549836
印度尼西亚	2.471475	2.956354	3.505783	4.518015	4.705457	5.260734
老挝	0.201363	0.233954	0.360612	0.632188	0.957311	1.842831
马来西亚	5.517325	6.489715	7.757344	9.681922	11.22221	12.35421
缅甸	0.651405	0.714414	0.706304	0.702742	0.697865	0.92073
菲律宾	2.253599	3.191109	3.803918	4.405428	4.701641	16.83004
新加坡	37.73874	33.1184	33.27081	29.90397	33.75225	35.89075
泰国	3.340734	4.422108	5.630231	6.727089	7.821954	8.918719
越南	2.903626	3.604068	4.742895	5.160554	5.33919	6.385409
日本	13.82424	17.36708	20.53813	20.86517	21.54592	22.65032
韩国	11.90603	15.69371	20.71769	23.82296	25.83464	28.51201
中国香港	10.27493	8.51361	2.686035	2.737049	3.010395	3.158243
印度	0.845519	1.110086	1.684284	2.411882	2.843444	3.559821

数据来源：根据 BvD 数据库（https：//eiu.bvdep.com/version—2010126/cgi/template.dll，经
过笔者计算统计而得）。

表 5—22 为以上基本解释变量的描述性统计分析指标，展示了序列数
据相应的统计特性。

表 5—22　　　　　　　　　解释变量的基本统计特征

	GDP	人均 GDP	劳动力生产率	双边距离	相对固定成本	多边阻力
平均值	670958.5	9638.615	19746.12	3902.219	6.388441	9.369888
中间值	232066	4362.5	10125	3234.079	6.465239	4.724176

续表

	GDP	人均 GDP	劳动力生产率	双边距离	相对固定成本	多边阻力
最大值	3171680	29261	58627	14937.48	8.97	37.73874
最小值	7401	1422.449	2859	809.5382	2.546148	0.233954
标准差	910041.3	9051.359	17848.52	3355.789	1.434265	10.35182
偏态	1.657216	0.80515	0.738638	2.686578	-0.33509	1.330798
峰态	4.281253	2.076321	1.95579	9.308262	3.192088	3.608595
观测值个数	78	78	78	78	78	78
横截面个数	13	13	13	13	13	13

资料来源：根据以上数据，运用 STATA 进行统计分析的结果。

为了考察中国—东盟自由贸易区构建后对中国出口的二元边际影响，设定了虚拟变量 FTA，并且采取了两阶段的构成方式，主要考虑了东盟成员国内部执行自由贸易区协定的效力和时间不同步性，2002 年中国—东盟自由贸易区全面实行，首先从东盟主要成员国开始关税递减等贸易自由化措施，此期间对东盟新成员国（主要指缅甸、越南、老挝、柬埔寨）的直接措施甚微，因此设定虚拟变量系数为 0.5；在 2005 年中国—东盟自由贸易区全面启动后，新成员国关税递减也全面启动，自贸区效应凸现，因此设定系数为 1；对于区外非成员国设定系数为 0。比较遗憾的是，中国—东盟自由贸易区 2007 年年底签署了双边服务贸易协定，2009 年又签署了投资协定，针对此两项关键的自贸区内贸易自由化和经济一体化措施对贸易增长的二元边际效应的考察，在本模型中不能检验，统计数据的滞后性使得双边贸易流量无法获得，这也是本书可以继续关注和后续研究的地方。

$$FTA = \begin{cases} 1, & \text{当 i 国} = \text{东盟主要 5 国,} \\ 0.5, & \text{当 i 国} = \text{东盟新成员国}, t = 2002、2003、2004 \\ 1, & \text{当 i 国} = \text{东盟新成员国}, t = 2005、2006、2007 \\ 0, & \text{当 i 国} = \text{非东盟成员国} \end{cases} \quad (5-29)$$

三　扩展模型的回归及检验

经过以上的数据筛选和处理，构成了包括 13 贸易伙伴国/地区（或称 country-pair，双边伙伴关系），时间跨度为 2002—2007 年，包含 78 个观测值的样本。按照计量回归方程（5—21）对集约性贸易边际影响因素进行面板回归。在面板回归的方法选择上，采取 F 统计量检验判定建立混合回归模型还是个体固定效应模型。其原假设和备择假设为：

H_0：$\alpha_i = \alpha_0$；模型中不同个体的截距相同（真实模型为混合回归模型）；

H_1：模型中不同个体的截距项 α_i 不同（真实模型为个体固定效应回归模型）

F 统计量定义为：

$$F = \frac{(SSE_r - SSE_u) \big/ [(NT - k - 1) - (NT - N - k)]}{SSE_u \big/ (NT - N - k)}$$

$$= \frac{(SSE_r - SSE_u) \big/ (N - 1)}{SSE_u \big/ (NT - N - k)} \qquad (5—30)$$

其中 SSE_r 表示约束模型，即混合估计模型的残差平方和，SSE_u 表示非约束模型，即个体固定效应回归模型的残差平方和。表 5—23 和表 5—24 分别为混合估计模型和个体固定效应回归模型的回归结果。

表 5—23　　　　　　　　　混合面板模型回归结果

解释变量	回归系数	标准差	T 统计量	P 值
C	− 3. 239111	1. 629426	− 1. 987885	0. 0507
log（GDP）	0. 279573	0. 052105	5. 365613	0. 0000
log（LPRO）	− 0. 958168	0. 120040	− 7. 982103	0. 0000log
（DIST）	0. 199070	0. 140370	1. 418175	0. 1606

Dependent Variable：log（INMG）

续表

Dependent Variable: log (INMG)				
解释变量	回归系数	标准差	T 统计量	P 值
log (FIXCOST)	2.506096	0.406424	6.166208	0.0000
FTA	-0.981790	0.185238	-5.300163	0.0000
MR	-0.007758	0.008522	-0.910354	0.3658

其中，$R^2 = 0.913654$，调整 $R^2 = 0.906253$，$SSE = 25.09554$，F 统计量 $= 123.4487$。

表5—24　　　　　　　　　　个体固定效应面板模型回归结果

Dependent Variable: log (INMG)				
解释变量	回归系数	标准差	T 统计量	P 值
C	-3.488679	1.647189	-2.117959	0.0380
log (GDP)	0.284690	0.052649	5.407369	0.0000
log (LPRO)	-0.976536	0.121937	-8.008503	0.0000
log (DIST)	0.185471	0.141833	1.307673	0.1956
log (FIXCOST)	2.550509	0.412216	6.187317	0.0000
FTA	-0.898369	0.193706	-4.637803	0.0000
MR	-0.008964	0.008711	-1.029070	0.3073

其中，$R^2 = 0.918717$，调整 $R^2 = 0.904961$，$SSE = 23.62404$，F 统计量 $= 66.78864$。

根据公式计算 F 统计量的值，

$$F = \frac{(SSE_r - SSE_u) / (N-1)}{SSE_u / (NT - N - k)}$$

$$= \frac{(25.09554 - 23.62404) / (13 - 1)}{23.62404 / (78 - 13 - 6)} < F0.05 \ (12, \ 59) \quad (5\text{—}31)$$

显然 F 统计量小于临界值，所以接受原假设，建立混合面板模型

（Pool Estimate）。此外，直观看各回归系数显著性及 T 统计量指标也发现，混合面板模型回归系数显著性明显优于个体固定效应。

在回归的时候，方法进一步改进：权数选择按截面加权（cross-section weights）的方式，这是因为对于横截面个数（本模型横截面个数为 13）大于时序个数（本模型时序个数为 6）的情况更应如此，表示允许不同的截面存在异方差现象。表 5—25 为按截面加权方法回归的混合面板模型验证结果。

表 5—25　　　　　　　　混合面板模型回归结果

Dependent Variable：log（INMG）			
Method：Pooled EGLS（Cross-section weights）			
Sample：2002 2007			
Included observations：6			
Cross-sections included：13			
Total pool（unbalanced）observations：77			
解释变量	回归系数	标准差	T 统计量	概率
C	− 4. 139435	1. 079519	− 3. 834517	0. 0003
log（GDP）	0. 324929	0. 037661	8. 627627	0. 0000
log（LPRO）	− 0. 921835	0. 072343	− 12. 74250	0. 0000
log（DIST）	− 0. 335716	0. 069616	− 4. 822401	0. 0000
log（FIXCOST）	2. 372297	0. 369637	6. 417902	0. 0000
FTA	1. 126030	0. 107135	10. 51037	0. 0000
log（MR）	− 0. 008917	0. 001720	− 5. 185477	0. 0000
Weighted Statistics			
R-squared	0. 999779	S. E. of regression	0. 554937
Adjusted R-squared	0. 999760	Sum squared resid	21. 55683
F-statistic	52727. 33	Prob（F-statistic）	0. 000000
Unweighted Statistics			
R-squared	0. 908948	Sum squared resid	26. 46330

可见，选择了按照截面加权方法改善各回归系数的统计显著性，T 统计量显著，并且 R^2 和调整后的 R^2 也提高了，F 统计量显著表明解释变量

之间不存在线性关系。利用 Wald 检验，检验解释变量的常数项是否为零。
假设检验：

原假设 H_0: $c = 0$

备则假设 H_1: c 不为零。

Wald Test：			
Test Statistic	统计值	自由度	P 值
F-Statistic	14.70352	(1, 70)	0.0003
Chi-Square	14.70352	1	0.0001

结果表明，F 统计量 14.7 大于临界值，LR 统计量也不显著，拒绝原假设，常数项 C 显著不为零。同样用 Wald 检验，检验上述各项回归系数是否同时为零。假设检验：

原假设 H_0: $c(1) = c(2) = c(3) = c(4) = c(5) = c(6) = 0$

备则假设 H_1: 系数不同时为零。

Wald 检验的结论：

Wald Test：			
Test Statistic	统计值	自由度	P 值
F-statistic	82311.18	(7, 70)	0.0000
Chi-square	576178.3	7	0.0000

显然，F 统计量和 LR 统计量显著，拒绝原假设，各项解释变量的系数不同时为零。回归结果表明，各国相对 GDP 代表的经济规模对集约性贸易边际是正向作用，正如经典引力模型所述，双边贸易流量与 GDP 所代表的经济规模成正比，东盟 9 国和其他东亚 4 国/地区，相对于中国经济规模越大，越能够吸引中国对其出口的增长，针对集约性贸易边际，对

原有产品种类出口数量的增长和原来出口厂商出口规模的扩大，都有正向的积极作用。双边相对的经济自由开放度衡量的双边固定成本与双边集约性贸易边际增长呈反比，但因为经济自由度指数（Index of Economic Freedom）的数值越高表示固定贸易成本越低，贸易自由化程度越高，越能促进中国对出口目的国的集约性贸易边际的增长。因此代表固定成本的经济自由度指数（lnFIXCOST）其回归系数为正具有合理性，也符合理论上的预期判断。双边的首都距离（lnDIST）作为指标衡量的是可变贸易成本，根据经典引力模型，出口目的地距离越远，则会减弱出口的增长，回归结果也验证这点。虚拟变量 FTA 考察了中国—东盟自由贸区的建成对双边出口集约性贸易边际的促进作用，FTA 构建后降低了进入市场的成本，这也是符合我们的预期的。MR 选取的是相对贸易偏远度代表的贸易多边阻力，根据 Anderson 和 Wincoop（2003）所述，多边阻力与双边出口正相关；但实证结果表明东盟 9 国和东亚 4 国/地区与世界其他地区的贸易成本增加，贸易阻力的增加，并不能够增加中国对特定贸易伙伴国的出口，尽管 MR 项解释变量统计上显著，但其符号与理论预期相反。类似的结论在钱学锋、熊平（2009）的研究中也出现，钱学锋和熊平（2009）针对中国出口 9 个主要贸易伙伴国的贸易增长二元边际也发现，MR 多边阻力或相对贸易偏远度指数与集约性贸易增长负相关；猜测其原因，可能是模型中某些系统性偏差因素所致。

根据以上的数据处理和选择，在解释变量中添加人均 GDP（PPGDP），并且用全要素劳动生产率（TFP）替代劳动生产率（Lpro）：人均 GDP 更加客观地反映了出口目的国的人均经济规模水平和购买力水平，传统的引力模型改进验证中也有不少将人均 GDP 引入回归方程作为解释变量，提高了模型的拟合度，提高了对现实的解释性。全要素生产率，比单一要素的劳动生产率只考虑一种要素的投入更加全面，考虑了所有投入要素（劳动、资本等），分析上要优于劳动生产率，全要素生产率代表了技术进步、组织创新、专业化和生产创新，可以分解为资本积累、劳动力参与率、教育投入和劳动的部门转移等。

表5—26　　　　　　　　　　　改进模型回归结论

Dependent Variable：log（INMG）				
Method：Pooled EGLS（Cross-section weights）				
Sample：2002 2007				
Included observations：6				
Cross-sections included：13				
Total pool（unbalanced）observations：75				
解释变量	回归系数	标准差	T 统计量	P 值
log（GDP）	0.334886	0.030803	10.87197	0.0000
log（PPGDP）	0.687440	0.060881	11.29148	0.0000
log（TFP）	− 0.166979	0.081197	− 2.056461	0.0436
log（DIST）	− 0.144444	0.053007	− 2.725007	0.0082
log（FIXCOST）	2.328062	0.324250	7.179844	0.0000
FTA	1.139459	0.115020	9.906640	0.0000
log（MR）	0.016496	0.007522	2.189821	0.0300
Weighted Statistics				
R-squared	0.998936	S. E. of regression	0.523266	
Adjusted R-squared	0.998843	S. D. dependent var	15.38043	
F-statistic	10644.13	Sum squared resid	18.61889	
Unweighted Statistics				
R-squared	0.904870	Sum squared resid	26.62755	

修正改进后的回归模型，增加了相对人均 GDP 变量，即用东盟 9 国和东亚 4 国/地区的人均 GDP 与我国的人均 GDP 水平相比得到的比率，作为解释变量，其回归系数显著，与中国出口的集约性贸易边际呈正比；经实证检验，此时的常数项回归系数显著，因此在回归方程中去掉常数项 C。引入了全要素生产率（TFP）之后，修正了 MR 多边阻力（相对贸易偏远度）的回归系数，符合了理论上的预期，特定的贸易伙伴国与其他国

家的贸易阻力越大，越有利于我国与其之间的双边贸易发展；前后结论相对比，推定是由于原模型中未考虑的技术进步等因素，导致了原 MR 系数的偏离。全要素生产率（TFP）代表了技术进步，目的国的技术水平越先进，本国出口至目的国的商品越少，本国企业进入出口市场的数量也越少；根据企业异质性贸易模型，与劳动生产率水平解释变量相似。

可见，回归结论表明相对 GDP 和相对人均 GDP 每增长 1%，中国对目的国的出口增长的集约性边际就会分别增长 0.33% 和 0.68%；引入了全要素生产率，中国与贸易伙伴国之间的距离代表的可变贸易成本对集约性贸易边际的影响作用增大，可变贸易成每增加 1%，吸引集约性贸易边际增长下降 0.144%；固定贸易成本对集约性贸易边际作用最为明显，贸易伙伴国开放度指数每增加 1%，即目的国的固定成本下降 1%，中国对其出口的集约性贸易边际增长 2.32%。FTA 的构建作用明显，加入了 FTA，或者随着 FTA 深度扩展和范围扩大，对中国贸易集约性边际增长拉动作用明显。

根据回归方程（5—22）对中国出口至东盟 9 国和东亚 4 国/地区的贸易增长扩展性边际的影响因素和作用效应作出实证分析，选择回归的方法采用面板混合回归，回归时也选择 Cross Section Weight 为权重。

表5—27 扩展性贸易边际基本模型回归结果

Dependent Variable：log（EXMG）			
Method：Pooled EGLS（Cross-Section Weights）			
Sample：2002 2007			
Included Observations：6			
Cross-Sections Included：13			
Total Pool（Unbalanced）Observations：77			
Linear estimation after one-step weighting matrix			
解释变量	回归系数	标准差	T统计量	P 值
C	10.60198	3.367231	3.148575	0.0024
log（GDP）	0.157307	0.108379	1.451456	0.1511
log（LPRO）	-0.471659	0.204333	-2.308290	0.0239

续表

解释变量	回归系数	标准差	T统计量	P值
log（DIST）	− 0.114663	0.245601	− 0.466866	0.0420
log（FIXCOST）	2.280415	0.609707	3.740183	0.0004
FTA	0.405463	0.116790	3.471667	0.0056
log（MR）	0.153278	0.130625	3.173419	0.0046
Weighted Statistics				
R-Squared	0.982132	Mean Dependent Var	17.04768	
Adjusted R-Squared	0.980600	Sum Squared Resid	126.9224	
S. E. of Regression	1.346543	F-Statistic	641.2580	
Unweighted Statistics				
R-Squared	0.083733	Sum squared resid153.5285		

发现相对 GDP 的回归系数并不显著，根据以上的数据处理和筛选，经济规模此解释变量进行修正，增加相对人均 GDP 作为解释变量；试图也对模型进行扩展加入全要素生产率，但其回归系数并不显著，可见，扩展性贸易边际，两国间相对的科技进步水平解释力不足。因此，修正后的模型以相对 GDP、人均相对 GDP、劳动力生产率、距离代表的可变成本、开放指数代表的不变成本和多边阻力以及虚拟变量 FTA，成为扩展性贸易边际的解释因素。

表5—28　　　　　扩展性贸易边际决定因素拓展模型回归结果

Dependent Variable：log（EXMG）				
Method：Pooled EGLS（Cross-Section Weights）				
Sample：2002 2007				
Included Observations：6				
Cross-Sections Included：13				
Total Pool（unbalanced）Observations：77				
Linear Estimation After one-step Weighting Matrix				
解释变量	回归系数	标准差	T统计量	P值
C	14.85081	3.459433	4.292846	0.0001

续表

解释变量	回归系数	标准差	T 统计量	P 值
log（PPGDP）	3.055541	0.778424	3.925291	0.0002
log（GDP）	0.285185	0.108132	2.637376	0.0103
log（LPRO）	-3.811235	0.904648	-4.212950	0.0001
log（DIST）	-0.368407	0.237105	-2.553768	0.0248
log（FIXCOST）	2.886151	0.571423	5.050818	0.0000
FTA	0.438034	0.112278	3.901346	0.0014
log（MR）	0.137948	0.059279	2.327068	0.0089
Weighted Statistics				
R-Squared	0.994300	Adjusted R-Squared	0.993722	
F-Statistic	1719.615	Sum Squared resid	114.8391	

　　扩展的模型改进了系数的显著性，在 5% 置信度水平上均为显著，并且模型在 R^2 拟合度上也提高了，表明模型对现实的逼近程度提高了。对系数进行 F 统计量联合检验如下，拒绝原假设，各项解释变量的回归系数显著不为零；并且单独对每一个解释变量的回归系数的显著性做 Wald 检验，也得到类似的结论，表明各个系数均显著不为零。

表 5—29　　　　　　　对各系数是否均为零的 Wald 检验结果

Wald Test：			
统计检验	统计量	自由度	P 值
F-Statistic	10.68292	(6, 69)	0.0000
Chi-Square	64.09754	6	0.0000

　　理论上分析，根据 Eaton 等（2004）、Akerman 和 Forslid（2009）的结论，相对 GDP 和相对人均 GDP 越大，代表的是出口的贸易伙伴国经济规模越大，反而对扩展性贸易边际会产生逆向影响，这与传统的引力模型结论截然相反；因此，扩展性贸易边际代表新厂商的进入和新贸易种类的发生，GDP 水平越高，意味着市场进入成本越高，存在较高的进

入障碍；在钱学锋、熊平（2009）对中国出口9个主要发达伙伴国的实证结论验证了此观点。但根据本文实证的结果发现，目的国的相对经济发展水平和人均GDP经济发展水平，中国对东盟9国和东亚主要4国/地区的扩展性贸易边际存在正相关关系，再一次证实了经典的引力模型理论。更高的经济发展水平，意味着更大的市场容量和消费能力，与影响集约性贸易边际作用机制相类似，对中国出口扩展性贸易边际起到正向吸引和促进的作用，特别是人均GDP水平对其的影响力，较之集约性边际更为显著，相对人均GDP水平每提高1%，估计推算扩展性贸易边际就会提高3.05%。另外，由于本文考虑的样本包括东盟9国和东亚4国/地区，样本自身的国别差异性较强，包括经济强国日本，也包含了亚洲四小龙韩国、新加坡、中国香港，以及发展中国家和东盟新兴成员国柬埔寨、老挝、缅甸、越南，因此样本个体间巨大的差异性也会对研究的结论产生一定针对性和特定性；在钱学锋、熊平（2009）的实证样本主要针对发展中国家贸易伙伴国，更符合Eaton等（2004）的理论假设。实证结论表明，全要素生产率对扩展性贸易边际影响作用并不显著，这多少有些令人费解，按照异质性贸易模型的预测，全要素生产率与劳动生产率对扩展性贸易边际应为负相关；由此推论，出口目的国相对生产技术进步不会对本国企业进入出口市场起到负面或阻止的作用，这是与集约性贸易边际不同的影响机制。进一步比较前后回归结论发现，贸易伙伴国相对的劳动生产率的高低对扩展性贸易边际的影响更为显著，根据实证结论，劳动生产率水平每提高1%，扩展性贸易边际便会下降0.138%。双边距离代表的可变贸易成本与经济开放度代表的不变贸易成本对二元边际的作用机制相似，成本越低越会吸引出口的二元边际增长；而成本的下降，对扩展性贸易边际作用效应更加显著，双边距离代表的可变贸易成本每下降1%，扩展性贸易边际增长0.368%，集约性贸易边际增长0.144%；经济开放程度每提高1%，扩展性贸易边际增长 2.886%，大于对集约性贸易边际的拉动作用 2.328%；出口固定成本的下降更能够促进扩展性贸易边际。同时，实证结论也表明，不变贸易的下降对中国出口至贸易伙伴国的贸易增长影响效果显著，其隐含的政策建议导向为：区域经济一体化进程中，签订的双边或多边协议所减少的贸易壁垒和降低固定贸易成本的措施，对促进我国出口的扩展性贸易边际作用尤为凸显。当然，签订区域经济一体化协定除了降低出口固定成本，还会发生其他效应，这些模型中通过设定 FTA 虚拟变量来衡量和检验。结论表明，FTA 的建立和深化对扩展性的贸易边际存在正相关关系，但其对于集约性贸易边际作用效力更为显著，对已有出口的商品的增长更加具拉动效果，适用于出口"存量"；而对尚未出口的新产品和出口"增量"的拉动作用相对温和平缓。当然，在样本时间跨度考察至 2007 年，FTA 区域经济一体化程度发展至全面的关税递减和货物贸一体化逐步完成；对中国—东盟自由贸易区的服务贸易协定和 2009 年年底投资协定签署之后的效力考查，实证结果中不能显现，按照理论预期，随着深度一体化策略的实行，对扩展性贸易边际的正向作用和影响效果会逐步凸显。多边阻力，或称相对贸易偏远度，为指标衡量的特定贸易伙伴国与世界其他地区的贸易成本对双边贸易流量的影响，其对扩展性贸易边际存在明显显著地正相关关系，多边阻力系数每提高 1%，中国对相应的贸易伙伴国出口的扩展性边际增长 0.137%。结合回归方程（5—21）对集约性贸易边际的回归结果看，只包含 GDP、相对劳动率水平、双边距离、相对固定成本、多边阻力和虚拟变量 FTA 的 6 因素基本模型中，多边阻力解释变量的回归系数符号与之前的理论分析预期不符。可见，与其他国家的贸易成本越高，阻力越大，越会提高中国出口至特定贸易伙伴国的双边贸易额，主要是通过扩展性贸易边际增长实现的。

四　实证结论及模型预测

在第四章理论框架分析基础上，通过实证数据的处理和筛选，将双边贸易增长额的总体经济数据（Aggregate Data）细分为集约性贸易边际，和扩展性贸易边际，并分别对其决定影响因素进行实证验证，以期对中国出口至主要贸易伙伴13国的影响机制作出判断和总结。根据以上的实证检验结果，对二元边际的影响因素及其效力进行归纳总结如下表。

表5—30（a）　　　**集约性贸易边际的决定因素及效应的实证**

	决定因素	作用方向	效力估计	作用机制
基本因素	相对 GDP 水平	正向	一般	经济水平越强，伙伴国消费能力和市场潜力越大，越有利于中国对其出口增长
基本因素	相对劳动生产率	负向	较强	企业异质性理论，当地企业生产效率越高，越不利于我国出口
	固定贸易成本	负向	一般	双边距离越远，越不利于出口增长
	相对固定成本	负向	强	双边的贸易自由化程度越高，越有利于传统商品（已有种类）出口
	多边阻力	不显著	弱	理论上与其他国家的贸易阻力越大，中国出口至目的国越增长，现实中不显著。
	区域经济一体化	正向	强	一体化组织成员，中国对其出口的集约性边际增长显著
扩展因素	相对人均 GDP	正向	较强	同相对 GDP 水平
	全要素生产率水平	负向	一般	同相对劳动生产率

表5—30（b）　　　　扩展性贸易边际的决定因素及效应的实证

	决定因素	作用方向	效力估计	作用机制
基本因素	相对 GDP 水平	正向	较弱	消费能力越强，吸引的新商品越多；但市场大，进入成本上市，正向作用被弱化
	相对劳动生产率	负向	强	新企业进入出口市场和新产品发生贸易，双重作用，负向影响被强化
	固定贸易成本	负向	一般	同传统经典的引力模型
	相对固定成本	负向	强	固定成本的下降更能促进扩展性贸易边际，效果显著
	多边阻力	正向	一般	多边阻力与贸易增长的正向关系主要通过扩展性贸易边际体现
基本因素	区域经济一体化	正向	较强	不对集约性贸易边际促进作用明显，初级的一体化进程具有一定的保守性和局限性。
扩展因素	相对人均 GDP	正向	强	人均消费能力越高，越明显地促进新产品和新企业进入本国市场
	全要素生产率水平	不显著		

　　二元边际的影响因素及作用效力估计，具有丰富的政策建议含义。集约性的贸易边际增长主要着眼于已有贸易品种的贸易量的增长，初级层次的区域经济一体化举措可以在短时期内迅速提高集约性的贸易边际增长，短期内双边贸易规模增长显著；而深度的一体化措施更倾向于扩展新的贸易种类，促进新企业加入出口市场，突破已有贸易格局的局限性，长期上对出口规模有正向拉动作用。并且区域一体化中关于降低双边固定贸易成本的协定和措施，对二元边际的促进作用最为显著。

　　根据实证结论，预测2008年、2009年中国出口至13国的集约性贸易边际和扩展性贸易边际，解释变量的出处与来源同上，更新至 2008 年、2009 年数据，用此预测 2008 年和 2009 年二元边际发展变化情况。在虚拟变量的设定上有所调整，东盟主要 6 个成员国由于在 2008 年、2009 年中 FTA 框架下全面关税递减，大部分商品"零关税"基本实现，开始实行了服务贸易协定，措施向深度一体化发展，因此设定虚拟变量为 1.5；对新兴的东盟 3 个成员国（在本文的模型实证中未包括文莱）继续设定虚拟变量为 1。根据表 5—23 和表 5—25 的回归拟合结果，代入 2008 年、2009 年数据，进行 T+1、T+2 期的预测，表 5—31 为预测结果。

表 5—31　　　　预测 2008 年、2009 年中国出口增长的二元边际

出口目的国（地区）	年份	集约性贸易边际	扩展性贸易边际
柬埔寨	2008	472359.488	125442.2
	2009	474537.246	127543.6
印度尼西亚	2008	2116912.085	212167.8
	2009	2156464.889	217419.1
老挝	2008	50801.666	132724.2
	2009	53397.162	130824.5
马来西亚	2008	3258652.999	332497.0
	2009	3146206.617	336768.2
菲律宾	2008	1115303.767	354910.5
	2009	193650.237	421843.6
新加坡	2008	6214710.739	630615.7
	2009	6210634.101	642229.7
泰国	2008	3129222.050	379452.2
	2009	3132666.755	390992.7
越南	2008	1159892.336	191796.6
	2009	1703792.778	177607.8
日本	2008	5395861.030	747617.3
	2009	51103603.980	728739.9

续表

出口目的国（地区）	年份	集约性贸易边际	扩展性贸易边际
韩国	2008	1802640.064	1114881.0
	2009	1792841.016	1116015.0
中国香港	2008	61072882.32	298008.1
	2009	61045141.1	297806.4
印度	2008	2494615.692	1194837.0
	2009	2508109.396	1194591.0

数据来源：按照以上计量模型，作者计算而得。

可见，中国出口至东亚 4 国和东盟主要 9 个成员国的集约性贸易边际预测值都有所下降，这主要是由于 2009 年全球性金融危机对出口的不利影响；但扩展性贸易边际，变化相对缓和，还伴随小幅度的上涨趋势，凸显了扩展性贸易边际更好的福利含义：它对于外部冲击更具有抵御性，可以保证我国出口收入的稳定和外贸条件的改善。因此，在区域经济一体化的过程中，有效地进行政策导向和实行相关措施，扩大我国出口增长中扩展性贸易边际的贡献度和所占份额，是十分具有现实意义的。

◇◇ 第三节　研究结论与分析中存在的不足

一　主要结论

本章在理论模型的分析和探讨基础上，针对中国—东盟自由贸易区框架下，中国出口至主要东盟国家的贸易增长作出了经验分析和实证检验。利用企业异质性贸易模型，设定企业异质性参数，通过回归结果判定，中国出口企业异质性较大，出口行为主要集中在规模较大、生产率较高的少部分企业；中国对主要东盟 5 国的出口增长在 2003—2008 年，主要依靠集约性贸易边际，即中国出口东盟的增长来源于原有商品量的增加和已有出口企业出口规模的增大；与其他自贸区内的出口增长研究结论相比，中国—东盟自由贸易区的中国出口增长中新种类的产品贸易和新企业加入出口的行为并未起到主导作用，对贸易增长的贡献度很低；与中国出口至主要发达国家/贸易伙伴国相比，出口增长中的扩展性贸易边际所占份额较低。可见，不论是与其他国家一体化内部相比，还是中国的其他主要贸易伙伴国相比，如此出口贸易增长的二元结构有不少潜在问题。出口收入集中在集约性的贸易边际增长，使得出口收入对外部冲击的抵御能力不足，贸易的收入波动性更强，并且不利于贸易条件的改善。实证结论关于 2008 年、2009 年的二元边际预测验证了以上的观点。由于数据滞后性原因，2008 年、2009 年中国出口至东盟 9 国和东亚 4 国（地区）的数据无法通过联合国 UN COMTRADE 数据库和 CEPII BACI 直接获得，所以通过回归方程拟合预测得到。预测结果表明 2009 年对大部分贸易伙伴的出口额集约性边际出现下降，这是 2009 年出现的全球性金融危机所致；反观扩展性贸易边际的预测值，没有出现下滑，还对某些贸易伙伴国出口额产生了上升的趋势。可见集约性贸易边际的出口增长和出口收入容易受到外部冲击的影响。如何改善中国出口增长的贸易结构，首先需要搞清楚二元边际分别受哪些因素影响和决定。处理的难点在于需要把集约性贸易边际和扩展性贸易边际两者从总的贸易流量数据中区分开，利用 STATA 和 ACCESS，选用 2001 年为基期，2002—2007 年之后逐年与之对比，按照 HS 6 位码筛选出集约性贸易边际和扩展性贸易边际；根据理论模型，在经典引力模型的基础上，糅和企业异质性因素，增加了多边阻力和相对固定贸易成本以解释边角解，以 GDP 水平、可变贸易成本（距离）、相对固定成本（经济开放指数）、多边阻力（相对贸易偏远度）和相对劳动生产率作为基本解释变量，并且为了考察区域经济一体化的效应，设定了 FTA 虚拟变量。通过实证结论，探讨各因素对二元边际不同的影响机制和效应大小。结果表明，出口目的国与中国相对的经济发展水平越高，区域性一体化程度越深入，集约性贸易边际增长越快。扩展性贸易边际增长主要依靠双边相对出口固定成本的下降和双边企业的劳动生产率差异水平的扩大。区域经济一体化的举措，对集约性贸易边际的增长呈明显正相关，这与传统经典的引力模型结论一致。一体化程度的提高和双边固定成本的下降对扩展性贸易边际的增长起决定性的拉动作用，其蕴含的政策建议是深度一体化战略，特别是双边固定贸易成本下降的措施都会对中国出口增长的扩展性贸易边际产生积极的影响。

二 研究中存在的不足

通过以上的分析，不仅对中国—东盟自由贸易区框架下，中国出口至主要东盟国家的贸易增长结构现状做了较为清晰的描述，并且根据二元边际不同的影响作用机制和影响效力，挖掘其蕴含的政策含义，对改善出口的二元边际结构，加大扩展性贸易边际贡献度和所占份额提出一定的政策建议。中国应充分利用区域经济一体化政策，降低双边的相对固定成本，改善二元边际的相对结构，充分发挥扩展性贸易边际的福利效应。

然而，实证回归部分也存在着一些遗憾，研究没有按照行业或产品细分，全部采取的是国家宏观数据。文献研究中发现，针对美国出口至世界和北美自由贸易区（NAFTA）框架下美国出口至加拿大、墨西哥的二元边际研究最为详细和前沿，这主要是由于美国企业层面的劳动生产率数据和企业出口数据的支撑；但中国企业层面数据几乎没有，所以也导致了研究没有按照行业或产品细分下去。东盟新兴国家如老挝等数据搜索十分困难，也成为研究深入的主要障碍，今后在数据支持或方法更为先进的情况下可以继续深入。中国—东盟自由贸易区至 2010 年已实现了全面一体化，但由于数据滞后性，实证分析数据只截至 2008 年，特别是对中国—东盟自由贸易区服务贸易协定和投资协定对二元边际的效应分析只能限于模型预测阶段，无法进行验证性分析。

第 六 章

中国—东盟自由贸易区成效评估及持续发展的建议

本章主要对中国—东盟自由贸易区实行后的几年时间所取得的效果和成效进行综合性的归纳评述，并结合自贸区内部存在的制约性因素，提出关于中国—东盟自由贸易区持续发展的政策建议，结合中国自由贸易区的实践经验，尝试将中国—东盟自由贸易区作为示范性代表，以期把政策导向和自由贸易区建设的经验推广至整个中国自贸区战略的实施构建过程中，对中国其他的自由贸易区实践和政策导向予以一定的启示借鉴性。

◇◇ 第一节　中国—东盟自由贸易区建立的成效评述

2002 年 11 月，《中国与东盟全面经济合作框架协议》的正式签署，标志着中国—东盟自由贸易区（CAFTA）的正式启动，该协议决定中国—东盟自由贸易区将于 2010 年全面建成，指出了建成自由贸易区的主要目标。2004 年 11 月，中国与东盟签署了《货物贸易协议》，标志着中国—东盟自由贸易区的建设进入实质性的运作阶段。降税进程的全面启动成为自贸区实质性运作，首批共计 7445 种商品的关税降至 20% 上下的水平，而中国对新加坡、马来西亚、菲律宾、印度尼西亚、文莱、泰国等 6

个东盟老成员国的平均关税甚至降至 8.1% 的水平。按照该协议提出的日程表，至 2010 年，中国与上述 6 个东盟老成员国将取消大部分商品的关税，而越南、柬埔寨、老挝和缅甸等 4 个东盟新成员国将享受 5 年的过渡期。至 2015 年，中国与东盟所有成员国间的绝大部分商品贸易，均将实现零关税的自由贸易。

就货物贸易谈判达成一致之后，服务贸易成为建设中国—东盟自由贸易区的第二大主攻目标。历经多轮磋商，2007 年 1 月 14 日，双方终于就服务贸易协议的主要内容达成一致，中国与东盟 10 国正式签署了中国—东盟自由贸易区《服务贸易协议》。根据协议规定，中国将在 WTO 承诺的基础上，在建筑、环保、运输、体育和商务服务等 5 个服务部门的 26 个分部门，向东盟国家作出新的市场开放承诺，具体包括进一步开放上述服务领域，允许对方设立独资或合资企业，放宽设立公司的股比限制等内容。东盟各国也在其 WTO 承诺基础上作出新的开放承诺。新加坡的承诺主要包括开放商务服务、分销、教育、金融、医疗、娱乐和体育休闲服务、运输等部门；马来西亚的承诺主要涉及商务服务、电信、建筑、金融、医疗、旅游和运输等部门；泰国的承诺主要涉及专业服务、建筑及工程、教育、旅游和运输等部门；菲律宾的承诺主要涉及商务服务、电信、建筑及工程、环境、旅游等部门；文莱的承诺主要涉及旅游和运输等部门；印度尼西亚的承诺主要涉及建筑及工程、旅游和能源服务。此外，东盟新成员柬埔寨、老挝、缅甸和越南也在商务服务、电信、建筑、金融、旅游和运输等部门作出了开放承诺，在不同程度上减少了市场准入限制。《服务贸易协议》的签署是中国—东盟自由贸易区建设中的又一重大成果，标志着中国—东盟自由贸易区的建设向前迈出了关键的一步，为如期全面建成自贸区奠定了更为坚实的基础。

在双方就货物贸易和服务贸易均取得阶段性成果之后，投资领域的谈判磋商成为建立中国—东盟自由贸易区的最后一项主要内容，2009 年 8

月 15 日，第八次中国—东盟经贸部长会议在泰国曼谷举行，中国商务部陈德铭部长与东盟 10 国的经贸部长共同签署了中国—东盟自由贸易区《投资协议》。《投资协议》包括 27 个条款。回顾中国—东盟自由贸易区的建立进程，2002 年中国与东盟启动自贸区谈判，2003 年正式实施"早期收获计划"，2004 年签署《货物贸易协议》，2007 年签署《服务贸易协议》，而《投资协议》的签署则标志着自贸区主要谈判任务的成功完成，自贸区即将在 2010 年全面建成。

一　中国—东盟自由贸易区构建的基本效应评价

综合评价中国—东盟自由贸易区的全面启动对于中国及东盟在经济方面的影响，有几个方面的内容。（1）双方贸易额的扩大是自贸区建立后最为直接的经济效果。自由贸易区内贸易壁垒的消除，无疑会促成成员国之间贸易机会的增加，从而产生贸易创造效应，而由于区内外贸易伙伴差别待遇的存在，贸易转移效应的存在也将会是必然。这两大效应的综合作用，必然会是中国—东盟双方贸易额的不断攀升。中国商务部的统计显示，中国—东盟自由贸易区货物贸易协议实施以来，中国已从东盟的第六大贸易伙伴上升为第三大贸易伙伴，双边贸易额从 2003 年的 782 亿美元上升至 2008 年的 2311 亿美元，年均增长 24.2%。即使在国际金融危机严重冲击和影响下，中国与东盟的双向贸易的降幅也明显低于同期中国对其他地区贸易的下降水平。2009 年前三季度，中国与东盟的双边贸易额仍接近 1500 亿美元。（2）双方投资额的增长将会是自贸区建立成果的又一个重要体现。按照中国与东盟各国签署的《投资协议》的主要内容，随着各成员国行业的开放和投资环境的逐步改善，自由贸易区作为一个市场整体，为区内投资的较高回报创造了必要的条件，从而有利于带动成员国间区内投资的发展。数据显示，2008 年，中国对东盟国家直接投资达

21.8亿美元，较上年增长125%，东盟国家成为中国企业"走出去"的首选地之一。截至2009年11月，中国与东盟双方相互投资不断扩大，累计已超过1600亿美元，中国与东盟经贸合作已经达到新的水平。此外，在自由贸易区投资协定的框架指引之下，区内日益改善的投资环境无疑也会增强自贸区作为一个整体市场对于区外发达国家直接投资的吸引力，而国外直接投资对于以中国为代表的区域内发展中国家经济建设的重要性也是不言而喻的。（3）在自由贸易区框架下，中国—东盟统一大市场的构建有助于各成员国内部产业结构的合理调整。中国—东盟自由贸易区的建立，其终极目标是要构建一个货物、服务和投资均实现高度自由化及便利化的统一大市场；统一大市场的建立，在微观层面上给企业带来规模效应的同时，也会促使企业结合各自地域范围内的比较优势，通过分工的进一步细化，来提高各自的市场竞争力。而这一效应体现到宏观层面上，则是中国及东盟各成员国依托各自在资源及技术方面的禀赋，大力发展其具有比较优势特征的产业分工体系。因此，中国—东盟自由贸易区的建立，有望促使各成员国在国内产业结构方面做出全面调整。

中国—东盟自由贸易区的全面启动，标志着中国与东盟的区域经济合作开启了全新的时代，从中国与东盟区域经济合作的意向到自贸区的全面启动，其间经历了数十年的探索与发展，回顾这段历史，以中国—东盟自由贸易区全面启动为里程碑的区域经济合作，其成绩与效果可以从以下两个方面来考量：

第一，双边及多边贸易在量和质两个方面都得以快速发展，不但在贸易额上体现出了直线式增长的趋势，在贸易领域和产品结构方面也体现出日趋多元完善的良好势头。特别是在自贸区全面启动以来，双方的经贸合作涉及商品、服务、投资等各个领域，产品结构也在最开始以初级产品贸易起步的基础之上，技术含量较高、高附加值产品的比重日益加大；双方贸易额的快速增长与产品结构的日益完善，大大增加了中国与东盟国家在资源、技术等禀赋方面的互补性，使得双方的比较优势得以充分体现。

第二，相对于贸易的迅猛发展，中国与东盟在投资领域的合作启动则相对较晚，但也依然保持了较快的发展势头。在中国—东盟自由贸易区正式启动之前，在 WTO 贸易与投资自由化的基本框架之下，中国的投资环境得以持续改善，再结合东盟国家所具有的华人文化背景，新加坡、马来西亚等东盟国家自 20 世纪 90 年代起，便成为中国主要的外资来源之一；随着双方贸易的进一步发展，双向投资也成为中国—东盟区域经济合作的重要组成部分，特别是在自由贸易区全面启动之后，双方的投资环境得到进一步的改善；伴随着相互出口产品结构的日趋合理，依托于各自国家资源禀赋的相互投资，也必将成为自由贸易区发展的重要成果之一。

二 中国—东盟自由贸易区货物贸易增长效应显著

在货物贸易方面，中国—东盟自由贸易区启动以来的效果评估，主要还是体现在双边贸易迅速增长这一方面，这一点也是因为自由贸易区成立后，各种关税及非关税贸易壁垒逐步消除，因此带来了贸易创造和贸易转移效应。根据框架协议的降税安排，中国和东盟成员国自 2005 年 7 月 20 日起便进入实施降税的实质性进程阶段。截至 2008 年年底，中国已经减免了东盟各国共计 5400 余种产品的关税，根据东盟各成员国实际情况的不同，东盟各国对于中国产品的平均关税水平也呈现了不同程度的降低。而进入 2010 年之后，随着中国—东盟自由贸易区的全面启动，从 2010 年 1 月 1 日起，中国和东盟 6 个老成员即文莱、菲律宾、印度尼西亚、马来西亚、泰国和新加坡之间，将有超过 90% 的产品实行零关税，中国对东盟平均关税将从 9.8% 降到 0.1%；东盟 6 个老成员对中国的平均关税将从 12.8% 降低到 0.6%。东盟 4 个新成员，即越南、老挝、柬埔寨和缅甸将在 2015 年实现 90% 零关税的目标。贸易壁垒消除的直接结果便是双边贸易额的迅速增长，以《货物贸易协定》的签署为分界点，相对于 2002 年 547.67 亿美元的双边贸易额，中国—东盟双边贸易额在 2004 年实现了成倍的增长，达 1058.8 亿美元；在此之后，2007 年 2025.48 亿美元的双边贸易额再度实现了翻番；剔除 2009 年金融危机的严重冲击，中国—东盟 2008 年全年的双边贸易额为 2311 亿美元；自由贸易区的启动实施对于区域内双边贸易迅速增长的推动作用显而易见。除了贸易总量上的影响外，自由贸易区的启动实施对于区域内贸易产品结构方面的影响也较为显著，这一点可以从《货物贸易协定》实施后中国对东盟贸易逆差的递减态势上得以体现。2004 年，中国对东盟的贸易逆差为 200.76 亿美元，而这一数据在之后几年内逐步缩减为 2005 年的 196.28 亿美元、2006 年的 182.12 亿美元、2007 年的 141.9 亿美元。按中国商务部国际司司长张克宁在公开场合的表述，2009 年前 11 个月，中国对东盟国家的贸易逆差缩减了近 10 亿美元。在双边贸易额大幅度增长的背景下出现贸易逆差的递减，一方面同中国向东盟出口的增速超过自东盟进口的增速有关，另一方面也是由中国向东盟成员国出口产品结构的变化所致。尽管中国和东盟多数成员国都属于出口外向型国家，但相互之间还是有很多的互补产品和产业；中国各行业对东盟的出口比重较高的包括化纤、交运设备、钢铁、化学品、玻璃陶瓷等，中国向东盟出口较快、较多的有船舶、钢铁、针织服装、陶瓷制品，进口较多、增长较快的有铜制品、橡胶制品、可可制品等资源型产品。从东盟国家经济发展的角度看，东盟国家很多是农业国家，对中国的农业机械和农业生产资料等产品有很大需求。同时双方在机械加工业、纺织业、工程承包、电器、仪器仪表等行业的合作也有很大发展空间。例如，中国的机电产品对东盟的出口比重由 2003 年的 39.5% 提高到了 2008 年的 50%。正是此类具有一定技术含量和较高附加值产品出口额的增加，在促进中国—东盟双边贸易额快速增长的同时，也改变了此前中国对东盟贸易逆差持续扩大的趋势。

中国—东盟自由贸易区全面启动后对于区域内货物贸易的影响，也可以从贸易转移及创造效益和统一大市场规模效应这两个方面来进行分析。从定性角度分析，作为发展中国家的中国和东盟各成员国，属于产业结构和工业竞争力水平同一档次序列，其在贸易国别和进出口产品结构分布上，具有很大的相似性；从定量角度分析，截至 2015 年，中国已经连续六年成为东盟第一大贸易伙伴，同时欧美日等发达国家和地区及韩国、中国台湾等新兴工业化国家和地区在中国和东盟的贸易伙伴中，也占有极为重要的地位，东盟同这些国家的贸易在全部贸易额中的占比均达 70% 以上；受制于工业化程度和技术水平的限制，中国和东盟对于上述国家和地区的资本技术密集型产品具有很强的进口需求刚性，因此，自由贸易区内关税及非关税贸易壁垒的消除，对于这部分产品的贸易转移效应体现得并不会特别明显；相反，中国—东盟自由贸易区全面启动之后，双边区域贸易额的快速增长更多是得益于壁垒消除后区域内贸易创造效应的发生。如前所述，由于中国同东盟各国在经济发展水平和产业结构方面存在相似性，区域内双边贸易的产品结构会更容易表现出水平分工的特性。在同一技术水平层面上的不同产品之间，中国同东盟各国的水平分工结构体现出了很强的互补性。例如，中国在机械和基础电子产品方面与柬埔寨、越南、老挝等相对落后的东盟成员国相比具有较强的比较优势，而东南亚各国在矿产、天然橡胶、林业等资源类产品方面也具有中国所不具备的比较优势，因此，随着自由贸易区的全面启动，原先区域内各国出于产业保护目的所设置的各种贸易壁垒的消除，会为区域内贸易规模的扩张带来极大的便利，从而体现出较强的贸易创造效应。

统一大市场的规模效应成为中国—东盟自由贸易区全面启动后贸易创造效应在广度和深度上的进一步拓展和延续，其作用更多地体现在自贸区作为一个统一大市场对区域外国家和地区出口规模的进一步扩张。前文曾经提及，从区外贸易角度考虑，中国同东盟各国在产品结构和对欧、美、日等发达国家市场依赖度等方面具有很强的相似性，相似则意味着竞争，而这种由区外贸易竞争性所造成的损失，无疑会在一定程度上抵消自由贸易区各成员国因贸易创造效应所获得的福利水平的增加。因此，如果中国—东盟自由贸易区各成员国能够在自由贸易区协定框架基础之上，进一步深化水平分工，则可以使各成员国的资源禀赋更多地向本国具有相对比较优势的产品集中，进而在实现区内贸易创造的同时，减少各成员国之间同质化产品的不良竞争，进一步扩大自由贸易区作为一个整体市场在特定产品领域相对于区外市场的竞争优势。总之，中国—东盟自由贸易区统一大市场规模效应的获得，是区内贸易创造效应的必然结果，将会大大增强中国和东盟作为整体市场对外出口竞争实力。

三　区内服务贸易发展迅速，合作上升空间大

服务贸易方面，结合协议的主要内容及目前的执行情况来看，中国—东盟自由贸易区内服务贸易存在着巨大的发展空间。根据中国—东盟自由贸易区《服务贸易协议》的主要内容，在 WTO 的承诺框架的基础之上，中国在建筑、环保、运输、体育和商务服务等 5 个服务部门的 26 个分部门，向东盟国家作出了包括进一步开放上述服务领域、允许对方设立独资或合资企业、放宽设立公司的股比限制等具体内容的全新市场开放承诺。与此对应，东盟 10 国也针对各自国家的具体情况，对中国作出了相应的市场开放具体承诺。[①] 例如：（1）新加坡承诺开放的主要服务贸易部门包括商务服务、电信、分销、教育、环境、金融、与健康相关的服务，社会服务、旅游及相关服务、娱乐文化和体育服务（视听除外）以及运输；（2）马来西亚承诺开放的主要服务贸易部门包括商务服务、通信、建筑

---

① 根据中国—东盟自由贸易区《服务贸易协议》文本整理而得。

及相关工程、教育、金融、医疗、旅游和运输；（3）泰国承诺开放的主要服务贸易部门包括专业服务、建筑设计及工程、教育、旅游及相关服务和运输；（4）文莱承诺开放的主要服务贸易部门包括旅游及相关服务和交通运输；（5）菲律宾承诺开放的主要服务贸易部门包括商务服务、通信、建筑及相关工程、环境、旅游及相关服务和能源服务；（6）印度尼西亚承诺开放的主要服务贸易部门包括建筑及相关工程、旅游及相关服务和能源服务；（7）越南承诺开放的主要服务贸易部门包括商务服务、通信、建筑及相关工程、分销、教育、环境、金融，与健康相关的服务和社会服务、旅游及相关服务、娱乐文化和体育服务和运输；（8）老挝承诺开放的主要服务贸易部门包括银行和其他金融服务；（9）缅甸承诺开放的主要服务贸易部门包括商务服务、通信、金融、航空运输和海洋运输；（10）柬埔寨承诺开放的主要服务贸易部门包括商务服务、通信、建筑及相关工程、分销、教育、环境、金融，与健康有关的社会服务、旅游及相关服务、文化娱乐和体育服务和运输等。

从行业比较优势角度分析，中国与东盟各成员国在承诺开放的各服务贸易领域，均具有其独特的比较优势和互补性，这也正是自贸区服务贸易自由化的基础所在。以中国为例，丰富的旅游资源和广阔的内陆市场使得中国的旅游业具备得天独厚的产业优势，在固定资产投资作为经济增长稳定引擎的大背景之下，中国在工程建筑方面具备的优势也正是东盟成员国所欠缺的；相比之下，处于发达国家序列的新加坡，其在通信、金融等服务领域的先进技术和管理模式，相对于长期处于垄断经营模式的中国通信业和金融业，同样具备独特而明显的比较优势；泰国、马来西亚在个人文化与休闲产业方面同中国相比依然处于优势的地位；印度尼西亚、文莱等国的政府服务业在国际上要远比中国更具竞争力；因此，同货物贸易相比，中国与东盟各成员国在产品及行业上的相似性体现得并不明显，这种互补而非竞争的局面无疑会对自由贸易区全面启动之后贸易转移和贸易创造效应起到极为良好的促进作用，可以预见的是，随着中国—东盟自由贸易区《服务贸易协议》的深入落实，中国同东盟各国在服务贸易领域的优势互补、互惠合作将会体现得愈加明显，区域内的服务贸易也必将更为蓬勃地发展下去。

从数量上来分析，在《服务贸易协议》签署，中国与东盟宣布相互开放服务贸易市场之后，中国与东盟的服务贸易发展迅速，合作层次也在不断提高。2008 年中国与东盟服务贸易进出口总额达到了 233.6 亿美元，2009 年受全球金融危机的影响，双边服务贸易额有所下降，2010 年达到 268 亿美元。目前东盟已经成为中国的第五大服务贸易出口市场和进口的来源地。东盟在海运、航运、金融服务等领域的对话合作，已经成为中国服务贸易的重要组成部分。

四 为自由贸易区成员相互投资创造了良好的契机

投资方面，中国—东盟自由贸易区全面启动的效果可以从吸引区内成员国相互投资及吸引区外直接投资两个角度来予以评估。中国—东盟自由贸易区《投资协议》于 2009 年 8 月 15 日方签署，区域经济一体化和高度融合促使双边投资规模迅速扩大。

从区内成员国相互投资的角度来分析，加快区内双边投资发展和扩大双边投资规模是毋庸置疑的。截至 2015 年年底双边投资达到 1500 亿美元，特别是中国对东盟的直接投资快速增长。对于自由贸易区各成员国来说，不但具备先天的便利条件，更有大力发展的必要性。从先天的便利条件米看：（1）在双方的共同推进之下，中国与东盟各国之间官方关系日益密切，区域内经济合作面临的政治风险较低。经济上的高速发展和区域经济合作的扎实推进，离不开区域内政治环境的和平稳定。近些年来，在区域内各国政府的共同推进之下，"10 + 1""10 + 3"等多途径磋商机制的建立，为东亚区域特别是中国与东盟国家的政治互信与经济合作创造了良好的政治环境。（2）华人网络的存在是中国—东盟自由贸易区区别于世界上其他区域经济合作组织最为独特的优势所在。在东南亚各国广为分布的规模庞大的华人网络，在中国—东盟区域经济合作和相互投资的发展过程中起到了极为重要的纽带作用。华人企业家对于中国大陆地区往往有着强烈的文化认同感，再结合中国广阔的市场规模、较为低廉的劳动力成本和稳定安全的社会环境，对中国大陆的投资地区往往会成为他们进行境外投资的首选对象。在带动东盟国家对中国进行投资的同时，东盟各国华人网络的存在，也有助于中国对东盟进行直接投资的发展，一方面，当地华人网络的存在可以帮助中国去东盟投资的企业更好地融入当地的市场，另一方面，既具备华人文化背景又熟悉东道国法律社会环境的华人群体的存在，也为中国对东盟进行投资的企业提供了大量难得的人才储备。（3）地理上的区域优势是实现自由贸易区投资自由化和便利化的重要条件。中国幅员辽阔，在东盟成员国中，与缅甸、越南、老挝接壤，同泰国、柬埔寨等其他东盟成员国也是近邻，进行相互投资的地缘优势极为明显，在人员往来、产品运输等方面极为便利，这一优势已经从东盟国家对于中国直接投资的迅速增长中得以体现，预计随着双方投资领域合作的进一步加深，地缘优势在中国对东盟国家的直接投资中也会逐步体现出来。从后天的必要性角度来看，中国—东盟自由贸易区内相互投资的发展同样会具有广阔的前景：自由贸易区内相互投资的发展既是货物及服务贸易迅速发展的必然结果，也是推动货物及服务贸易向更深更广程度发展的必然要求。例如，相对于东盟成员国中处于不发达地位的国家，中国企业在资金、技术及管理方面的比较优势较为明显；相对于人均资源保有量较低的中国而言，以缅甸为代表的东盟国家，尽管自身缺乏必要的开发能力，但在资源方面的比较优势却较为突出，在这种背景之下，通过中国对东盟国家的直接投资，促进双方在资源禀赋比较优势基础之上的贸易发展将会是一个必然趋势。

在中国—东盟自由贸易区《投资协议》签署之前，中国与东盟国家的相互投资主要呈现以下几点特征。（1）东盟各国对华直接投资的主要特征可以概括为：国别以东盟老成员国为主，地域以中国东南沿海省份为主，行业以制造业等劳动密集型行业为主。尽管东盟形式上是经济一体化组织，但从成员国个体角度考虑，东盟 10 国在经济发展水平和技术水平方面的差异决定了各国在对外投资能力方面的差异化，而这一差异在相当一段时期内都会表现得较为稳定，因此，东盟各国的对华投资多来自以新加坡、马来西亚、菲律宾、印度尼西亚和泰国为主的东盟老成员国，这一现象在 2004 年之前表现得尤为明显（当时东盟对华投资的 99% 以上皆来自上述五国，而且仅新加坡一国的比例便达到惊人的 72.7%）。东盟对华投资的行业分布也多以纺织服装、电子电器组装、家具制造等劳动密集型行业为主，除新加坡斥巨资创建的苏州高新技术开发区属地产行业外。由于这些行业的资金需求不是很大，东盟对华投资也多以中小项目为主，投资地域也多集中于江浙等东南沿海地带。（2）随着中国经济实力的不断增强和中国—东盟自由贸易区在投资领域的逐步推进，自由贸易区内的相互投资也逐步改变了先前几乎是东盟资金流向中国的单方向投资情况，中国对东盟国家的投资规模、投资领域和投资形式也都出现了较大的变化。《中国与东盟全面经济合作框架协议》的正式签署前，截至 2001 年年底，中国企业在东盟国家仅有 740 个投资项目，总投资规模不过 6.55 亿美元；而到了 2008 年，中国对东盟国家直接投资达 21.8 亿美元，规模增速极为明显。据中国商务部统计，2003—2013 年中国对东盟的直接投资由 1.2 亿美元增至 72.7 亿美元，增长了 60 多倍，平均增速为 50.8%。2014 年前 10 个月，中国对东盟投资为 39.9 亿美元，同比增长 3.9%。在投资领域和形式上，中国也一改最初以加工装配等生产性小型项目为主的局面，逐步发展成为涉及电力生产供应、采矿、批发零售、制造、租赁、商务服务、建筑、金融、交通运输、仓储、农林牧渔业等诸多领域齐头并举，并且也呈现出直接资本投资与技术投资相结合的综合型投资形式。2013 年年末，中国只在东盟设立直接投资企业 2700 多家，占我国在外设立投资企业总数的 10.6%。在国别方面，中国对东盟国家的投资同东盟国家的对华投资面临同样的问题，由于东盟各国在本身经济条件和投资环境及与中国经贸往来程度的差异，中国对东盟各国的投资分布也极不均衡，多集中于新加坡、印度尼西亚、泰国和越南、柬埔寨等东盟新成员国。由上述两大特征不难看出，中国与东盟国家在相互投资领域的基础相对薄弱，随着《投资协议》的签署及自由贸易区的全面启动，中国与东盟各成员国在双边投资领域有着极为广阔的发展空间；随着中国经济的发展，特别是中西部区域经济的开发，东盟各国无论是在投资地域还是在行业潜力方面都会面临更为广阔的投资机会；而随着在自由贸易区框架协议基础上区域内产业分工体系的进一步完善，中国和东盟的直接投资必然会出现前所未有的发展盛况。

从区外国际化角度来看，中国—东盟自由贸易区区域经济一体化进程所形成的统一大市场的规模效应在吸引区外直接投资方面同样也会得以体现。粗略估算，中国—东盟自由贸易区的成立，将会形成具有近 20 亿人口规模、逾 2 万亿美元 GDP 总值的庞大市场，这么一个充满着商机和消费潜力的巨大市场，对于任何一个国家或厂商都是不能忽视的。中国—东盟自由贸易区的全面启动，已经在降低关税壁垒方面取得了实质性的进展，随着服务贸易和相互投资的快速发展，在非关税贸易壁垒层面上的一体化进程也会加快。各种贸易壁垒的消除加上世界上各大自由贸易区所普遍采用的原产地规则，中国—东盟自由贸易区在通过经济一体化进程为各成员国创造福利的同时，也使得区外国家所生产的同质产品处于不利的竞争地位。为了摆脱这种不利局面，为了分享中国—东盟自由贸易区这一庞大的市场，在原产地规则的框架之下，通过直接投资的方式进入，在自由贸易区生产销售似乎成为区外厂商及国家的最佳选择。因此，中国—东盟自由贸易区的推进和发展，必然会吸引更多的区外直接投资的流入，从而促进自由贸易区各成员国整体经济水平的发展。

◇◇ 第二节　中国—东盟自由贸易区持续发展的政策建议

一　制约中国—东盟自由贸易区实质性建设的影响因素

在《货物贸易协议》《服务贸易协议》和《投资协议》相继签署之后，中国—东盟自由贸易区已经全面启动。对于双方而言，加快中国—东盟自由贸易区的建设无疑具有非常重要的现实意义，随着双边及多边磋商机制的进一步完善，自由贸易区的全面启动对于区域经济合作的促进和完善也会逐步体现得愈发明显。然而，受制于现实因素的限制，中国—东盟自由贸易区在全面启动之后的实质性建设层面上，依然有一些问题和制约因素存在。这些问题和制约因素，大体上可以分为制度性因素和内生性条件两个方面。

（一）在制度性因素方面，中国—东盟自由贸易区的建设和推进存在以下三个方面的制约因素。

第一，操作层面的对接不理想。在中国—东盟自由贸易区全面启动后，尽管《货物贸易协议》、《服务贸易协议》和《投资协议》这三大支柱性协议奠定了自由贸易区的制度基础，并且已经相继生效了较长时间。但就执行的实际效果而言，上述协议主要内容的普及和执行，要想得到自贸区各成员国地方政府和企业的普遍认知，尚需较长的推广时间。特别是对于中国部分内陆省市的企业而言，因未能提供协定涵盖范畴的产品原产地证书，而浪费了关税减免优惠的情况，还时有发生。中国—东盟自由贸易区三大协议条款设计较为复杂，涵盖面极为广泛，要想在各成员国企业、个人等微观层面上得到广泛认知并采取切实的应对方案，还有很长的一段路要走，还需要各国政府在协议执行方面进一步努力。操作层面上制约的客观存在，无疑会对自由贸易区实质性建设的推进和有关国家的切实受益，产生很大程度上的不利影响。

第二，东盟存在着诸多难以解决的内部矛盾。与北美自由贸易区和欧盟等世界上其他典型的区域经济合作组织不同，东盟不但包含的成员国较多，而且各成员国内部之间存在着由历史、地理、经济、文化等多方面差异造成的诸多问题，鉴于其复杂性和现实性，这些问题在短期内均难以得到妥善解决，具体表现在：（1）东盟10国在政治制度、经济体制和发展水平方面存在着巨大的差异性，形成了"老6国"和"新4国"这两个差异极为明显的阶层；东盟10国在经济发展水平上的巨大差异，使得东盟整体在切实推进中国—东盟自由贸易区实质性建设的统一行动中面临着比中国更为复杂的实际问题，这一问题的存在，无疑大大增加了自由贸易协定在执行方面所承担的成本以及在协调方面所面临的难度。（2）东盟内部缺少一个类似于美国、德国和法国的能够在政治、经济等各方面起到核心领导作用的国家，同样缺少一个能够解决问题的有效协调机制。东盟各成员国中，尽管新加坡经济发达程度最高，但受制于经济规模、人口面积等因素，发挥领导作用并不现实；印度尼西亚尽管在人口、资源方面较其他各国具有一定的优势，但其经济发展水平和经济发展速度还尚未从东南亚金融危机的强力冲击中彻底恢复过来；而泰国、越南等其他成员国在经济实力方面又都较为平均；东盟这一组织在主导力量和协调机制方面的缺失，不但会影响其自身经济政治一体化进程的推进，更会对中国—东盟自由贸易区的全面推进造成极为不利的影响。

第三，中国—东盟自由贸易区全面启动所带来的市场完全开放，必然会对成员国各自的弱势产业造成一定的负面冲击，从而加大了自由贸易区各成员国的执行成本，进而影响自由贸易区全面启动后的实质性推进。以中国为例，中国虽然是个农业大国，但农业整体的现代化水平并不高，部分农产品同东盟某些国家相比甚至处于绝对的弱势地位。随着中国—东盟自由贸易区建设的不断推进，从最初的《早期收获计划》到最终的《货物贸易协议》，自由贸易区各成员国之间农产品的贸易壁垒不断降低甚至完全取消。然而，关税取消之后市场放开，在东盟以热带水果为代表的农产品的冲击之下，中国特别是广西、广东等与东盟接壤的各省区相关农产品在生产和销售上都受到了很大的影响，这种影响的存在客观上加大了中国进行农业产业结构调整的迫切性和难度。东盟国家在其各自的弱势产业上同样也会面临着与中国类似的问题。在中国—东盟自由贸易区全面启动之后，如何尽快地通过产业结构调整化解市场完全开放后各自所面临的负面影响，是摆在自由贸易区各成员国面前的切实问题，这一问题能否妥善解决，无疑会关系到自由贸易区全面启动后的实质性发展和自由贸易区整体福利水平的改善。

（二）在内生性条件方面，中国—东盟自由贸易区的建设和推进存在以下几个方面的制约因素

第一，不均衡性。中国—东盟自由贸易区的建设和推进的不均衡性制约主要体现在两个方面。（1）贸易规模与贸易模式的不均衡。从贸易规模上看，2015 年中国与东盟间 4720 亿美元规模的双边贸易往来，同双方数万亿美元的 GDP 规模及各自对外经贸合作的规模与水平相比，仍然有进一步拓展的空间；从贸易模式上看，作为制造业大国，中国作为欧美日等发达国家初级制成品的重要来源国，生产原料、资源的消耗和需求都很大，中国—东盟自由贸易区的全面启动，中国这一巨大的原料销售市场已经向东盟内部的广大发展中国家完全敞开，再加上新加坡、印度尼西亚等国家在某些高技术产品制造方面的比较优势，东盟将会继续成为中国最大

的贸易逆差来源地之一，这种由贸易模式所造成的在贸易规模上的不均衡，也会在一定程度上制约双边贸易的进一步发展和推进。（2）自由贸易区各成员国内部经济规模与发展水平的不均衡。包括中国在内，中国—东盟自由贸易区共有 11 个成员国，按人均国民总收入指标测算，新加坡是唯一的高收入国家，泰国、中国、印度尼西亚、菲律宾属于中等收入国家，而越南、老挝、柬埔寨等国则属于低收入国家。人均收入与经济发展水平的巨大差异，使得各成员国在自由贸易区建设与推进进程中的利益诉求存在很大的不同。中国—东盟自由贸易区最终的"全面"启动，可以说是经济较发达国家在拓展自由贸易区深度广度、进一步开放市场与经济较落后国家在国内市场及弱势产业保护方面的妥协，东盟"新 4 国"享受的关税保护过渡期便是很好的例证。中国—东盟自由贸易区各成员国间这种经济发展水平巨大差异性的存在，必然会使得整个自由贸易区市场在未来真正意义上的完全开放存在一定的不确定因素，从而制约着自由贸易区全面启动后更为深入的推进和发展。

第二，竞争性。尽管中国与东盟在产业和贸易结构方面存在着一定的互补性，这也是自由贸易区得以建立的基础，但是同属于发展中国家的大多数成员国由于经济、技术发展水平的相近，在经济结构方面所表现出来的同质性和竞争性也是各成员国必须面对的一个现实。从资源禀赋上讲，中国与东盟除新加坡以外的各成员国均属于劳动力资源较为丰富、在劳动密集型产品方面具有一定比较优势的国家；从贸易对象上讲，各国所实行的也都是以欧美日为主要出口市场的外向型贸易发展战略。资源禀赋与贸易对象的相似，使得各成员国之间在产品出口和外资吸引方面长久以来都存在着竞争的关系。因此，如何在经济发展水平参差不齐、经济结构同质化严重的不利基础之上，通过加快区域经济合作、促进产业结构调整等途径建立起自由贸易区内较为合理完善的水平及垂直分工体系，成为关系中国—东盟自由贸易区在全面启动之后进一步推进和发展的重要制约因素。

第三，投资自由化的滞后。在中国—东盟自由贸易区的三大支柱性协议中，《投资协议》签署时间最晚，影响中国—东盟自由贸易区在未来的进一步深化与拓展。限制双边投资增长的因素包括双方由于经济结构相似所导致的在吸引外资方面的竞争性，也有自由贸易区内各成员国之间金融合作程度的相对滞后。从自由贸易区整体情况来看，在此前东南亚金融危机及此次由次贷危机引发的全球性金融危机之后，中国及东盟各国对于本国金融服务业市场的完全开放并不是非常热衷，在自由结算制度和货币金融政策方面，中国与东盟各国之间也缺乏一个行之有效的协调机制，这些都是造成中国—东盟自由贸易区内各成员国之间金融合作进程相对滞后的重要因素。有效金融合作机制的缺失和不够深入，显然与自由贸易区内贸易规模的增长不相匹配，这也必将会制约中国—东盟自由贸易区全面启动之后自贸区建设的进一步深入。中国国内金融服务业发展的滞后，同样也对中国对外投资及中国—东盟自由贸易区投资自由化的进一步深入拓展造成一定的制约和影响。这一制约和影响可以从银行业对于中国企业对外投资促进与保护作用的缺失中得以直观体现。

总的来说，中资银行难以对中国境外投资企业提供有效的境外投资、融资服务。按照发达国家的惯例，国内银行对本国对外投资企业所提供的投资、融资服务主要体现在两个方面：一是依托于本国政府及金融机构的国际金融关系网，协助企业从外国金融机构处获得贷款支持；二是通过其在东道国设立的分支机构，协助企业在东道国市场通过项目融资或债券发行等方式从国际资本市场获得必要的资金支持。然而，中国的银行业在上述两个方面基本上很难发挥必要的支持作用。一方面，中国尚不具备能得到国际广泛认可的企业信用登记评级制度，中资银行在国际资本市场上几乎不具备国际评级方面的信用和实力，再加上中国企业目前在东盟国家从事的往往是小规模的基础产业投资，国内银行基本上很难协助中国对外投资企业建立海外融资所必需的资信水平，在缺乏海外金融机构认可和信任的情况之下，中国的投资企业很难获得必要的资金支持来扩大自己的对外投资规模。另一方面，国内商业银行的业务能力与层级同海外投资企业的服务需求并不匹配。受制于有限的跨国经营能力，中资银行在国外特别是东盟国家的分支机构极少，这些有限的分支机构更多地也只是在提供人民币信用卡、国际结算、存汇兑等传统业务，除去国家开发银行及进出口银行所提供的有限的政策性信贷支持外，中国的海外投资企业很难从中资银行的海外分支机构满足必要的资金需求，中资银行的业务种类同海外投资企业的实际需求还有很大的缺口。资金支持和服务需求方面的缺失，也在很大程度上限制了中国企业对东盟成员国进行投资的积极性与获利空间，从而制约了中国对东盟投资的健康发展。

二　中国视角下推进自由贸易区持续发展的政策建议

通过对上述制约并影响中国—东盟自由贸易区全面启动后向更深程度拓展和推进的不利因素的分析，鉴于自由贸易区各成员国间经济发展水平不均衡、由于出口产品结构相似而存在竞争性、投资自由化发展相对滞后等内生不足与自由贸易区制度性因素，从中国的视角出发，我们应该在继续优化货物贸易的同时，寻求在服务贸易与投资领域广阔空间的进一步扩展；同时，还要积极促进自由贸易区各成员国间有效协作磋商机制的建立，强化中国在区域经济合作进程中的主导作用，在加快国内产业结构调整、促进经济快速和谐发展的同时，推动中国—东盟自由贸易区深度一体化的实现。

（一）优化货物贸易结构

中国—东盟自由贸易区已全面启动，要想达到多边共赢的最终效果，一定要进一步提升自由贸易区各成员国贸易结构互补性；站在中国的角度，通过保持中国对东盟国家在高技术附加值出口产品方面的技术优势，从而达到优化中国贸易结构的目的，具有非常重要的现实意义。在继续优化货物贸易方面，中国的政策性引导应该从以下几个方面入手。

第一，通过出口贸易政策的引导来促进中国贸易结构的优化。贸易结构的优化，有赖于中国出口产品国际市场竞争力的全面提升；为达到这一目的，在产业政策方面，应该从以下两方面同时入手：（1）重点扶持高附加值产品出口企业，对提升出口产品技术含量及附加值为目的的技术创新予以政策鼓励。具体地说，要对企业所生产并出口的高技术产品予以更高的退税比例，使其获得在国际竞争中的成本优势和价格优势，提升其利润水平，以确保此类高新技术企业能够较为快速地进行资本积累和规模扩张。（2）限制具有高能耗、高污染特性的低附加值产品的生产及出口动机，逐步减免对于此类产品的出口退税等优惠政策，甚至可以在适当情况下通过加收税赋的方式限制此类低附加值产品生产企业规模的扩张。如果通过在产业政策方面的有保有压，我们能够培养出一大批在国际市场上具有一定综合竞争力的、具有较高技术含量和附加值水平的出口生产企业，提升高附加价值产品出口比例这一目标便会逐步得以实现，从而使中国对东盟各成员国的贸易结构得以全面优化。

第二，要充分重视自由贸易区外部直接投资的引入。改革开放30多年来，外商直接投资对于中国经济增长的贡献有目共睹，合理利用外资来提升中国出口产品的技术含量和附加值水平，进而优化贸易结构，同样具有现实的必要性和可操作性。在政策方面对于外资流入的引导，同样也要根据外资企业的技术水平实行有保有压的区别对待。在改革开放初期，多数外资的进驻，主要是为了利用我国廉价的劳动力成本和丰富的基础性生产资料，此类外资企业所生产并出口的多数也是高污染、高能耗且技术含量、附加价值都比较低的初级产品，这些企业和产品虽然消耗掉我国大批的生产资料，但是对于我国出口产品结构的优化并没有起到任何的积极作用。因此，在政策上我们应该在不违反 WTO 和中国—东盟自由贸易区

《投资协议》的基础上，适度限制此类外资企业的流入。相反，应该把政策引导的重点放在吸引高技术含量和生产水平的外商直接投资上，可以鼓励此类外资企业将其高技术含量生产环节向我国转移，来达到通过其高技术含量、高附加值产品的出口优化我国贸易结构的目的。此外，由于技术溢出效应的存在，此类高技术含量外资的进入，也有助于提升我国相关产业的整体技术水平，带动本土化企业高附加值产品的出口，从而间接地推动我国贸易结构的进一步优化和全面升级。

（二）深化服务贸易自由化

除优化货物贸易结构外，深入发展中国—东盟自由贸易区内的服务贸易，既是货物贸易急速扩张所引致的双方对于各种服务需求急剧扩大的必然结果，也是实现自由贸易区深度一体化进程的必然选择。在中国—东盟自由贸易区《服务贸易协议》签署之前，东盟国家之间的服务贸易自由化便已经在世界贸易组织（WTO）《服务贸易总协定（GATS）》的推动之下展开，经过近些年来的发展，东盟各国已经在相互间市场开放的前提之下，培养出了一大批具有国际竞争力的服务业企业，特别是在通信、旅游酒店、航海运输、建筑工程和商业银行领域，东盟国家市场成熟度与服务贸易自由化已经到了相对发达的程度。就中国而言，随着双边贸易的进一步发展，东盟各国对于中国制造的基本消费品及机械、生产设备等行业产品的需求日益扩大，因此，依托货物贸易、积极推进同制造业出口相关的服务贸易应当成为中国在中国—东盟自由贸易区全面启动框架之下，大力发展区内服务贸易的政策选择。

与东盟国家相比，中国的服务业整体上也存在着一定的比较优势。（1）中国具有容量巨大、发展潜力相当深厚的国内服务市场，这一市场对于东盟国家而言，无疑极具吸引力。在《服务贸易协议》的框架之下，我们通过对国内潜在服务市场的开放，以换取进入东盟各国相对发达的服务业市场机会，为中国的服务业企业提供极为难得的走出国门的机遇。

（2）与东盟国家相比，中国服务业在劳动密集型服务行业具备一定的成本优势，同时在知识密集型服务行业具备专业人员素质高、数量大的相对优势，而在旅游等服务行业又具备旅游资源丰富性、多样性等优势，这些优势都是中国同东盟深入发展服务自由贸易的基础。

因此，在中国—东盟自由贸易区全面启动的框架之下，通过政策引导的方式，采取各种有效措施大力鼓励中国服务业企业出口的扩大，不但可以起到优化中国出口贸易结构、带动中国服务业和国民经济整体发展的作用，还可以在广度和深度上促进区内经济一体化的进一步深入发展。此外，在中国—东盟自由贸易区《服务贸易协议》框架范围的基础之上，可以通过与东盟部分成员国签订在《服务贸易协议》实施领域以外的双边贸易自由化协议，加强同某些服务业发展程度较高的东盟成员国在服务贸易方面的双边合作，也不失为促进中国服务业发展、推进区域服务贸易深度一体化进程的另一种思路。

（三）推进投资自由化进程

在优化货物贸易结构、深入发展服务贸易的基础之上，以货物服务贸易自由化带动投资自由化、以投资自由化推进货物服务贸易自由化，从而实现在货物、服务和投资领域的深度一体化，是中国—东盟自由贸易区全面启动、进行实质性建设的高级目标。因此，如何在《投资协议》的基础之上积极推进自贸区投资自由化的一体化进程，是推进中国—东盟自由贸易区实现深度一体化的重中之重。从中国视角出发，自由贸易区内投资自由化的推进，应当从以下两个层面入手。第一，确立以贸易带动投资的总策略。在策略的执行方面，还应该根据自由贸易区各成员国在国别、投资方式、产业选择和企业发展阶段的不同因地因时制宜，以促进我国对外投资自由化进程的稳步推进。第二，在以货物贸易带动投资的策略前提下，依托自由贸易区《服务贸易协定》，更应该通过加快完善我国金融服务业的发展水平，为国内企业对东盟的直接投资保驾护航，提供必要的金融服务支持，从而实现对东盟直接投资的快速稳定增长。

首先，需要确定贸易带动投资的总策略。总结欧、美、日等发达国家对外直接投资的成功发展经验，依靠产品来开拓市场进而通过技术出口或合作方式促进对外直接投资是它们共同的发展模式，以贸易为先导、通过贸易带动投资的成功经验值得我们借鉴。中国企业同样也应该首先通过对东盟国家的产品出口来培育对方市场，对东道国居民的生活消费习惯和市场情况有了长期和充分的研究之后，再逐步向由投资促进直接出口的方向转变。这样不但可以降低因对东盟国家市场环境不熟悉而进行盲目投资带来的风险，也能够起到降低投资成本、提高投资效率的作用，贸易带动投资的模式应该成为我国加大对东盟国家直接投资、促进中国—东盟自由贸易区投资自由化发展的战略性措施。贸易带动投资总策略的实施，需要根据东盟成员国经济发展水平等诸多因素的不同，在操作层面上制定出不同的执行方针，具体有以下三个方面的主要内容。

第一，国别因素的不同。按照经济发展水平和人均国民收入的差异，东盟 10 个成员国大体上可以划分为四个层次：第一类是以新加坡、文莱为代表的发达国家；第二类是以泰国、菲律宾、马来西亚和印度尼西亚为代表的新兴工业化国家；第三类是以越南为代表的尚处于改革进程当中的国家；第四类则是包括缅甸、老挝、柬埔寨在内的最不发达国家。这些国家在经济发展水平、国内市场结构、法律社会环境等多方面的差异，必然决定了对于这些国家进行直接投资时，应该因地制宜采取灵活多样的针对性策略。大体上讲，可以根据不同国家在经济技术方面的优势差异，鼓励我国资本通过技术合作、共享经营和直接投资等多种方式进入东盟国家市场。例如，受益于日、韩等发达国家产业转移的新加坡、马来西亚等国，工业化程度和高新技术产业近年来在其国内产业结构当中的比例得以大幅度提升，甚至在部分领域具备强于中国的比较优势，因此，对此类东盟国家的直接投资更应该采取技术合作投资的方式开放彼此间的资本市场；对于工业发展水平与中国几乎处于同一阶段的印度尼西亚、泰国、菲律宾等国，应该采取共享市场、合作经营的方式来扩大中国对其直接投资的规模和推进自贸区内投资自由化的发展，特别是对于各国在资源禀赋方面和各有千秋的旅游产业，共享合作的投资模式具有更强的可行性；相对于处于东盟中下游水平的越南、老挝、缅甸、柬埔寨等国，中国无论是经济规模还是技术实力均处于绝对的领先地位，完全有能力依靠自身力量去开拓这些国家的市场，而这些国家自身的基础建设和经济发展，也需要来自于中国和东盟其他成员国的资金支持。因此，通过双边或多边协商机制获得进行直接投资的机会，是扩大中国对这些国家投资规模、推进自由贸易区投资自由化进程最为直接、最为有效的方式。

第二，投资方式的不同。从出资方角度分类，中国对东盟各国的直接投资可以选取的投资方式包括独资和合资两种，这两种投资方式各有利弊。独资经营适用于具有一定规模、技术优势和国际市场竞争力的大型企业集团，它不但有利于企业在其资本、技术、管理等各个经营层面上相对优势的保持，同时还有利于海外分支机构同母公司在经营战略上保持一致，实现较高的经营管理效率和企业利益的最大化。不过独资经营往往会受到对外资设置企业控股比例的政策限制。相比较而言，合资经营更为符合中国企业对外投资自身能力不足的现状。合资经营有利于中国企业与东道国投资伙伴的优势互补，可以在防范经营风险、熟悉市场环境等方面起到极为重要的作用，特别是在通过投资介入中国缺乏明显比较优势行业的市场的情况下，合资经营这一模式便有了更为重要的现实意义。此外，根据所投资行业领域的不同，也存在着多样化投资方式的选取；对于制造业的投资，可以采取境外加工这一最基本的投资方式，对于能源、基础设施建设等资本密集型行业的投资，可以采取股权投资等多种投资方式。

第三，产业选择的不同。产业选择的不同，可以将中国对东盟的投资划分为向上投资和向下投资两大类。所谓向上投资是通过跨国经营或者技术合作的方式向具备产业比较优势的更高梯次的国家进行的对外投资，旨在通过获取、吸收先进国家或行业的先进技术及经营理念，促进国内弱势产业的发展并创造出新的比较优势；向下投资则是依托自身现有的产业比较优势向更低梯次国家进行的对外投资。随着中国—东盟自由贸易区《投资协议》的签署，中国与东盟成员国之间的投资自由化进程开始起步，考虑到中国自身产业比较优势和产业结构调整的需求，中国应该以国内过剩产能的转移为出发点，结合东盟各成员国不同的经济技术发展水平和市场结构，形成制造业投资的梯次结构，进一步推进中国对东盟直接投资规模的扩大和自由贸易区投资自由化的发展进程。之所以将制造业作为中国进行对外直接投资的突破口，主要是基于以下两方面因素的考虑：（1）制造业的产业优势在不同国家之间容易得到最为直观的体现，以制造业直接投资带动贸易增长和投资自由化程度的加深，在发达国家自由贸易区建设中得到了实践的有效证明；（2）由于制造业存在着广泛的上下游产业链关联，以制造业投资为起点，有助于更多领域和更深层面上关联投资需求的产生，制造业直接投资在贸易替代、贸易创造、市场扩张等方面会起到非常重要的作用。所谓制造业投资的梯次结构，主要是指中国应该根据东盟各成员国在其内部经济发展程度和技术水平所表现出来的梯度，在不同国家有针对性地选择具有独特比较优势的相应产业进行投资，从而在中国的对外投资结构上形成不同技术水平的制造业投资梯次结构。例如，老挝、柬埔寨等经济发展水平较低的东盟国家，是中国利用传统优势进行劳动密集型行业投资和产能转移的绝佳对象；而新加坡、马来西亚、文莱等经济发展程度相对较高的东盟国家，投资重点则应该以具有一定技术含量的，资本技术密集型产业为主。这种梯次投资结构的建立，既可以促使中国国内低端制造业产能的转移，还能够利用东盟较发达国家的市场体制和技术水平来促进中国相应产业的发展和结构调整，从而提升中国对外投资的整体竞争力水平。从发展阶段来看，由劳动密集型向资本、技术密集型发展模式的转变，是发达国家对外直接投资扩张的必经之路。因此，在自由贸易区全面启动的框架下，以劳动密集型制造业投资为出发点，逐步向技术密集型产业投资的方向扩张，也是中国扩大对外投资、促进自由贸易区投资自由化进程的一大主要方向。

总之，中国与东盟国家在自由贸易区投资自由化框架之下相互投资，有着极为广阔的发展空间。就中国而言，应该以东盟中下游国家为突破口，以劳动密集型产业对外投资为切入点，通过梯级投资结构的建立，在逐步提升对外投资的国际竞争力的同时，有效地促进国内产业结构的调整和国民经济的健康发展。

其次，加快和完善金融服务业的发展水平以支持中国对东盟投资的增长。对外直接投资企业要想真正做大做强，离不开国内金融服务业特别是银行业为其境内外投、融资提供有效的资金及服务支持，因此，进一步完善中国银行业服务体系对于促进中国对东盟直接投资及自由贸易区内投资自由化的稳步推进同样具有不可忽视的重要作用。为此，在政策导向上我们应该从如下几个方面着手。

第一，鼓励中国商业银行走出国门，对中资银行在东盟各成员国设立分支机构予以必要的政策扶持和监督管理，以发挥其在中资企业对外投资服务上的一线堡垒作用。由于商业银行跨国资本市场经营会面临着较其国内经营更为复杂的经济、政治情况及相应的风险，离开本国政府的强大后盾支持，否则商业银行境外分支机构很难有所作为。一方面，随着中国对外贸易和投资规模的持续扩大，政府应该积极地制定与这一趋势相适应的银行跟随战略，通过优惠税收、放宽门槛、加强保障等扶持措施，切实鼓励中国商业银行在东盟国家的业务拓展；另一方面，在鼓励中资银行直接设立分支机构进行海外业务拓展的同时，也应该通过强化同东盟各成员国当地金融机构的合作，设立合资分支机构，以间接的方式为对东盟进行直接投资的中国企业提供投融资、担保、结算等配套的金融服务。

第二，在鼓励中国商业银行走出国门之后，还要通过加强与当地特别是在金融服务业领域具备比较优势的金融机构的积极合作，探索出符合中国国情和对外投资企业实际业务需求的创新之路，切实提高中资银行的跨国经营管理水平和风险控制能力。中资银行自身业务的做大做强，不但可以利用其自身的实力为中国企业提供资金支撑，还可以利用其在东道国市场建立起来的信誉，建立健全为当地市场所认可和接受的信用评级机制，协助中国企业的融资需求通过国际资本市场渠道得到合理满足。

第三，在中国对东盟投资企业的境内融资需求方面，应该充分发挥政策性银行的强大作用，在企业走出国门之前便为其提供强大的政策性资本支持。一方面，中国政府可以通过国家开发银行、进出口银行等政策性金融机构，通过政策性融资手段的运用为中国企业的海外投资提供坚实有力的信贷支持；另一方面，也可以在政策主导下设立新的政策性金融机构及境外投资专项基金，为中国企业在境外独资或合资的直接投资予以专项支持，特别是对于那些可以优化中国对外投资结构，有助于中国产业结构调整的海外投资项目，应予以更大力度的政策倾斜。

（四）大力推动贸易和投资便利化进程

推动中国与东盟贸易便利化，加强双边的经济合作层次和一体化水平，逐步递减固定贸易成本，削减非贸易性壁垒，既符合当前国际贸易发展和经济合作的必然趋势，也符合本书理论和实证预测的结论。便利化的内涵广泛，包括海关程序的简化、协调通关程序、防疫检验、标准和一致化、电子商务，以及商务人员的自由流动等。削减非关税壁垒，特别是技术性贸易壁垒，如技术性法规、标准，包装、标记和标签，以及评定程序、技术协定和标准等，对加速区域经济一体化和双边经贸关系的发展将起到关键性的作用。根据前文的研究结论表明，由贸易和投资便利化促成的双边固定贸易成本的下降，对扩展性贸易边际的增长具有极为显著的拉动作用，对中国出口增长结构的改善发挥积极的效用。

中国与东盟国家在 2009 年 10 月 21 日通过了《中国—东盟贸易便利化南宁倡议》，以期提高彼此的合作层次和水平，共同推动贸易便利化的深入发展。积极推动本国贸易便利化进程，加强相互间的对话与沟通，推动监督互认、执法互助、信息互换等方面的实务合作；建立中国与东盟各国海关及相关政府机构与商界更加紧密的战略合作伙伴关系，提高合作水平，加强行业自律和守法经营，实现合作双赢，共同推动贸易便利化的深入发展，是全球贸易便利化的必然要求。双边海关合作在已有的区域经济一体化框架下，开展的"单一窗口""AEO 互认""原产地电子互联网核查"等项目的试点都是这一政策的重要体现。开发中国与东盟国家间的过境贸易模型，加强海关与商业界合作与信息沟通，促成商务人员和劳动力在地区内的自由流动，加强对商业界和企业以及管理人员的培训，使之充分利用政策导向和政策优惠，促成对外投资和贸易的微观企业行为，使得外贸企业共享区域经济一体化的成果；巩固已有区域内经济合作成果，突破现有的瓶颈，为自贸区的建立和进一步深化，保障贸易安全便利扫清障碍。区域内的贸易和投资便利化的推进以及合作必将成为今后一段时间内重要政策导向和工具，也必然会推动中国—东盟自由贸易区向更高层次的区域一体化合作方向发展。

随着区域经济合作的不断深入、合作范围的不断扩展，区域经济一体化层次的提高是一个必然趋势。中国—东盟自由贸易区的发展目标设定相对单一，运行机制较为简单。东盟和中国 10 + 1 组织以实现和建立自由贸易区为最终目标，并未涉及关税同盟、统一市场，甚至统一货币和政治联盟等高级形式。此发展目标的设定符合了中国和东盟国家的实际，具有现实可行性，基本上满足了现阶段双边建构自贸区以促进双边经贸关系发展的要求；并且舍弃了政治性因素的阻碍，促成了现阶段自贸区的目标更加顺利地得以实现。经济领域合作的深入和双边关系的紧密，将为更高层次的区域一体化奠定坚实的基础，在成员国扩展（如 10 + 3）、统一市场

（包括人员和劳务的自由流动），甚至统一货币（亚元区）等区域一体化高级层次发展方面留有余地，待条件成熟后，便可以将区域一体化层次的提升提到谈判日程。从区域贸易协定包含的内容来看，目前的中国—东盟自由贸易区协定所涉及的内容相对单一，在知识产权、反倾销与反补贴、政府采购、动植物检疫、竞争政策等许多方面还没有涉及，这为今后的双边谈判和合作开展留有更大的发展空间，在次区域环境保护、劳动力流动、海关程序等方面的合作大有可为，自贸区全面建成后的不断实践也有利于双边合作范围的不断扩大。可见，这样一条逐步过渡、逐渐完善、稳步提升的道路更适合本地区经济政治的现实条件。今后，考虑到区域一体化层次提升的发展前景，欧盟的管理体系和运作机制也十分值得本地区借鉴。

附　录

附录一　"早期收获计划"

附表 1—1　　　　　**中国与东盟 6 国税率**　　　　单位:%

X% = 税率	2004 年	2005 年	2006 年
X > 15	10	5	0
5 < X < 15	5	0	0
X < 5	0	0	0

附表 1—2　　　　**越南、老挝、柬埔寨和缅甸（东盟新成员）**

税率：高于 30%　　　　单位:%

国家/年份	2004	2005	2006	2007	2008	2009	2010
越南	20	15	10	5	0	0	0
老挝与缅甸	—	—	20	14	8	0	0
柬埔寨	—	—	20	15	10	5	0

附表 1—3　　　**越老柬缅（东盟新成员）税率：低于 30% 高于 15%**　　　单位:%

国家/年份	2004	2005	2006	2007	2008	2009	2010
越南	10	10	5	5	0	0	0
老挝与缅甸	—	—	10	10	5	0	0
柬埔寨	—	—	10	10	5	5	0

附表1—4　　　　越老柬缅（东盟新成员）税率：低于15%　　　单位：%

国家/年份	2004	2005	2006	2007	2008	2009	2010
越南	5	5	0—5	0—5	0	0	0
老挝与缅甸	—	—	5	5	0—5	0	0
柬埔寨	—	—	5	5	0—5	0—5	0

资料来源：《中国—东盟自贸区〈货物贸易协议〉解读》，《国际商报·中国东盟商务周刊》，http：//www.caexpo.org/gb/news/special/tariff/research/t20050719_44383.html。

附录二　《货物贸易协议》全面降税时间表

附表2—1　　　　　中国和东盟6国正常商品税率　　　　　单位：%

X% = CAFTA 优惠税率	中国—东盟自由贸易区优惠税率			
	2005 年	2007 年	2009 年	2010 年
X > 20	20	12	5	0
15 < X < 20	15	8	5	0
10 < X < 15	10	8	5	0
5 < X < 10	5	5	0	0
X < 5	不变	0	0	

附表2—2　　　　　越南一轨正常产品降税时间　　　　　单位：%

X% = CAFTA 优惠税率	中国—东盟自由贸易区优惠税率							
	2005 年	2006 年	2007 年	2008 年	2009 年	2011 年	2013 年	2015 年
X > 60	60	50	40	30	25	15	10	0
45 < X < 60	40	35	35	30	25	15	10	0
35 < X < 45	35	30	30	25	20	15	5	0
30 < X < 35	25	20	20	15	15	10	5	0
25 < X < 30	20	20	15	15	15	10	0—5	0
20 < X < 25	15	15	10	10	10	5	0—5	0
15 < X < 20	15	15	10	10	10	5	0—5	0
10 < X < 15	10	10	10	10	8	5	0—5	0

X% = CAFTA 优惠税率	中国—东盟自由贸易区优惠税率							
	2005 年	2006 年	2007 年	2008 年	2009 年	2011 年	2013 年	2015 年
7 < X < 10	7	7	7	7	5	5	0—5	0
5 < X < 7	5	5	5	5	5	5	0—5	0
X < 5	不变							0

附表2—3　　　　　老挝柬埔寨缅甸一轨正常产品的降税时间　　　单位:%

X% = CAFTA 优惠税率	中国—东盟自由贸易区优惠税率							
	2005 年	2006 年	2007 年	2008 年	2009 年	2011 年	2013 年	2015 年
X > 60	60	50	40	30	25	15	10	0
45 < X < 60	40	35	35	30	25	15	10	0
35 < X < 45	35	35	30	30	20	15	5	0
30 < X < 35	30	25	25	20	20	10	5	0
25 < X < 30	25	25	25	20	20	10	5	0
20 < X < 25	20	20	15	15	15	10	0—5	0
15 < X < 20	15	15	15	15	15	5	0—5	0
10 < X < 15	10	10	10	10	8	5	0—5	0
7 < X < 10	7	7	7	7	7	5	0—5	0
5 < X < 7	5	5	5	5	5	5	0—5	0
X < 5	不变							0

资料来源:《中国—东盟自贸区〈货物贸易协议〉解读》,《国际商报·中国—东盟商务周刊》,http://www.caexpo.org/gb/news/special/tariff/research。

附录三　中国出口至东亚4经济体的二元边际分解

附表3—1　　　　　中国—日本双边的贸易二元边际现状

	扩展性贸易边际			集约边际成本		
	价值 (百万美元)	数量 (百万美元)	商品种类 (个)	价值 (百万美元)	数量 (百万美元)	商品种类 (个)
2001—2002 年	88328.02135	85425.39	199	52754123.25	55617061	4010

续表

	扩展性贸易边际			集约边际成本		
	价值 （百万美元）	数量 （百万美元）	商品种类 （个）	价值 （百万美元）	数量 （百万美元）	商品种类 （个）
2001—2003 年	126348	190554	234	52758009	55632928	4016
2001—2004 年	101511	163037.7	377	52750509	55613790	4013
2001—2005 年	206304.9	299230.8	294	52696136	55584133	4013
2001—2006 年	311342.8	286047.9	338	52686497	55444832	4030
2001—2007 年	765850.2	388352.3	316	51137454	55339752	3814

附表 3—2 　　　　　**中国—韩国双边的贸易二元边际现状**

	扩展性贸易边际			集约边际成本		
	价值 （百万美元）	数量 （百万美元）	商品种类 （个）	价值 （百万美元）	数量 （百万美元）	商品种类 （个）
2001—2002 年	52770.94	179346.2	273	13232081	43821020	3878
2001—2003 年	96637.49	215137.9	313	13230356	43819811	3874
2001—2004 年	238183.9	380602.7	363	13230457	43816275	3897
2001—2005 年	459366.2	789747.8	419	13236003	43816099	3923
2001—2006 年	790608.8	1298518	478	13216041	43786629	3916
2001—2007 年	1353317	2012435	424	13049893	43768719	3754

附表 3—3 　　　　　**中国—中国香港双边的贸易二元边际现状**

	扩展性贸易边际			集约边际成本		
	价值 （百万美元）	数量 （百万美元）	商品种类 （个）	价值 （百万美元）	数量 （百万美元）	商品种类 （个）
2001—2002 年	9008.35	4340.13	125	65820111	33328741	4222
2001—2003 年	11935.9	9617.416	144	65815612	33284062	4204
2001—2004 年	41183.66	12061.42	153	65816206	33332252	4212
2001—2005 年	27948.48	30210.76	171	65799833	33291365	4222
2001—2006 年	208727.4	38158.26	178	65807021	33297540	4222
2001—2007 年	289345	116986	188	63711644	33015558	3992

附表3—4　　　　　　　　中国—印度双边的贸易二元边际现状

	扩展性贸易边际			集约边际成本		
	价值 （百万美元）	数量 （百万美元）	商品种类 （个）	价值 （百万美元）	数量 （百万美元）	商品种类 （个）
2001—2002 年	35452.75	19858.36	499	2056770	9335766	2898
2001—2003 年	97796.05	227685.1	625	2053928	9284492	2943
2001—2004 年	150955	160519	783	2051522	9289532	2893
2001—2005 年	366504.1	263459	925	2057442	9283772	3043
2001—2006 年	848631	798475.4	982	2019953	7746637	2956
2001—2007 年	1611606	1597655	956	2048224	9266288	3025

数据来源：根据 CEPII BACI 数据，经笔者计算整理而得。

附录四

HS 编码为编码协调制度的简称，由国际海关理事会制定，英文名称为 The Harmonization Code System（HS-Code）。国际通行的 HS 编码有 22 大类 98 章，由 2 位、4 位及 6 位码组成。

HS 编码	编码描述
第一类	活动物；动物产品
第二类	植物产品
第三类	植物油、脂及其分解产品；精制的食用油脂；动、植物蜡
第四类	食品；饮料、酒及醋；烟草、烟草及烟草代用品的制品
第五类	矿产品
第六类	化学工业及其相关工业的产品
第七类	塑料及其制品；橡胶及其制品
第八类	生皮、皮革、毛皮及其制品；鞍具及挽具；旅行用品、手包及类似品；动物肠线（蚕胶丝除外）制品
第九类	木及木制品；木炭；软木及软木制品；稻草、秸秆、针茅或其他编结材料制品；篮筐及柳条编结品
第十类	木浆及其他纤维状纤维素浆；纸及纸板的废碎品；纸、纸板及其制品

续表

HS 编码	编码描述
第十一类	纺织原料及纺织制品
第十二类	鞋、帽、伞、杖、鞭及其零件；已加工的羽毛及其制品；人造花；人发制品
第十三类	石料、石膏、水泥、石棉、云母及类似材料的制品；陶瓷产品；玻璃及其制品
第十四类	天然或养殖珍珠、宝石或半宝石、贵金属、包贵金属及其制品；仿首饰；硬币
第十五类	贱金属及其制品
第十六类	机器、机械器具、电气设备及其零件；录音机及放声机、电视图像、声音的录制和重放设备及其零件、附件
第十七类	车辆、航空器、船舶及有关运输设备
第十八类	光学、照相、电影、计量、检验、医疗或外科用仪器及设备、精密仪器及设备；钟表；乐器；上述物品的零件、附件
第十九类	武器、弹药及其零件、附件
第二十类	杂项制品
第二十一类	艺术品、收藏品及古物
第二十二类	特殊交易品及未分类商品

第一类 活动物；动物产品

1	活动物
2	肉食及食用杂碎
3	鱼、甲壳动物、软体动物及其他水生无脊椎动物
4	乳品；蛋品；天然蜂蜜；其他食用动物产品
5	其他动物产品

第二类 植物产品

6	活树及其他活植物；鳞茎、根及类似品；插花及装饰用簇叶
7	食用蔬菜、根及块茎
8	食用水果及坚果；柑橘属水果或甜瓜的果皮
9	咖啡、茶、马黛茶及调味香料
10	谷物
11	粉制工业产品；麦芽；淀粉；面筋
12	含油子仁及果实；杂项子仁及果实；工业用或药用植物；稻草、秸秆及饲料

续表

	第三类 植物油脂及其分解产品；精制的食用油脂；动、植物蜡
13	虫胶；树胶、树脂及其他植物液、汁
	第四类 食品；饮料、酒及醋；烟草、烟草及烟草代用品的制品
	第五类 矿产品
	第六类 化学工业及其相关工业的产品
	第七类 塑料及其制品；橡胶及其制品
	第八类 生皮、皮革、毛皮及其制品；鞍具及挽具；旅行用品、手包及类似品；动物肠线（蚕胶丝除外）制品
	第九类 木及木制品及篮筐编织品
14	编结用植物材料；其他植物产品
46	稻草、秸秆、针茅或其他编结材料制品；篮筐及柳条编结品
	第十类 木浆及其他纤维状纤维素浆；纸及纸板的废碎品；纸、纸板及其制品
47	木浆及其他纤维状纤维素浆：回收（废碎）纸或纸板
48	纸与纸板：纸浆、纸或纸板制品
49	书籍、报纸、印刷图画及其他印刷品：手稿、打字稿及设计图纸
	第十一类 纺织原料及纺织制品
50	蚕丝
51	羊毛、动物细毛或粗毛；马毛纱线及其机织物
52	棉花
53	其他植物纺织纤维；纸纱线及其机织物
54	化学纤维长丝
55	化学纤维短纤
56	絮胎、毡呢及纺织物；特种纱线；线、绳、索、缆及其制品
57	地毯及纺织材料的其他铺地制品
58	特种机织物；簇绒织物；花边；装饰毯；装饰带；刺绣品
59	浸渍、涂布、包覆或层压的纺织物；工业用纺织制品
60	针织物及钩编织物
61	针织或钩编的服装及衣着附件
62	非针织或非钩编的服装及衣着附件
63	其他纺织制成品；成套物品；旧衣着及旧纺织品；碎织物

续表

	第十二类　鞋、帽、伞、杖鞭及其零件
64	鞋靴、护腿和类似品及其零件
65	帽类及其零件
66	雨伞、阳伞、手杖、鞭子、马鞭及其零件
67	已加工羽毛、羽绒及其制品；人造花；人发制品
	第十三类　石料、石膏、水泥、石棉、云母及类似材料的制品；陶瓷产品；玻璃及其制品
68	石料、石膏、水泥、石棉、云母及类似材料的制品
69	陶瓷产品
70	玻璃及其制品
	第十四类　天然或养殖珍珠、宝石或半宝石、贵金属、包贵金属及其制品；仿首饰；硬币
71	天然或养殖珍珠、宝石或半宝石、贵金属、包贵金属及其制品；仿首饰；硬币
	第十五类　贱金属及其制品
72	钢铁
73	钢铁制品
74	铜及其制品
75	镍及其制品
76	铝及其制品
78	铅及其制品
79	锌及其制品
80	锡及其制品
81	其他贱金属、金属陶瓷及其制品
82	贱金属工具、器具、利口器、餐匙、餐叉及其零件
83	贱金属杂项制品
	第十六类　机器、机械器具、电气设备及其零件；录音机及放声机、电视图像、声音的录制和重放设备及其零件、附件
84	核反应堆、锅炉、机器、机械器具及零件
85	电机、电气设备及其零件；录音机及放声机、电视图像、声音的录制和重放设备及其零件、附件
	第十七类　车辆、航空器、船舶及有关运输设备
86	铁道及电车道机车、车辆及其零件；铁道及电车道轨道固定装置及其零件、附件，各种机械（包括电动机械）交通信号设备

第十七类 车辆、航空器、船舶及有关运输设备	
87	车辆及其零件、附件，但铁道及电车道车辆除外
88	航空器、航天器及其零件
89	船舶及浮动结构体
第十八类 光学、照相、电影、计量、检验、医疗或外科用仪器及设备、精密仪器及设备；钟表；乐器；上述物品的零件、附件	
90	光学、照相、电影、计量、检验、医疗或外科用仪器及设备、精密仪器及设备；上述物品的零件、附件
91	钟表及其零件
92	乐器及其零件、附件
第十九类 武器、弹药及其零件、附件	
93	武器、弹药及其零件、附件
第二十类 杂项制品	
94	家具；寝具、褥垫、弹簧床垫、软坐垫及类似的填充制品；未列名灯具及照明装置；发光标志、发光铭牌及类似品；活动房屋
95	玩具、游戏品、运动用品及其零件、附件
96	杂项制品
第二十一类 艺术品、收藏品及古物	
97	艺术品、收藏品及古物
第二十二类 特殊交易品及未分类商品	
98	捐赠物品、慈善物品、军事用品

参考文献

[1] Aart Kraay, "Exports and Economic Performance: Evidence from a Panel of Chinese Enterprises, English Version of Exportations et Performances Economiques: Etude d'un Panel d'Entreprises Chinoises", Revue d'Economie Du Développement, 1 – 2/1999, May 1999, pp. 183 – 207.

[2] Adrian Wood (QEH), Openness is a Matter of Degree: How Trade Costs Reduce Demand Elasticities, QEH Working Papers qehwps 169, Queen Elizabeth House, University of Oxford.

[3] Agapi Somwaru, Francis Tuan, Mark Gehlar, Xinshen Diao, Jim Hansen, Developing Country Trade: Implications of China's Changing Trade and Competitiveness in Intensive and Extensive Margin Goods, American Agricultural Economics Association Annual Meeting Paper, Florida, July 2008.

[4] Akerman, A., R. Forslid, Firm Heterogeneity and Country Size Dependent Market Entry Costs, CCES Discussion Paper Series No. 11, 2009.

[5] Akerman, Anders, Forslid, Rikard, Firm Heterogeneity and Country Size Dependent Market Entry Cost, Working Paper Series 790, Research Institute of Industrial Economics, 2009.

[6] Albert Park, Dean Yang, Xinzheng Shi, and Yuan Jiang, Exporting and Firm Performance: Chinese Exporters and the Asian Financial Crisis, NBER Working Paper No. 14632, January 2009.

〔7〕 Alberto Amurgo-Pacheco, Martha Denisse Pierola, Patterns of Export Diversification in Developing Countries: Intensive and Extensive Margins, World Bank Policy Research Working Paper No. 4473, 2008 January.

〔8〕 Alexander Tarasov, Globalization: Intensive versus Extensive Margin, Working Paper Series, January 2008.

〔9〕 Alla Lileeva, Daniel Trefler, Improved Access to Foreign Markets Raises Plant-Level Productivity ... for Some Plants, NBER Working Paper 13297, August 2007.

〔10〕 Amiti, Mary & Freund, Caroline, The Anatomy of China's Export Growth, Policy Research Working Paper Series 4628, The World Bank 2008.

〔11〕 Andrew Atkeson, Ariel Burstein, Innovation, Firm Dynamics, and International Trade, NBER Working Papers 13326, National Bureau of Economic Research, Inc., 2007.

〔12〕 Andrew B. Bernard, J. Bradford Jensen, Exceptional Exporter Performance: Cause, Effect, or Both? NBER Working Papers 6272, National Bureau of Economic Research, Inc., 1997.

〔13〕 Andrew B. Bernard, J. Bradford Jensen, Exporting and Productivity, Working Paper Series, http://ssrn.com/abstract = 167569 or doi: 10.2139/ssrn.167569.

〔14〕 Andrew B. Bernard, J. Bradford Jensen, Peter K. Schott, Falling Trade Costs, Heterogeneous Firms, and Industry Dynamics, NBER Working Paper No. 9639, 2003.

〔15〕 Andrew B. Bernard, J. Bradford Jensen, Stephen J. Redding, Peter K. Schott, Firms in International Trade, NBER Working Paper 13054, April 2007.

〔16〕 Andrew B. Bernard, J. Bradford Jensen, Stephen J. Redding, Peter K. Schott: "The Margins of US Trade", *American Economic Review*, American

Economic Association, Vol. 99 (2), May 2009, pp. 487 – 493.

[17] Andrew B. Bernard, J. Bradford Jensen, Stephen J. Redding, Peter K. Schott, The Margins of U. S. Trade, NBER Working Paper No. 14662, 2009 January.

[18] Andrew B. Bernard, Jonathan Eaton, J. Bradford Jensen, and Samuel Kortum, "Plants and Productivity in International Trade", *American Economic Review*, American Economic Association, Vol. 93 (4), September 2003, pp. 1268 – 1290.

[19] Andrew B. Bernard, Stephen Redding, and Peter K. Schott, Comparative Advantage and Heterogeneous Firms, NBER Working Paper No. 10668, August 2004.

[20] Anderson, J. and E. van Wincoop, "Gravity with Gravitas: A Solution to the Border Puzzle", *American Economic Review*, 2003, pp. 93, 170 – 192.

[21] Antràs, Pol, "Firms, Contracts and Trade Structure", *Quarterly Journal of Economics*, 2003, Vol. 118, pp. 1054 – 1073.

[22] Arnold, J. M. ; Hussinger, K. , "Export Behavior and Firm Productivity in German Manufacturing: A Firm-level Analysis", *Review of World Economics*, 2005, Vol. 141 (No. 2).

[23] ASEAN Secretariat, "ASEAN Economic Cooperation: Transition & Transformation", *Institute of Southeast Asian Studies*.

[24] Assessing APEC Trade Liberalization and Facilitation-1999 Update, APEC Economic Committee, 1999, www. apec. org/apec/publications/free_ downloads.

[25] Aw, Bee Yan, Chung, Sukkyun, and Roberts, Mark J. , "Productivity and Turnover in the Export Market: Micro-level Evidence from the Republic of Korea and Taiwan (China)", *World Bank Economic Review*, Oxford Universi-

ty Press, Vol. 14（1）, January, pp. 65 – 90.

[26] Baier, Scott L. , Bergstrand, Jeffrey H. , "Do Free Trade Agreements Actually Increase Members' International Trade?" *Journal of International Economics*, Elsevier, Vol. 71（1）, March 2007, pp. 72 – 95.

[27] Baldwin, Richard E. , Heterogeneous Firms and Trade: Testable and Untestable Properties of the Melitz Model, NBER Working Papers, No. 11471, 2005.

[28] Baldwin, J. R. Gu. W. , *Trade Libralization: Export-market Participantion, Productivity and Innovation*, Oxford Review of Economic Policy, Vol. 20, 2004, pp. 372 – 392.

[29] Baldwin Richard E. , "A. Venerable, Regional Economic Integration", In G. Grossman and K. Rogoff eds. , *Handbook of International Economics*, Volume Ⅲ, Amsterdam: North Holland, 1995, pp. 1597 – 1644.

[30] Bernard, A. B and J. B. Jensen, "Exceptional Expanten Rerformance: Cause, Effect, of Both?", *Jorunel of International Econorwics*, Vol 47, No. 1. 1999, pp. 1 – 26.

[31] Bernard A. , J. Bradford Jensen, Stephen J. Redding, and Peter K. Schott, "Firms in International Trade", *Journal of Economic Perspectives*, 2007.

[32] Bernard Andrew B. , J. Bradford, Schott Peter K. , "Trade Costs, Firms and Productivity", *Journal of Monetary Economics*, July 2006.

[33] Bernard, Andrew, Jensen, J. Bradford, Redding, Stephen J. & Schott, Peter, The Margins of US Trade（Long Version）, CEPR Discussion Papers 7156, C. E. P. R. Discussion Papers, 2009.

[34] Buono, Ines, Fadinger, Harald, Berger, Stefan, The Micro Dynamics of Exporting: Evidence from French Firms, MPRA Paper 12940, University Library of Munich, Germany 2008.

[35] Carrère, Céline, "Revisiting the Effects of Regional Trade Agreements on Trade Flows with Proper Specification of the Gravity Model", *European Economic Review*, Vol. 50, pp. 223 – 247, 2006.

[36] Choi, E. Kwan, Harrigan, James, Handbook of International Trade, Staff General Research Papers 11375, Iowa State University, Department of Economics, 2004.

[37] Christian Broda, Joshua Greenfield, David Weinstein, From Groundnuts to Globalization: A Structural Estimate of Trade and Growth, NBER Working Papers 12512, National Bureau of Economic Research, Inc. , 2006.

[38] Cong Pham, Will Martin, Extensive and Intensive Margin Growth and Developing Country Exports, World Bank DECRG Working Paper, March 14, 2007.

[39] Costas Arkolakis, A Unified Theory of Firm Selection and Growth, CESifo Working Paper No. 2679, June 2009.

[40] Costas Arkolakis, Market Penetration Costs and the New Consumers Margin in International Trade, NBER Working Papers 14214, 2008.

[41] Daniel Trefler, "The Long and Short of the Canada-U. S. Free Trade Agreement", *American Economic Review*, Vol. 94 (4), September 2004, pp. 870 – 895.

[42] David Greenaway, Richard Kneller, "Firm Heterogeneity, Exporting and Foreign Direct Investment", *The Economic Journal*, 117: 517, F134 – F161, 2007.

[43] David Hummels and Peter J. Klenow, "The Variety and Quality of a Nation's Exports", *American Economic Review*, American Economic Association, Vol. 95 (3), Jun. 2005, pp. 704 – 723.

[44] Davide Castellani, Francesco Serti, Chiara Tomasi, Firms in International

Trade: Importers and Exporters Heterogeneity in the Italian Manufacturing Industry, LEM Papers Series 2008/04, 2008.

[45] Debaere Peter, Shalah Mostahari, What Determines the Extensive Margin of International Trade, Working Paper Forthcoming, August 2009.

[46] Debaere Peter, Shalah Mostashari, Do Tariffs Matter for the Extensive Margin of International Trade? An Empirical Analysis, CEPR Discussion Papers 5260, Sep. 2005.

[47] Elhanan Helpman, Marc J. Melitz , Stephen R. Yeaple, "Export Versus FDI with Heterogeneous Firms", *American Economic Review*, American Economic Association, Vol. 94 (1), March 2004, pp. 300 – 316.

[48] Elhanan Helpman, Marc Melitz, Yona Rubinstein, Estimating Trade Flows: Trading Partners and Trading Volumes, NBER Working Paper No. 12927, February 2007.

[49] Elhanan Helpman, Marc Melitz, Yona Rubinstein, Trading Partners and Trading Volumes, DEGIT Conference Papers c011_ 022, DEGIT, Dynamics, Economic Growth, and International Trade, 2006.

[50] Fabio Ghironi, Marc J. Melitz, "Trade Flow Dynamics with Heterogeneous Firms", *American Economic Review*, May 2007.

[51] Fabio Ghironi, Marc J. Melitz, "International Trade and Macroeconomic Dynamics with Heterogeneous Firms", *The Quarterly Journal of Economics.* 2005, 3.

[52] Feenstra, Robert, Kee, Hiau Looi, "Export Variety and Country Productivity: Estimating the Monopolistic Competition Model with Endogenous Productivity", *Journal of International Economics*, March 2008.

[53] Felbermayr, Gabriel J. , Wilhelm Kohler, "Exploring the Intensive and Extensive Margins of World Trade", *Review of World Economics*, 142 (4),

2006, pp. 642 - 674.

[54] Francis Kramarz, Jonathan Eaton, Samuel Kortum, An Anatomy of International Trade: Evidence from French Firms, Society for Economic Dynamics Meeting Papers with 197, 2005.

[55] Gabriel J. Felbermayr, Wilhelm Kohler, Does WTO Membership Make a Difference at the Extensive Margin of World Trade, CESifo Working Paper Series CESifo Working Paper, CESifo GmbH 2007.

[56] Gabriel J. Felbermayr, "Wilhelm Kohler, Exploring the Intensive and Extensive Margins of World Trade", *Review of World Economics*, December 2006.

[57] Gene M. Grossman, Elhanan Helpman, Adam Szeidl, Optimal Integration Strategies for the Multinational Firm, NBER Working Paper No. W10189.

[58] Gene M. Grossman, Elhanan Helpman, "Integration Versus Outsourcing In Industry Equilibrium", *The Quarterly Journal of Economics*, 2002 (117).

[59] Giancarlo Corsetti, Philippe Martin, Paolo Pesenti, Varieties and the Transfer Problem: The Extensive Margin of Current Account Adjustment, RSCAS Working Papers 2008/01, European University Institute, 2008.

[60] Girma S., Kneller R., Pisu, M., "Exports Versus FDI: An Empirical Test", *Review of World Economics*, Vol. 141 (No. 2), 2005.

[61] Hallward-Driemeier, Asian Corporate Crisis and Recovery Firm-Level Survey: A Database of 4000 Firms in Indonesia, Korea, Malaysia, the Philippines and Thailand, World Bank Policy Research Working Paper, No. 2515, Mary 2000.

[62] Head, Keith, Mayer, Thierry, "The Empirics of Agglomeration and

Trade", published in: J. V. Henderson and J. F. Thisse (ed.), *Handbook of Regional and Urban Economics*, Chapter 59, 2004, pp. 2609 – 2669.

[63] Helpman, Elhanan, "Trade, FDI, and The Organization Of Firms", *Journal of Economic Literature*, 2006, 44 (3): Sep. , pp. 589 – 630.

[64] Hillberry, Russell H. and McDaniel, Christine A. , A Decomposition of North American Trade Growth since NAFTA, Working Papers 15866, United States International Trade Commission, Office of Economics, 2002.

[65] Hiranya K. Nath. , "Trade, Foreign Direct Investment, and Growth: Evidence from Transition Economies", *Comparative Economic Studies*, 51: 1, 2009, pp. 20 – 50.

[66] Hosemer, David, Stanley Lemeshow, *Applied Logistic Regression*, New York: John Wiley & Sons, 2000.

[67] Iacovone, Leonardoand Javorcik, Beata S. , Multi-product Exporters: Diversification and Micro-level Dynamics, Policy Research Working Paper, Series 4723, The World Bank, 2008.

[68] I-Hui Cheng, Howard J. Wall, Controlling for Heterogeneity in Gravity Models of Trade and Integration, Working Papers, 1999 – 2010, Federal Reserve Bank of St. Louis, 2004.

[69] Ingo Borchert, Preferential Trade Liberalization and the Path-Dependent Expansion of Exports, World Bank Development Research Group, March 2007.

[70] J. Peter Neary, "Trade Costs and Foreign Direct Investment", *International Review of Economics and Finance*, 2009 (18).

[71] J. M. C. Santos Silva and Silvana Tenreyro, Trading Partners and Trading Volumes: Implementing the Helpman-Melitz-Rubinstein Model Empirically, CEP Discussion Papers with Number dp0935, October 2008.

［72］ James E. Anderson, Eric van Wincoop, Trade Costs, NBER Working Papers, 10480, 2004.

［73］ James E. Anderson, Gravity, Productivity and the Pattern of Production and Trade, NBER Working Paper 14642, January 2009.

［74］ James R. Markusen, *Multinational Firms and the Theory of International Trade*, MIT Press Books, The MIT Press, Edition 1, Volume 1, Number 0262633078, April 2004.

［75］ James R. Tybout, Plant- and Firm-Level Evidence on "New" Trade Theories, NBER Working Papers 8418, August 2001.

［76］ Jan De Loecker, Product Differentiation, Multi-Product Firms and Estimating the Impact of Trade Liberalization on Productivity, NBER Working Paper 13155, June 2007.

［77］ Joel Rodrigue, *Internaional Trade*, *Foreign Direct Investment and Productivity*: *An Empiral Investigation*, *Dissertation of Doctor Degree of Philosophy*, Queen's University (Kingston, Ontario, Canada), June 2008.

［78］ John Wong and Sarah Chan, China-ASEAN Free Trade Agreement: Future Economic Relation, Asian Survey, Vol. XLIII, No. 3, 2003, p. 526.

［79］ K. Kang, *The Path of the Extensive Margin (Export Variety)*: *Theory and Evidence*, University of California, Davis Working Paper, mimeo, 2004.

［80］ Kalina Manova & Zhiwei Zhang, China's Exporters and Importers: Firms, Products and Trade Partners, NBER Working Papers 15249.

［81］ Kalina Manova, Zhiwei Zhang, China's Exporters and Importers: Firms, Products, and Trade Partners, Working Paper Series 2008 – 2028, Federal Reserve Bank of San Francisco.

［82］ Kancs, D. Artis, Trade Growth in a Heterogeneous Firm Model: Evidence from South Easten Europe, Working Papers of Institute for Economic Forecasting 071201, December 2007.

[83] Keith Headand Thierry Mayer, The Empirics of Agglomeration and Trade, Working Papers 2003 – 2015, CEPII Research Center, 2003.

[84] Kowalczyk, Carsten and Donald Davis, "Tariff Phase-Outs: Theory and Evidence from GATT and NAFTA", in J. Frankel (ed.), *The Regionalization of the World Economy*, Chicago: University of Chicago Press, 1998, pp. 227 – 258.

[85] Lawless Martina, Deconstructing Gravity: Trade Costs and Extensive and Intensive Margins, Research Technical Papers 5/RT/08, Central Bank & Financial Services Authority of Ireland, 2008.

[86] Leamer, Edward E. and Levinsohn, James, "International Trade Theory: The Evidence", In: Grossmann, G. and Rogoff, K. (eds.), *Handbook of International Economics*, Vol. 3, Elsevier, New York, 1995.

[87] Marasco, Antonio, The Relationship between FDI and Growth under Economic Integration: Is There One? MPRA Paper No. 5380, Posted 07; November 2007.

[88] Marc J. Melitz and Gianmarco I. P. Ottaviano , Market Size, Trade and Productivity, NBER Working Paper 11393, June 2005.

[89] Marc J. Melitz, Gianmarco I. P. Ottaviano, "Market Size, Trade, and Productivity", *Review of Economic Studies*, Vol. 75, Issue 1, January 2008, pp. 295 – 316.

[90] Marc J. Melitz, "The Impact of Trade on Intra-Industry Reallocations and Aggregate Industry Productivity", *Econometrica*, *Econometric Society*, Vol. 71 (6), November 2003, pp. 1695 – 1725.

[91] Marianna Belloc, "Institutions and International Trade: A Reconsideration of Comparative Advantage", *Journal of Economic Surveys*, 20, 2006, pp. 1,

3 – 26.

［92］ Markusen, James R. , Venables, Anthony J. , "Multinational firms and the New Trade Theory", *Journal of International Economics*, Elsevier, Vol. 46 （2）, 1998 December, pp. 183 – 203.

［93］ Markusen, James R. , Multinational Firms and the Theory of International Trade, MPRA Paper 8380, University Library of Munich, Germany, 2002.

［94］ Markusen, James R. , "Venables, Anthony J. , Multinational firms and the new trade theory", *Journal of International Economics*, Elsevier, Vol. 46 （2）, December 1998, pp. 183 – 203.

［95］ Markusen, James R. , Venables, Anthony J. , The Theory of Endowment, Intra-Industry and Multinational Trade, CEPR Discussion Papers 1341, C. E. P. R. Discussion Papers, 1996.

［96］ Mary Hallward-Driemeier, Giuseppe Iarossi and Kenneth L. Sokoloff, Exports and Manufacturing Productivity in East Asia: A Comparative Analysis with Firm-Level Data, NBER Working Papers 8894, April 2002.

［97］ Miguel A. Delgado, Jose C. Farinas, Sonia Ruano, "Firm Productivity and Export Markets: A Non-parametric Approach", *Journal of International Economics*, Vol. 57, 2002.

［98］ Mirabelle Muûls, Mauro Pisu, "Imports and Exports at the Level of the Firm: Evidence from Belgium". *World Economy*, 32: 5, 2009, pp. 692 – 734.

［99］ Nina Pavcnik, Trade Liberalization, Exit, and Productivity Improvements: Evidence from Chilean Plants, NBER Working Papers 7852, 2000.

［100］ Novy, Dennis, Gravity Redux : Measuring International Trade Costs with Panel Data, The Warwick Economics Research Paper Series (TWERPS) 861, University of Warwick, Department of Economics, 2008.

[101] Persson, Maria, Trade Facilitation and the Extensive and Intensive Margins of Trade, Working Papers 2008: 13, Lund University, Department of Economics.

[102] Peter Egger, Economic Integration in Trade and FDI: Dynamic Considerations of Potentials and Adjustment, WIFO Working Papers 130, 2000.

[103] Peter Egger, Michael Pfaffermayr, Distance, Trade and FDI: A Hausman-Taylor SUR Approach, WIFO Working Papers 164, WIFO, 2001.

[104] Peter H. Egger, Economic Integration in Trade and FDI: Dynamic Considerations of Potentials and Adjustment, WIFO Working Papers 130.

[105] Pol Antràs, C. Fritz Foley, Regional Trade Integration and Multinational Firm Strategies, NBER Working Paper 14891, Septmeber 2009.

[106] Pol Antràs, Elhanan Helpman, "Global Sourcing", *Journal of Political Economy*, Vol. 112, No. 3, 2004.

[107] Pol Antràs, "Firms, Contracts And Trade Structure", *The Quarterly Journal of Economics*, November 2003.

[108] Pol Antràs, Incomplete Contracts and the Product Cycle, Harvard Institute of Economic Research Discussion Paper No. 2066.

[109] R. C. Feenstra, H. L. Kee, O. S. Drive, "Trade Liberalisation and Export Variety: A Comparision of Mexico and China", *The World Economy*, Vol. 30, No. 1, January 2007, pp. 5 – 21.

[110] Reinhardt N., "Back to Basics in Malaysia and Thailand: The Role of Resource-based Exports in their Export-led Growth", *World Development*, Vol. 28, No. 1, 2000.

[111] Richard E. Baldwin, Frederic Robert-Nicoud, "Trade and Growth with Heterogeneous Firms", *Journal of International Economics*, Vol. 74, No. 1, 2008.

[112] Robert C. Feenstra, John Romalis, Peter K. Schott, U. S. Imports, Exports, and Tariff Data, 1989 – 2001, NBER Working Paper No. 9387.

[113] Robert Dekle, Jonathan Eaton, Samuel Kortum, Unbalanced Trade, NBER Working Papers 13035, 2007 National Bureau of Economic Research, Inc.

[114] Roberts, M. J. , Tybout, J. R. , An Empirical Model of Sunk Costs and the Decision to Export, Policy Research Working Paper Series 1436, The World Bank, 1997.

[115] Russell Hillberry, Christine McDaniel, "A Decomposition of North American Trade Growth since NAFTA", *Ssrn Electroic Journal*, 43, 2003.

[116] Ryuhei Wakasugi, Banri Ito, Eiichi Tomiura, Offshoring and Trade in East Asia: A Statistical Analysis, Asian Economic Papers 7: 3, 2008, pp. 101 – 124.

[117] Shujiro Urata, Kozo Kiyota, The Impacts of an East Asia FTA on Foreign Trade in East Asia, NBER Working Paper No. W10173.

[118] Staiger, Douglas, James Stock, "Instrumental Variables Regression With Weak Instruments", *Econometrica*, 65, 1997, pp. 557 – 586.

[119] Susan E. Feinberg, Michael P. Keane, "Accounting for the Growth of MNC-Based Trade Using a Structural Model of U. S. MNCs", *American Economic Review*, Volume 96 (5), Pages 1515 – 1558.

[120] Tan K. Y. , I. Park, M. H. Toh, "Strategic Interests of ASEAN – 5 in Regional Trading Agreements in the Asia-Pacific", *Asia Pacific Journal of Management*, 1999, pp. 449 – 467.

[121] Theo S. Eicher, Christian Henn, In Search of WTO Trade Effects: Preferential Trade Agreements Promote Trade Strongly, But Unevenly, Working Papers UWEC-2008 – 22, University of Washington, Department of Econom-

ics, 2008.

[122] Thomas Chaney, "Distorted Gravity: The Intensive and Extensive Margins of International Trade", *American Economic Review*, American Economic Association, Vol. 98, No. 4, September 2008, pp. 1707 – 1721.

[123] Tibor Besedes, Thomas J. Prusa, The Role of Extensive and Intensive Margins and Export Growth, NBER Working Paper No. W13628, November 2007.

[124] Timothy J. Kehoe, Kim J. Ruhl, "Recent Great Depressions: Aggregate Growth in New Zealand and Switzerland, Levine's Bibliography 506439000000000529", *UCLA Department of Economics*, 2003.

[125] Timothy J. Kehoe, Kim J. Ruhl, How Important is the New Goods Margin in International Trade? Federal Reserve Bank of Minneapolis in its series Staff Report No. 324, 2009.

[126] Venables A., "Winners and Losers from Regional Integration Agreements London School of Economics", *Department of Economics*, 2002.

[127] Wagner Joachim, "Exports and Productivity: A Survey of the Evidence from Firm-Level Data", *The World Economy*, Vol. 30, No. 1, pp. 60 – 82.

[128] Wagner Joachim, "Exports and Producdvity: A Survey of the Evidence from Firm-Level Data", *World Economy*, 2007 (1).

[129] Wooldridge, J. M., *Econometric Analysis of Cross Section and Panel Data*, Cambridge, M. A.: MIT Press.

[130] Xiangshuo Yin, "The Impact of China-ASEAN Free Trade Agreement on Regional Trade", *The Journal of East Affairs*, Vol. XVIII, No. 2, 2004, p. 320.

[131] Zhaoyong Zhang, Ow Chin Hock, "Trade Interdependence and Direct Foreign Investment between ASEAN and China", *World Development*, Volume

24，Issue 1，January 1996，pp. 155 – 170.

[132] 保建云：《中国与东盟各国双边贸易发展前景及存在的问题》，《国际经贸探索》2008 年第 4 期。

[133] 柴忠东、施慧家：《新新贸易理论"新"在何处——异质企业贸易理论剖析》，《国际经贸探索》2008 年第 12 期。

[134] 陈丽丽：《国际贸易理论研究的新动向———基于异质企业的研究》，《国际贸易问题》2008 年第 3 期。

[135] 陈诗阳：《中国—东盟自由贸易区：理论、现状和政策建议》，《亚太经济》2003 年第 3 期。

[136] 陈雯：《东盟区域贸易合作的贸易效应研究》，博士学位论文，厦门大学，2002 年。

[137] 陈雯：《中国与东盟双边贸易关系评析》，《当代亚太》2008 年第 3 期。

[138] 东艳：《南南型区域经济一体化能否促进 FDI 流入？——中国—东盟自由贸易区引资效应分析》，《南开经济研究》2006 年第 6 期.

[139] 樊瑛：《国际贸易中的异质企业：一个文献综述》，《财贸经济》2008 年第 2 期。

[140] 樊瑛：《新新贸易理论及其进展》，《国际经贸探索》2007 年第 12 期。

[141] 樊瑛：《异质企业贸易模型的理论进展》，《国际贸易问题》2008 年第 3 期。

[142] 冯力、孙健：《加快中国—东盟自由贸易区建设的意义、问题及对策思考》，《东南亚之窗》2009 年第 1 期（总第 10 期）。

[143] 宫占奎、孟夏、刘晨阳：《中国与东盟经济一体化：模式比较与政策选择》，中国对外经济贸易出版社 2003 年版。

[144] 洪联英、罗能生：《出口、投资与企业生产率：西方贸易理论的微

观新进展》,《国际贸易问题》2008 年第 7 期。

[145] 洪联英、罗能生:《全球生产与贸易新格局下企业国际化发展路径及策略选择——基于生产率异质性理论的分析方法》,《世界经济研究》2007 年第 12 期。

[146] 侯铁珊、宋岩:《中国与东盟贸易相关指数分析》,《国际贸易问题》2005 年第 7 期。

[147] 黄绥彪、李季骏、赵乐为、陈锐:《中国—东盟投资所面临的金融问题分析——中国—东盟投资便利化的金融对策研究之二》,《广西大学学报》(哲学社会科学版) 2007 年第 5 期。

[148] 黄绥彪、李季骏、赵乐为、陈锐:《中国对东盟投资便利化的金融对策——中国对东盟投资便利化的金融对策研究之三》,《广西大学学报》(哲学社会科学版) 2007 年第 6 期。

[149] 赖明勇、谢锐:《中国—新加坡自由贸易协定的背景、内容及影响》,《国际经贸探索》2009 年第 8 期。

[150] 李建伟:《中国对东盟直接投资的策略选择》,《东南亚纵横》2008 年第 10 期。

[151] 李坤望、黄玖立、施炳展:《中国与主要贸易伙伴的双边贸易自由度——基于新经济地理学的一个衡量》,《世界经济文汇》2006 年第 4 期。

[152] 李坤望、黄玖立:《中国贸易开放度的经验分析:以制造业为例》,《世界经济》2006 年第 8 期。

[153] 李荣林、宫占奎、孟夏:《中国与东盟自由贸易区研究》,天津大学出版社 2007 年版。

[154] 李众敏:《东亚地区贸易自由化的福利影响及前景展望》,《世界经济与政治》2007 年第 1 期。

[155] 李众敏:《中国区域贸易自由化战略研究》,《世界经济》2007 年

第 8 期。

[156] 刘晨阳、于晓燕：《亚太区域经济一体化问题研究》，南开大学出版社 2009 年版。

[157] 刘曙光、竺彩华：《中国—东盟相互投资：特点、问题与前景》，《国际经济合作》2004 年第 12 期。

[158] 鲁晓东、李荣林：《中国对外贸易结构、比较优势及其稳定性检验》，《世界经济》2007 年第 10 期。

[159] 潘向东、廖进中、赖明勇：《制度因素与双边贸易：一项基于中国的经验研究》，《世界经济》2004 年第 5 期。

[160] 钱学锋：《企业异质性、贸易成本与中国出口增长的二元边际》，《管理世界》2008 年第 9 期。

[161] 钱学锋、梁琦：《测度中国与 G-7 的双边贸易成本——一个改进引力模型方法的应用》，《数量经济技术经济研究》2008 年第 2 期。

[162] 钱学锋、熊平：《中国出口增长的二元边际及其因素决定：经验研究》，《经济研究》2010 年第 1 期。

[163] 史智宇：《中国—东盟自由贸易区贸易效应的实证研究》，博士学位论文，复旦大学，2004 年。

[164] 苏振东、周玮庆：《我国对东盟的出口贸易结构及其变迁——基于产品技术附加值分布的贸易结构分析法和变系数面板数据模型的动态分析》，《国际贸易问题》2009 年第 3 期。

[165] 王娟：《中国与东盟国家服务贸易现状、结构与竞争力研究》，《亚太经济》2008 年第 2 期。

[166] 王粤：《合作新机遇：中国—东盟服务贸易分析》，《国际经济合作》2005 年第 4 期。

[167] 徐春祥：《贸易一体化条件下区域一体化组织模式——基于"异质"结构成员的研究》，《亚太经济》2008 年第 4 期。

［168］许宁宁：《中国与东盟十五年经贸合作综述》，《今日中国论坛》2007 年第 Z1 期。

［169］张波、郭连成：《中国与新西兰双边贸易的发展及签署 FTA 的经济效益》，《国际经济合作》2008 年第 8 期。

［170］张帆：《建立中国—东盟自由贸易区贸易与投资效应分析》，《国际经贸探索》2002 年第 5 期。

［171］张宏、蔡彤娟：《中国—东盟自由贸易区的投资效应分析》，《亚太经济》2007 年第 2 期。

［172］张琳：《中国—东盟自由贸易区构建对区内贸易的影响》，《东南亚纵横》2008 年第 2 期。

［173］张琳：《中国—东盟自由贸易区经济效应分析》，硕士学位论文，南开大学，2005 年。

［174］张琳：《中国—东盟自由贸易区经济效应分析——引力模型的应用》，《亚太经济》（专刊）2008 年第 6 期。

［175］张琳、宫占奎：《关于中国服务贸易发展的思考》，《经济问题》2009 年第 10 期。

［176］张天顶：《出口、对外直接投资与企业的异质性研究》，《南方经济》2008 年第 3 期。

［177］赵伟、李淑贞：《出口与企业生产率：由实证而理论的最新拓展》，《国际贸易问题》2007 年第 7 期。

［178］庄芮：《中国—东盟自由贸易区的实践效应、现存问题及中国的策略》，《世界经济研究》2009 年第 4 期。

［179］左锋：《中国—新西兰 FTA 的贸易互补性和贸易效应分析》，《黑龙江对外经贸》2009 年第 2 期。